ATENÇÃO

Prezados(as) Alunos(as): todas as atividades serão inseridas diretamente no Portifólio referente à disciplina. O objetivo é aumentar a interação do(a) aluno(a) com a plataforma, além de atualizar as atividades. Entrem com sua senha e acompanhe as atividades no sistema. Se preferir, imprimam as atividades e anexem no seu material impresso. Guias de estudo que contenham as atividades são guias de estudo antigos, onde as atividades já foram modificadas. Por favor, observem.

Atenciosamente,

Direção da UNIGRANET

Tecnologia em Design de Interiores

2º Semestre

Graduação a Distância 2º SEMESTRE

Tecnologia em Design de Interiores

ERGONOMIA E
ACESSIBILIDADE

UNIGRAN - *Centro Universitário da Grande Dourados*

Rua Balbina de Matos, 2121 - CEP 79.824 - 9000
Jardim Universitário
Dourados - MS
Fone: (67) 3411-4141 / Fax: (67) 3411-4167

CEAD
Coordenadoria de Educação a Distância

Apresentação da Docente

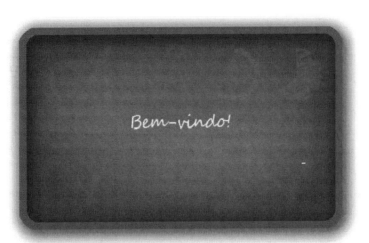

Bem-vindo!

Katia Godoy possui Doutorado em Educação e Currículo pela Pontifícia Universidade Católica de São Paulo (PUC-SP), mestrado em Design pela Universidade Federal do Paraná (UFPR). Possui bacharelado em Design pela Fundação Armando Álvares Penteado (FAAP), tecnólogo em Design de Interiores pelo Centro Universitário de Maringá (UNICESUMAR) e licenciatura em Artes Plásticas pela Faculdade de Artes do Paraná (FAP). Fez Estágio pós-doutoral em Educação pela Universidade Católica Dom Bosco (UCDB), bolsista da Coordenação de Aperfeiçoamento de Pessoal de Nível Superior/ Programa Nacional de Pós-doutorado (Capes/PNPD). É docente da Faculdade UNIGRAN Capital, nos cursos de Design de Interiores e Arquitetura e Urbanismo. Formadora do software de apoio à análise de dados qualitativos webQDA. É membro da Comissão Científica do Congresso Ibero-Americano em Investigação Qualitativa (Ciaiq), desde 2013. E membro do grupo de trabalho do Portal Acadêmico da Associação Brasileira de Design de Interiores (ABD). Foi coordenadora adjunta dos cursos de formação do Programa Um Computador por Aluno do Estado do Tocantins (ProUCA TO), no período 2013-2014. Tem experiência na área de Educação, com ênfase em Tecnologias Educacionais, e de Design, com ênfase em Ergonomia do Ambiente Construído e Tendências de Cores.

Currículo Lattes: http://lattes.cnpq.br/1079913526769559

GODOY, Katia. Ergonomia e Acessibilidade.
Dourados: UNIGRAN, 2019.

54 p.: 23 cm.

1. Ergonomia. 2. Acessibilidade.

Sumário

Conversa Inicial

Prezados (as) estudantes:

Bem-vindos (as) à disciplina Ergonomia e Acessibilidade!

Uma disciplina muito importante para diversas áreas do conhecimento, como por exemplo, as áreas do Design, neste caso específico, para o curso de Design de Interiores, da UNIGRAN Net.

Em linhas gerais, a Ergonomia caracteriza-se pela multidisciplinaridade e interdepende de diferentes estudos da psicologia, antropometria, biomecânica, sociologia, fisiologia, etc., para compor seu corpo de conhecimento.

Para que seu estudo se torne proveitoso e prazeroso, esta disciplina foi organizada em oito seções, com temas e subtemas, atendendo aos objetivos do processo de ensino-aprendizagem.

Sendo assim, na Aula 1- Para início de conversa: O que é ergonomia? – iniciaremos apresentando as definições de ergonomia. Em seguida um pouco de sua história, no decorrer dos últimos 70 anos, além das fases pelas quais passou. Por fim, os principais setores de aplicação da ergonomia.

A Aula 2 - Antropometria: o tamanho das coisas – discutiremos sobre o estudo das dimensões corporais e de como é importante para o projeto de produtos e ambientes.

Na Aula 3 - Antropometria: aplicações – compreenderemos que é a partir dos estudos antropométricos que estabelecemos padrões, tanto para produtos como ambientes, a partir da antropometria estática, dinâmica e funcional.

A partir da Aula 4 – Ergonomia: Postura e Movimento - estudaremos a biomecânica ocupacional, uma área do conhecimento que estuda os movimentos e postura corporal, dando parâmetros para o projeto de produtos e ambientes mais seguros e confortáveis.

A Aula 5 - Ergonomia do Ambiente - é dedicada ao estudo dos fatores ambientais que nos afetam o tempo todo: a iluminação; a temperatura e umidade; o ruído; a vibração.

Na Aula 6 – Ergonomia e Sistemas de informação - aprenderemos um pouco sobre as bases da ergonomia cognitiva, ou seja, como ocorre o processo da percepção, processamento de informações e tomada de decisão.

A Aula 7- Ergonomia e Acessibilidade – daremos início a reflexões que perpassam as áreas da Ergonomia, da Arquitetura e do Design de Interiores, sob a perspectiva da acessibilidade e os impactos que essa temática gera na qualidade de vida das pessoas.

Por fim, na Aula 8 – Ergonomia e Minorias populacionais – refletiremos sobre os projetos voltados às pessoas idosas, obesas, crianças e com deficiência, tendo em vista a inclusão e adequação de produtos e ambientes.

De modo geral, no decorrer da disciplina, refletiremos sobre o que é ergonomia, antropometria, postura e movimento, ergonomia do ambiente, ergonomia e sistemas de informação, acessibilidade e, por fim, ergonomia e minorias populacionais.

Para tanto, a metodologia das aulas está organizada da seguinte forma:

- A disciplina conta tanto com aulas a distância, as quais serão disponibilizadas aos alunos no Ambiente Virtual de Aprendizagem (AVA) da UNIGRAN Net. Para cada aula há um material de apoio, o qual apresentará o conteúdo conforme proposta da disciplina e atividades de autoestudo.
- Pesquisas orientadas, com o uso da biblioteca da UNIGRAN Net;
- Devolutiva das atividades a distância.

No decorrer das aulas, caso encontrem alguma dificuldade no conteúdo, não hesite em recorrer aos tutores do AVA da UNIGRAN Net que estarão à disposição para esclarecê-la.

Antes mesmo de iniciar a leitura das Aulas, gostaríamos que vocês parassem um instante para refletir sobre algumas indagações:

- Você sabe o que é ergonomia e acessibilidade?
- Você sabe o que significa antropometria?
- Você já ouviu falar em ergonomia do ambiente?
- Você já ouviu falar em Design Universal?
- Você já parou para refletir sobre projetos ergonômicos direcionados às minorias populacionais?

Não se preocupem. Não queremos que vocês respondam de imediato, todas essas questões. Mas esperamos que, até o final, vocês tenham respostas e também formulem outras perguntas.

Vamos, então, à leitura das aulas?

Boa leitura!

Aula 1º

Para início de conversa: O que é ergonomia?

Na primeira aula apresentamos a definição e objetivos, o histórico e a evolução, as fases e os principais setores de aplicação da ergonomia. Vale destacar que, inicialmente, essa aplicação concentrava-se quase que exclusivamente na indústria. Atualmente, a ergonomia é mais abrangente, estudando quase todos os tipos de atividades humanas.

Bons estudos!

Objetivos de aprendizagem

Esperamos que, ao término desta aula, vocês serão capazes de:

- Compreender os tipos de medidas antropométricas, a importância do tamanho das pessoas e sua aplicação para o dimensionamento de objetos e espaços.
- Compreender a iluminação de um ambiente, os conceitos de conforto térmico, diferenças entre som e ruído e tipos de vibração.
- Compreender os conceitos e metodologias de acessibilidade, design universal, usabilidade e agradabilidade.
- Compreender as principais questões sobre as minorias populacionais, além de compreender os princípios e conceitos da ergonomia no projeto residencial, de escritórios e social.
- Analisar os conceitos e princípios básicos da ergonomia, além da antropometria como base para o projeto de Design de Interiores, a partir da percepção de conforto, segurança do usuário, fisiologia, biomecânica, acessibilidade e normas aplicadas.

Seções de estudo

1 - Definição de ergonomia

A ergonomia, também chamada de fatores humanos, é o estudo da adaptação do trabalho ao ser humano. O trabalho entendido aqui, sob uma perspectiva ampla, ou seja, as situações em que ocorre a relação entre o ser humano e uma atividade produtiva de bens ou serviços. (IIDA; GUIMARÇÕES, 2016)

> **Vídeo: O que é ergonomia?** <https://www.youtube.com/watch?v=ccaXnRQhD_U>.

A ergonomia parte do conhecimento e medidas do ser humano para fazer o projeto do trabalho, adaptando-o as suas necessidades, capacidades e limitações. Assim, essa adaptação ocorre do trabalho para o ser humano, conforme observamos na Figura 1.

Figura 1 – Adaptação do trabalho para o ser humano

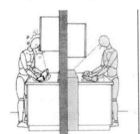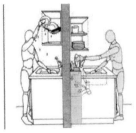

Fonte: http://decoritadesign.blogspot.com.br/. Acesso em: 03 mai 2018.

Também podemos denominar essa concepção, a partir dos princípios do Design Centrado no Usuário, ou seja, o processo que mantém o foco nas necessidades, desejos e limitações dos usuários durante todo o projeto, a cada tomada de decisão, desde a concepção até a finalização do projeto e/ou produto, como mostra a Figura 2.

> **Vídeo: Design Centrado no Usuário:** <https://www.youtube.com/watch?v=yY96hTb8Wgl>.

Figura 2 – Design Centrado no Usuário

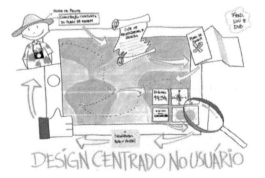

Fonte: http://www.louisevendramini.com.br/design-centrado-no-usuario/. Acesso em: 03 mai 2018.

O termo Design Centrado no Usuário é utilizado quando aplicamos princípios de ergonomia ao design de produto, design de interiores, design de interação, entre outros.

Em linhas gerais, segundo o Institute of Ergonomics & Human Factors, o User Centered Design (UCD) pode ser considerado como uma filosofia de design e um processo de design. Como filosofia, torna as necessidades, desejos e limitações do usuário de um produto o foco prioritário e, como um processo, oferece aos designers uma variedade de métodos e técnicas para garantir que este foco seja sustentado através das várias etapas do projeto.

> <http://www.ergonomics.org.uk/learn/ucd/>

1.1 Conceitos relacionados à ergonomia

Na literatura da área, existem diversas definições de ergonomia. De modo geral,

> Todas procuraram ressaltar o caráter interdisciplinar e o objeto de seu estudo, que é a interação entre o homem e o trabalho, no sistema humano-máquina-ambiente. Ou, mais precisamente, as interfaces desse sistema, onde ocorrem trocas de informações e energias entre o humano, máquina e ambiente, resultando na realização do trabalho. (IIDA; GUIMARÃES, 2016, p. 4)

As associações nacionais e internacionais de ergonomia apresentam suas próprias definições. Seguindo Iida e Guimarães (2016, p. 4), a mais antiga foi elaborada em 1950 pela Ergonomics Research Society da Inglaterra:

> <http://www.ergonomics.org.uk/learn/ucd/>.

> Ergonomia é o estudo do relacionamento entre o homem e seu trabalho, equipamento, ambiente e, particularmente, a aplicação dos conhecimentos de anatomia, fisiologia e psicologia na solução dos problemas que surgem desse relacionamento.

No Brasil, a Associação Brasileira de Ergonomia (ABERGO) (Figura 3) adota o mesmo conceito elaborado pela International Ergonomic Association (IEA):

Ergonomia (ou Fatores Humanos) é a disciplina científica que estuda as interações entre os seres humanos e outros elementos do sistema de trabalho, aplicando os princípios teóricos, dados e métodos, a fim de realizar projetos para otimizar o bem-estar humano e o desenvolvimento geral desse sistema.

Figura 3 – ABERGO

Fonte: http://www.abergo.org.br/. Acesso em: 03 mai 2018.

Essa segunda definição, de acordo com Iida e Guimarães (2016, p. 4), "[...] formulada meio século depois, reflete a ampliação do conceito e das atividades da ergonomia durante essas cinco décadas".

Mesmo sendo ampliados, esses conceitos convergem e podemos entender que a ergonomia pode ser conceituada como uma disciplina que estuda a relação entre seres humanos e sistemas, buscando "[...] reduzir a fadiga, estresse, erros e acidentes, proporcionando saúde, segurança, satisfação aos trabalhadores" (IIDA; GUIMARÃES, 2016, p. 4).

Os sistemas podem ser entendidos como qualquer produto, mobiliário, ambiente, software, meio de transporte ou maquinário que interagimos para realizar nossas atividades. Sendo assim, o objetivo da ergonomia é promover segurança e conforto ao usuário durante o uso desses sistemas.

1.2 Profissionais da ergonomia

O ergonomista é considerado o profissional da ergonomia, ou seja, é o profissional que realiza "[...] análises e avaliações de tarefas, trabalhos, produtos, organizações, e ambientes, de forma a torná-los compatíveis com as necessidades, habilidades e limitações dos trabalhadores" (IIDA; GUIMARÃES, 2016, p. 6). Além de elaborar propostas e implementação das soluções para os problemas encontrados.

Desta forma, o ergonomista deve analisar o trabalho de forma global, a partir de três domínios: ergonomia física, cognitiva e/ou organizacional.

A **ergonomia física** relaciona-se às características da anatomia humana, antropometria, fisiologia e biomecânica, em relação à atividade física.

A **ergonomia cognitiva** refere-se aos processos mentais, tais como percepção, memória, raciocínio e resposta aos estímulos, relacionados às interações entre seres humanos, ambiente e elementos de um sistema de trabalho.

> Vídeo – Ergonomia Cognitiva: <https://www.youtube.com/watch?v=QPwuyj2CaAI>.

A **ergonomia organizacional** reporta-se à otimização dos sistemas sócio técnicos, abarcando as estruturas organizacionais, políticas e processos de gestão.

Apesar dos domínios da ergonomia, ainda há poucos profissionais no Brasil, pois ainda não há cursos superiores para a formação de ergonomistas, apenas cursos de pós-graduação.

Iida e Guimarães (2016, p. 15) explicam que os ergonomistas são representados principalmente por profissionais de diferentes áreas, como por exemplo, o Design, a Arquitetura, a Engenharia, a Medicina, a Psicologia, a Fisioterapia, entre outras, os quais tiveram oportunidade de frequentar cursos de pós-graduação em ergonomia e se especializaram para atuar profissionalmente na área.

2 - História da ergonomia

Se pararmos para refletir, a ergonomia sempre existiu! Ela remete aos primeiros objetos criados e construídos pelo homem primitivo, tendo como referência dimensional, o próprio corpo.

Iida e Guimarães (2016, p. 7) explicam que, "[...] a preocupação em adaptar o ambiente natural e construir objetos artificiais para atender às suas conveniências esteve presente nos seres humanos desde os tempos remotos".

No entanto, as discussões sobre as implicações desse processo de construção de objetos na vida do homem iniciaram a partir da Revolução Industrial, no século XVIII. Segundo Iida e Guimarães (2016, p. 8): "As primeiras fábricas surgidas não tinham nenhuma semelhança com uma fábrica moderna. Eram sujas, escuras, ruidosas e perigosas". Como mostra a Figura 4.

Figura 4 – Exemplo de fábrica na Revolução Industrial

Fonte: http://redes.moderna.com.br/tag/revolucao-industrial/

Estudos mais sistemáticos sobre a relação do ser humano com o trabalho começaram a ser realizados a partir do século XIX. Na Europa, por volta de 1900, começaram a surgir pesquisas na área de fisiologia do trabalho. (IIDA; GUIMARÃES, 2016)

Segundo os mesmos autores, essas pesquisas foram utilizadas durante a I Guerra Mundial (1914-1917), na qual fisiologistas e psicólogos foram chamados para aumentar a produção de armamentos. Mas foi durante a II Guerra Mundial (1939-1945) que os conhecimentos científicos e tecnológicos sobre fisiologia foram utilizados intensamente para construir instrumentos bélicos.

Ainda nas décadas de 1920, 1930 e 1940, ainda existia a concepção da adaptação do homem a máquina. Charles Chaplin (1936), no filme Tempos Modernos faz uma sátira sobre o assunto (Figura 5).

Figura 5 – Filme Tempo Modernos

Fonte: http://www.redegeek.com.br/2014/04/29/ultrageek-144-tempos-Modernos/. Acesso em: 03 mai 2018.

Até então, o conceito de ergonomia era inexistente. O nascimento e conceito formal da ergonomia, segundo Iida (2005, p.1) surgiu após a II Guerra Mundial, "[...] como consequência do trabalho interdisciplinar realizado por diversos profissionais, tais como engenheiros, fisiologistas e psicólogos". Segundo Dul e Weerdmeester (2000, p. 13), "[...] uma conjunção sistemática de esforços entre a tecnologia, ciências humanas e biológicas para resolver problemas de projeto".

O interesse por essa área do conhecimento cresceu, difundindo-se na Europa e nos Estados Unidos da América. Mas foi na Inglaterra, em Oxford, que o termo "ergonomia" foi cunhado em 12 de julho de 1949. Nessa data, cientistas e pesquisadores se reuniram em um evento e cunharam o termo para designar o estudo do trabalho.

Em outra reunião desse grupo, em 1950, foi estabelecido que termo ergonomia fosse derivado das palavras gregas *ergon* (trabalho, regras do trabalho ou ciência do trabalho) e *nomos* (normas, regras ou leis naturais). (FILHO, 2004)

No ano seguinte, foi fundada a primeira Sociedade de Pesquisa em Ergonomia - *Ergonomics Research Society*, pelo engenheiro inglês Murrel, e assim, a ergonomia ganha status de uma disciplina mais formalizada, passando de reflexões militares à difusão de conhecimentos visando à aplicação industrial. (IIDA, 2005)

Assim, os conhecimentos "[...] passaram a ser aplicados na vida 'civil' a fim de melhorar as condições de trabalho e a produtividade dos trabalhadores e da população em geral" (IIDA; GUIMARÃES, 2016, p. 9).

Nesse período pós-guerra, também começaram a surgir associações de ergonomia, publicações especializadas, eventos e cursos para o desenvolvimento da área.

Em 1961 foi criada a Associação Internacional de Ergonomia (IEA), a qual representa atualmente, as associações de ergonomia em diferentes países, como por exemplo, no Brasil, a Associação Brasileira de Ergonomia (ABERGO), fundada em 1983. (DUL; WEERDMEESTER, 2000)

A ergonomia difundiu-se por diversos países do mundo. No Brasil, por exemplo, em 1989, foi implantado o Programa de Pós-Graduação em Engenharia de Produção da Universidade Federal de Santa Catarina (UFSC), o primeiro mestrado na área do país. Em 2012 foi lançado o primeiro curso de mestrado profissional em Ergonomia, pelo Centro de Artes e Comunicação da Universidade Federal de Pernambuco (UFPR). Após esse, outros programas, com linhas de pesquisa em ergonomia, surgiram no Brasil e o interesse acadêmico pela área no Brasil pode ser avaliado segundo Iida e Guimarães (2016, p. 10):

> [...] pelo crescente número de pesquisas relacionadas à ergonomia realizadas por pesquisadores individuais e pelos mais de cem grupos de pesquisa cadastrados no Diretório de Grupos de Pesquisa do CNPq. Isso se reflete nos artigos apresentados em congressos e os publicados em revistas, além das dissertações e teses defendidas.

Todo esse conhecimento científico construído, com o tempo, acaba permeando os setores produtivos, onde são aplicados, passando a produzir resultados sociais e econômicos (IIDA; GUIMARÃES, 2016).

1.2.1 Difusão da ergonomia no Brasil

Em relação aos níveis de difusão dos conhecimentos científicos e tecnológicos construídos, que tratamos no tópico anterior, a Associação Internacional de Ergonomia considera que podem ser organizados em cinco níveis:

> Nível 1 – O conhecimento é dominado apenas por um número restrito de pesquisadores e professores.
> Nível 2 – O conhecimento é dominado por especialistas da área e por estudantes de pós-graduação.
> Nível 3 – O conhecimento é dominado por estudantes universitários em geral.
> Nível 4 – O conhecimento é dominado por empresários, políticos e outras pessoas da sociedade, que tomam decisões de interesse geral.
> Nível 5 – O conhecimento é incorporado ao processo produtivo e passa a ser "consumido" pela população em geral. (IIDA, GUIMARÃES, 2016, p. 14)

Segundo os mesmos autores, no Brasil, os níveis 1, 2 e 3, foram ultrapassados, e se caminha para os níveis 4 e 5, pois alguns conhecimentos de ergonomia já foram incorporados, como por exemplo, na Portaria no 3.751 de 23 de novembro de 1990, do Ministério do trabalho e Emprego, o qual baixou a Norma Regulamentadora (NR) 17, que trata especificamente da ergonomia.

<https://www.pncq.org.br/uploads/2016/NR_MTE/NR%2017%20-%20ERGONOMIA.pdf>.

A Associação Brasileira de Normas Técnicas (ABNT) também tem normas sobre produtos e processos, os quais adotam os conhecimentos de ergonomia. A seguir listamos algumas normas técnicas da ABNT relacionadas à ergonomia, que podem contribuir com o Design de Interiores (Vale destacar que alguns sites disponibilizam essas normas. No entanto, elas devem ser adquiridas pelo próprio site da ABNT):

Ambiente de trabalho
- ABNT NBR 5413:1992. Título: Iluminação de Interiores.

<http://www.abnt.org.br/>.

- ABNT NBR 10152: 1987. Título: Níveis de ruído para conforto acústico.

Mobiliário para escritório
- ABNT NBR 13961:2010. Título: Móveis para escritório – Armários.
- ABNT NBR 13962:2006. Título: Móveis para escritório – Cadeiras – Requisitos e métodos de ensaio.
- ABNT NBR 13964:2003. Título: Móveis para escritório – Divisória tipo painel.
- ABNT NBR 13966:2008. Título: Móveis para escritório – Mesas – Classificação e características físicas dimensionais e requisitos e métodos de ensaio.
- ABNT NBR 13967:2011. Título: Móveis para

escritório – Sistema de estação de trabalho – Classificação e método de ensaio.

- ABNT NBR 15141:2008. Título: Móveis para escritório – Divisória modular tipo piso-teto.
- ABNT NBR 14006:2008. Título: Móveis escolares – Cadeiras e mesas para conjunto aluno individual.

Medidas do corpo humano

- ABNT NBR ISO 7250-1:2010. Título: Medidas básicas do corpo humano para o projeto técnico.
- ABNT NBR 15127:2004. Título: Corpo humano – Definição de medidas.

Acessibilidade

- ABNT NBR 9050:2004. Título: Acessibilidade a edificações, mobiliário, espaços e equipamentos urbanos

3 - Fases da ergonomia

Retomando um pouco da história, desde a sua origem oficial, na década de 1950, de acordo com Iida e Guimarães (2016), a ergonomia passou por quatro fases.

A primeira fase - Ergonomia física [1950-60] – remete à época da fundação da ergonomia e de pesquisas pioneiras na área.

A segunda fase - Ergonomia de sistemas físicos [1970] - caracteriza-se pelo surgimento de diversas teorias e metodologias de desenvolvimento de produtos e, assim, num contexto mais amplo, entender a função/ desempenho do ser humano em um determinado sistema.

Na terceira fase – Ergonomia cognitiva [1980] – com a evolução da informática, novos desafios foram impostos à ergonomia, exigindo pesquisas na área, principalmente relacionadas à apresentação e percepção de informações, memória e tomada de decisões.

Na quarta e última fase – Ergonomia organizacional ou macroergonomia – o escopo da ergonomia amplia-se, passando a incorporar aspectos organizacionais e gerenciais do trabalho. Desta forma, os especialistas passam a trabalhar de forma colaborativa com os demais profissionais, desde a fase inicial de um projeto.

A partir dessa visão panorâmica dessas quatro fases, observamos uma revolução, a ergonomia passa da microergonomina, referente às três fases iniciais, as quais tinham como foco "[...] os postos de trabalho, o meio ambiente e as questões cognitivas, respectivamente". Avançando para uma nova abordagem, a macroergonomia, ou seja, "[...] a ergonomia integrada no contexto do projeto e gerência de toda a organização" (IIDA; GUIMARÃES, 2016, p. 13), assim como no contexto de projeto de Design de Interiores.

4 - Principais setores de aplicação da ergonomia

Conforme estudamos, a ergonomia, numa situação ideal, deve ser utilizada desde as etapas iniciais do projeto, no nosso caso, o Design de Interiores ou de Ambientes.

Essas etapas, por sua vez, devem priorizar o usuário como um de seus componentes, ou seja, as características do usuário devem ser consideradas em conjunto com as características e as restrições técnicas, ambientais ou sistêmicas.

Recentemente, segundo Iida e Guimarães (2016, p. 20), as aplicações da ergonomia, restrita à indústria e ao setor militar, expandiu-se para a agricultura, ao setor de serviços e à vida diária do cidadão comum . Exigindo novos conhecimentos, "[...] como as características de trabalho das mulheres, pessoas idosas e aqueles com deficiência".

4.1 Ergonomia na vida diária

A ergonomia tem contribuído para melhorar a vida cotidiana. Hoje, os estudos dessa área são muito amplos, podendo colaborar para melhorar as residências (Figura 6), além do setor de serviços, a partir de diferentes aspectos (p. ex.: mobiliário, iluminação, temperatura, ruído, vibração, cor).

Figura 6 – Ergonomia aplicada ao Design de Interiores residencial

Fonte: https://mariliaveiga.com.br/projetos-residenciais/. Acesso em: 03 mai 2018.

Com a expansão do setor de serviços (p. ex.: comércio, escritórios, saúde, educação, bancos, segurança, lazer e prestação de serviços em geral), a demanda por ambientes mais agradáveis, harmônicos, seguros, eficientes e confortáveis, aumentou, como mostra a Figura 7.

Figura 7 – Ergonomia aplicada ao Design de Interiores comercial

Fonte: http://www.essenciamoveis.com.br/blog/cadeira-de-escritorio-com-design/. Acesso em: 03 mai 2018.

Podemos considerar que o estudo da ergonomia é um aliado do Design de Interiores. A ênfase se dá na ergonomia de produtos desenvolvidos para compor e modelar, a partir de uma abordagem macroergonômica, os espaços residenciais, comerciais, industriais, hospitalares, entre outros. Levando em consideração, sempre, o conhecimento do homem para elaborar o projeto, ajustando-o às suas necessidades.

Retomando a aula

Vamos recordar a primeira aula?!

1 - Definição de ergonomia

Aprendemos sobre as definições de ergonomia e o profissional que atua na área.

2 - História da ergonomia

Revisitamos o processo histórico e a difusão da ergonomia no Brasil.

3 - Fases da ergonomia

Tratamos sobre as fases da ergonomia. E, por fim,

4 - Principais setores de aplicação da ergonomia

Compreendemos sobre os principais setores de aplicação da ergonomia, com ênfase no Design de Interiores.

Vale a pena

Vale a pena **ler**

PASCHOARELLI, Luiz Carlos; SILVA, José Carlos Plácido (Orgs.). *Design ergonômico:* estudos e aplicações. Bauru: Canal 6 Projetos Editoriais, 2014.

Vale a pena **acessar**

A Associação Brasileira de Ergonomia (ABERGO) é o órgão que regulamenta a profissão do ergonomista no Brasil. Neste site, você pode encontrar informações úteis sobre a profissão e diversos outros assuntos relacionados. Disponível em: <http://www.abergo.org.br>.

ABNT NBR 5413:1992. Título: Iluminação de Interiores. <http://ftp.demec.ufpr.br/disciplinas/TM802/NBR5413.pdf>.

ABNT NBR 10152: 1987. Título: Níveis de ruído para conforto acústico. <http://www.joaopessoa.pb.gov.br/portal/wp-content/uploads/2015/02/NBR_10152-1987-Conforto-Ac_stico.pdf>.

ABNT NBR 13962:2006. Título: Móveis para escritório – Cadeiras – Requisitos e métodos de ensaio. <http://www.iocmf.com.br/tabelas/NBR-13962.pdf>.

ABNT NBR 9050:2004. Título: Acessibilidade a edificações, mobiliário, espaços e equipamentos urbanos. <http://www.pessoacomdeficiencia.gov.br/app/sites/default/files/arquivos/%5Bfield_generico_imagens-filefield-description%5D_24.pdf>.

Vale a pena **assistir**

Tempos Modernos. Disponível em: <https://www.youtube.com/watch?v=CozWvOb3A6E>. Acesso em: fevereiro de 2018.

Vídeo: <https://www.youtube.com/watch?v=CozWvOb3A6E>.

Minhas anotações

Aula 2º

Antropometria: o tamanho das coisas

Caro (a) aluno (a), nesta segunda aula, refletiremos sobre o dimensionamento dos produtos e ambientes. Vale destacar que esse assunto é muito importante para o design, arquitetura, engenharia, moda, entre outras áreas!

Bons estudos!

Objetivos de aprendizagem

Ao término desta aula, vocês serão capazes de:

- refletir sobre o dimensionamento dos produtos e ambientes.

Seções de estudo

1. O que é antropometria
2. Variações das medidas humanas
3. Tipos de antropometria

Você sabe qual área do conhecimento que estuda as medidas do corpo humano? É a antropometria!

É a partir dos estudos antropométricos que estabelecemos, dentre outras coisas, o padrão de como os objetos e ambientes devem ser dimensionados.

Entretanto, a antropometria é uma área do conhecimento antiga. Os homens da Pré-História, por exemplo, escolhiam pedras que cabiam em suas mãos para formar suas ferramentas de corte (Figura 1). Mesmo de forma intuitiva, o ser humano sempre usou os princípios antropométricos, no momento de fabricar seus objetos.

Figura 1 - Ferramentas Rudimentares do Paleolítico

Fonte: <https://reflexoesdehistoria.wordpress.com/tag/paleolitico-nomadismo-neolitico-sedentarismo/>. Acesso em: 03 mai 2018.

Mesmo assim, hoje em dia ainda é comum encontrarmos produtos, ambientes projetados e/ou comportamentos que adquirimos, por exemplo, com o uso do celular, que não são adequados ao ser humano.

Vamos, então, entender um pouco mais sobre antropometria?! Além de conhecer um pouco sobre as variações das medidas humanas e quais os tipos de antropometria?

1 - O que é antropometria

A antropometria trata das dimensões e proporções do corpo humano e, objetiva, de modo geral, estabelecer padrões de medidas do ser humano que possam ser utilizadas para as mais diversas aplicações. (DUL; WEERDMEESTER, 2012)

Ela pode servir também para estabelecer os padrões de normalidade para saúde, por exemplo, quando medimos a circunferência abdominal para inferir o risco de infarto ou para saber qual a numeração de roupa de uma criança.

Figura 2 – Ponto de referência para realizar a mensuração da circunferência da cintura em homens e mulheres

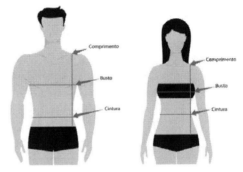

Fonte: https://williamcarvalhoamaral.wordpress.com/tag/gordura-visceral/. Acesso em: 03 mai 2018.

Figura 3 – Diferentes padrões de numeração para roupa infantil

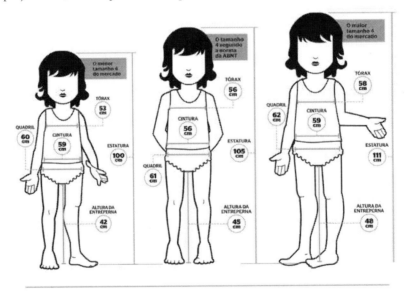

Fonte: http://revistaepoca.globo.com/Revista/Epoca/0,,EMI204420-15518,00.html. Acesso em: 03 mai 2018.

Você já se perguntou se medir as pessoas é uma tarefa fácil? Aparentemente parece que sim, você concorda?! Basta ter em mãos uma régua ou uma trena...

No entanto, Iida e Guimarães (2016, p. 182), explicam que:

> [...] isso não é tão simples assim quando se pretende obter medidas representativas e confiáveis de uma população, que é composto de indivíduos dos mais variados tipos e dimensões. Além disso, as amostragens da população e as condições em que as medições são realizadas (com roupa, com ou sem calçado, ereto ou na postura relaxada) influem consideravelmente nos resultados.

Nesse sentido, as medições antropométricas não são simples de se obter! São vários fatores que influenciam as medidas das pessoas. Isso implica que temos que medir muitas pessoas para conseguir que um estudo antropométrico tenha validade e seja confiável para ser usado como norma (DANIELLOU, 2004).

Segundo Iida e Guimarães (2016, p. 183), associado a esses fatores, na atualidade, precisamos de medidas antropométricas cada vez mais detalhadas e confiáveis. "Hoje, o interesse maior se concentra no estudo das diferenças entre grupos e a influência de certas variáveis como etnias, idade, alimentação e saúde".

2 - Variações das medidas humanas

VOCÊ SABIA ? "Até a Idade Média, todos os calçados eram produzidos em tamanho único. Não havia sequer a diferença entre o pé direito e o pé esquerdo" (IIDA; GUIMARÃES, 2016, p. 184).

Para compreender os fatores que influenciam a antropometria, precisamos ter clareza de que somos diferentes uns dos outros em termos de tamanho e proporção (FALZON, 2007; IIDA; GUIMARÃES, 2016). Desta forma, há variações de gênero, ao longo da vida [intraindividuais] e interindividuais, etnia, clima, alimentar, genética e biótipos, além das variações seculares.

2.1 Gênero

Tendo como referência a antropometria, sabe-se que tanto homens como mulheres são diferentes entre si desde o nascimento. Segundo Iida e Guimarães (2016), o gênero masculino é maior que o gênero feminino, em média 0,6 cm mais compridos e 0,2 kg mais pesados. Durante a infância, segundo Grandjean (1998), o crescimento é homogêneo e, assim, as diferenças são pequenas.

As influências do gênero começam a se intensificar na pré-adolescência. De modo geral, as meninas geralmente são mais altas e os meninos começam a adquirir maior peso. Após essa fase, ambos continuam a crescer lentamente, atingindo a estatura considerada final, por volta dos vinte anos de idade (IIDA, GUIMARÃES, 2016).

Segundo Lacombe (2012) e Iida e Guimarães (2016), as principais diferenças anatômicas, entre os gêneros, como mostra a Figura 4, na fase adulta são as seguintes:

- Homens: ombros mais largos, tórax maior, clavículas mais alongadas, escápulas mais largas, bacia mais estreita, cabeça maior, braços mais compridos, mãos e pés maiores. De modo geral, os homens têm mais músculo que gordura.
- Mulheres: ombros mais estreitos, tórax menor e arredondado, bacia mais larga e estatura menor. Apresentam maior quantidade de gordura subcutânea.

Figura 4 – Diferenças antropométricas de gênero

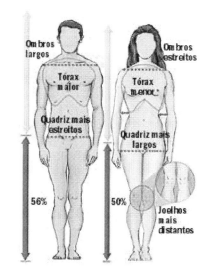

Fonte: http://www.sogab.com.br/floresdias/homemmulheranatoossea.htm. Acesso em: 03 mai 2018.

2.2 Variações ao longo da vida [intraindividuais]

Variações intraindividuais são aquelas que ocorrem ao longo da vida de uma pessoa. Ao observarmos nossas variações, contatamos que sofremos contínuas mudanças físicas durante toda a vida. Como por exemplo, as alterações de tamanho, proporções corporais, forma, peso e alcances de movimentos. De acordo com Lacombe (2012), essas alterações acontecem desde o nascimento até à fase adulta e, posteriormente, também na velhice, quando o corpo começa a se modificar novamente. (Figura 5 e Tabela 1)

Figura 5 – Evolução antropométrica ao longo da vida do ser humano

Fonte: http://flaviasguario.com.br/fases.html. Acesso em: 03 mai 2018.

Tabela 1 – Modificações das proporções corporais ao longo da vida

Idade	Proporção estatura/ cabeça	Proporção tronco/ braço
Recém-nascido	3,8	1,00
2 anos	4,8	1,14
7 anos	6,0	1,25
Adulto	7,5	1,50

Fonte: Iida e Guimarães (2016, p. 189)

Conforme podemos constatar na Tabela 1, as proporções corporais vão se modificando com a idade. O recém-nascido, por exemplo, possui, proporcionalmente, a cabeça grande e membros curtos.

Segundo Iida e Guimarães (2016, p. 189): "A estatura atinge o ponto máximo em torno dos vinte anos e permanece praticamente inalterada até os cinquenta anos".

A partir dos 60 anos, as dimensões lineares (estatura, comprimento da coluna, comprimento dos braços e pernas etc.) começam a reduzir. Parte dessa transformação se deve ao processo natural do encolhimento da coluna, e também devido a "[...] perda gradativa de forças e mobilidade, tornando os movimentos musculares mais fracos, lentos e de amplitude menor" (IIDA; GUIMARÃES, 2016, p. 190).

2.3 Variações étnicas

Diversos estudos antropométricos comprovaram a influência da etnia nas variações das medidas antropométricas. Nesses estudos, evidenciam-se as diferenças nos tamanhos e proporções corporais entre povos de origens diferentes.

Panero e Zelnik (1980) explicam, por exemplo, que os alemães são em geral mais altos que os brasileiros e que os tailandeses são, em média, mais baixos.

Em outro exemplo, Iida (2005) e Iida e Guimarães (2016), relatam que as variações também são encontradas na África: pigmeus da África Central (estatura média: 143, 8 cm para homens e 137, 2 cm para mulheres) e negros nilóticos no sul do Sudão (estatura média: 182,9 cm para homens e 168,9 cm para mulheres).

Todas essas variações antropométricas relacionadas à etnia nos instigam a refletir: Considerando que os usuários de determinado produto podem estar espalhados por diferentes países, é possível pensar em padrões mundiais de antropometria?

Iida e Guimarães (2016) explicam que até meados do século XX, houve preocupação em estabelecer padrões nacionais de medidas antropométricas. Contudo, com o aumento do comércio internacional, a partir da década de 1950, exigiu novas demandas aos designers.

Vários produtos, projetados e produzidos em determinados países, passaram a ser vendidos no mundo todo, exigindo esforços de padronização e compatibilização desses produtos, como por exemplo: aviões, automóveis, computadores, celulares, entre outros. Os quais hoje têm padrões mundiais! Da mesma forma, isso também exigiu demandas de adequações ergonômicas desses produtos aos consumidores de diversos países (IIDA, GUIMARÃES, 2016).

Na atualidade, procura-se realizar medições mais precisas e confiáveis para aplicações em projetos. Existe uma tendência para determinar padrões mundiais, entretanto ainda não existem medidas antropométricas confiáveis para a população mundial (IIDA, GUIMARÃES, 2016).

Saiba mais...

A Figura 6 representa uma vídeo-exposição intitulada "Bilhões de Outros", que ocorreu no MASP, no ano de 2011, e que, traz entrevistas de gente comum sobre assuntos comuns, são recortes de 5.600 entrevistas elaboradas por repórteres, com mais de 4.500 horas de gravações realizadas em 78 países.

> **6 BILHÕES DE OUTROS - VÍDEO-EXPOSIÇÃO DE YANN ARTHUS-BERTRAND E DA FUNDAÇÃO GOODPLANET**, dirigido por *Sibylle d'Orgeval e Baptiste Rouget-Luchaire 20 de abril a 10 de julho de 2011 | Subsolos do MASP. www.6bilhoesdeoutros. org. Disponível em: <http://masp.art.br/masp2010/newsletter/2011_abril/NewsletterMASPabril2011.pdf>. Acesso em: fevereiro de 2017.*

Figura 6 – 6 Bilhões de Outros – MASP, 2011

Fonte: http://masp.art.br/masp2010/exposicoes_integra.php?id=86. Acesso em: 03 mai 2018.

2.4 Variações climáticas

Pensando a partir da evolução do ser humano, podemos considerar que o clima também tem influência sobre as variações antropométricas.

As populações que vivem em regiões de clima quente, em geral, possuem o corpo mais fino, com os membros superiores e inferiores mais alongados. Enquanto aquelas populações que vivem em regiões de clima frio, de modo geral, possuem o corpo mais volumoso e arredondado, com o tronco maior e mais largo. Segundo Iida e Guimarães (2016, p. 194), isso "[...] é o resultado da adaptação durante vários séculos, pois os corpos mais finos facilitam a troca de calor com o ambiente, enquanto aqueles mais cheios têm maior facilidade de conservar o calor corporal".

2.5 Variações interindividuais: genética e biótipos

Além das variações ao longo da vida, étnica e climática, conforme estudamos anteriormente, também existem variações interindividuais, as quais diferenciam os indivíduos de uma mesma população. Decorrentes, segundo Iida e Guimarães (2016), de duas causas: etnia e genética.

Também são comuns as variações das medidas circulares ao longo da vida (circunferência do quadril, da cintura, entre outras), a partir de processos naturais como engordar, gravidez, entre outros.

A partir dos estudos antropométricos de William Sheldon (1940), foi possível definir três tipos básicos do corpo humano: ectomorfo, mesomorfo e endomorfo, como mostra a Figura 7.

> SHELDON, W. H. The varieties of human physique: an introduction to constitutional psychology. New York: Harper and Row, 1940.

Figura 7 – Três tipos básicos do corpo humano

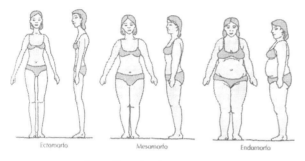

Fonte: Iida e Guimarães (2016, p. 190)

Segundo Iida e Guimarães (2016):

- Ectomorfo – tipo físico de formas alongadas, ombros largos, pescoço fino, rosto magro e abdômen estreito e fino.
- Mesomorfo – tipo físico de formas angulosas, ombros e peitos largos e abdômen pequeno.
- Endomorfo – tipo físico de formas arredondadas, tórax pequeno, abdômen grande, braços e pernas curtos, ombros e cabeça arredondados.

Vale ressaltar que, na atualidade, a maioria das pessoas misturam características dos biótipos básicos, podendo ser, segundo Iida e Guimarães (2016): mesoformo-endofórmica, ectomorfo-mesofórmica, e assim por diante.

Curiosidade sobre biótipo

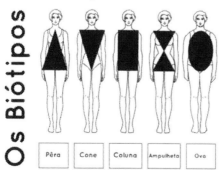

Os Biótipos

| Pêra | Cone | Coluna | Ampulheta | Ovo |

Fonte: LOOK TIPS | Qual é o meu tipo de corpo ou biótipo? Disponível em: <http://www.look-a-day.com/2012/09/look-tips-qual-e-o-meu-tipo-de-corpo-ou. html>. Acesso em: Agosto de 2017.

2.6 Variações seculares

As variações seculares são mudanças antropométricas que ocorrem no longo prazo, afetando gerações, como mostram as Figuras 8 e 9. Vale destacar que essa variação, não deve ser confundida com as variações ao longo da vida [intraindividuais].

Figura 8 – Altura dos homens portugueses

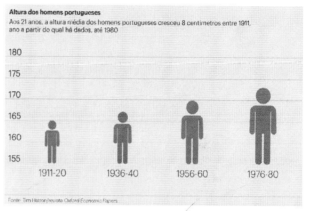

Fonte: https://www.publico.pt/2013/09/02/ciencia/noticia/homens-portugueses-cresceram-em-media-oito-centimetros-em-70-anos-1604680. Acesso em: 03 mai 2018.

Figura 9 – Altura dos brasileiros

Fonte: http://www.bbc.com/portuguese/geral-36892772. Acesso em: 03 mai 2018.

Segundo Iida e Guimarães (2016), essa aceleração do crescimento é um fenômeno mundial e não se restringe apenas aos adultos.

Além de mais altos, diversos estudos também indicam que os seres humanos têm ficado mais pesados ao longo dos últimos séculos. Esse fato ocorreu, especialmente, nos últimos duzentos anos, com o crescimento da urbanização, saneamento e industrialização, e consequentemente da melhoria da alimentação e das condições de vida. (IIDA; GUIMARÃES, 2016)

3 - Tipos de antropometria

O que o designer de interiores precisa saber para projetar ambientes residenciais, comerciais, efêmeros, entre outros?

Precisamos ter conhecimento do tamanho das pessoas que utilizarão esses ambientes! Conseguimos esses dados quando medimos essas pessoas, ou seja, os usuários!

Desta forma, além das características individuais e coletivas que influenciam nas variações das medidas humanas, conforme estudamos no tópico anterior, também é imprescindível sabermos como esses ambientes serão utilizados, para compreendermos quais medidas devemos tomar e quais serão desnecessárias. Por exemplo, para projetarmos os armários de uma cozinha, as medidas da altura do usuário, do comprimento das pernas e do tronco são muito importantes!

Figura 10 – Medidas importantes na cozinha

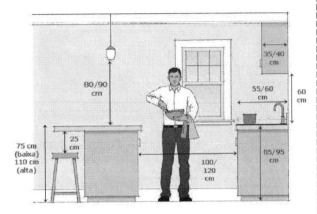

Também precisamos compreender quais atividades serão desempenhas e/ou desenvolvidos nos ambientes, pois o tipo de medida antropométrica também vai variar.

De acordo com Iida e Guimarães (2016), existem três tipos de medidas antropométricas:

A primeira refere-se à **antropometria estática ou estrutural** – utilizada, por exemplo, para projetar mobiliário. É realizada com o corpo parado ou com pouco movimento, sendo realizadas entre os pontos anatômicos identificados, a partir de medidas lineares e circunferenciais (Figura 11). Dependendo do projeto, alguns ajustes de medidas são necessários, com a ajuda da antropometria dinâmica.

Figura 11 – Antropometria estática

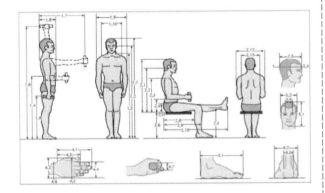

Fonte: Iida e Guimarães (2016, p. 207).

A segunda, a **antropometria dinâmica** – é utilizada para dimensionar, por exemplo, partes móveis de produtos ou ambientes de trabalho, por meio dos movimentos corporais (alcances), complementando os dados da antropometria estática (Figura 12). De modo geral, ela mede a amplitude das articulações do corpo humano e, assim, os alcances dos movimentos. No intuito de exemplificar, pode-se medir o alcance horizontal com o braço esticado, que é a medida da amplitude da movimentação do ombro, a qual serve para

determinar o tamanho útil de um tampo de mesa.

Figura 12 – Antropometria dinâmica

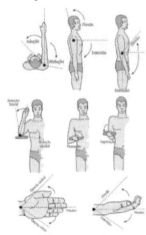

Fonte: Iida e Guimarães (2016, p. 213)

Por fim, a antropometria funcional – é utilizada para tarefas específicas, principalmente quando há uma conjugação de diversos movimentos corporais simultaneamente. Por exemplo, "para apanhar um objeto sobre a mesa, a extensão do braço é acompanhada da inclinação do tronco para frente" (IIDA; GUIMARÃES, 2016, p. 183). Por exigir a conjunção de diversos movimentos, é bastante difícil e, por isso, pouco realizada.

Figura 13 – Ergonomia funcional

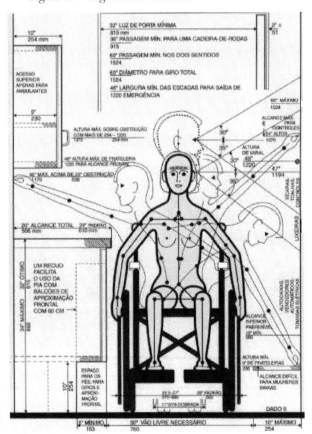

Retomando a aula

Parece que estamos indo bem. Então, para encerrar essa aula, vamos recordar:

1 - O que é antropometria

Tivemos um panorama geral sobre o que é antropometria.

2 - Variações das medidas humanas

Aprendemos sobre as variações humanas.

3 - Tipos de antropometria

Discutimos sobre os tipos de antropometria

Vale a pena

Vale a pena **ler**

GOMES FILHO, J. Ergonomia do objeto: sistema técnico de leitura ergonômica. São Paulo: Escrituras Editora, 2010.

Vale a pena **acessar**

Design e Ergonomia. Disponível em: http://www.abcdesign.com.br/design-e-ergonomia/. Acesso em: fevereiro de 2018.

Vídeo: ¿Que es la antropometría? <https://www.youtube.com/watch?v=Bktw1EfpEXI>.

Vídeo: Ergonomia no ambiente de trabalho. <https://www.youtube.com/watch?v=RHVQLfgkMwU>.

Vídeo: Animação da Vodafone sobre ergonomia ao usar o celular. <https://www.youtube.com/watch?v=jL0r7E4unLs>

Vale a pena **assistir**

A Importância da Ergonomia no Projeto de Móveis. Disponível em: https://www.youtube.com/watch?v=tT6d5X1KZtI. Acesso em: fevereiro de 2018.

Como Iniciar um Projeto de Móveis e Interiores - Medidas do Corpo Humano. Disponível em: https://www.youtube.com/watch?v=ZnG65vhZrXw. Acesso em: fevereiro de 2018.

Minhas anotações

Minhas anotações

Aula 3º

Antropometria: aplicações

Caro(a) aluno(a), essa aula é uma continuação da anterior, na qual refletiremos sobre o dimensionamento dos produtos e ambientes, mais especificamente na perspectiva das aplicações da antropometria. Em outras palavras, nesta seção, serão apresentadas as formas de aplicar os dados antropométricos na elaboração de projetos.

De modo geral, na segunda seção, aprendemos que a área do conhecimento que estuda as medidas do corpo humano é a antropometria! Além de compreendermos que é a partir dos estudos antropométricos que estabelecemos, dentre outras coisas, o padrão de como os objetos e ambientes devem ser dimensionados, a partir da antropometria estática, dinâmica e funcional.

Desta forma, antes mesmo de entrarmos no assunto da aula 3, vamos retomar alguns aspectos dessas medidas antropométricas (estática, dinâmica e funcional)?!

Bons estudos!

Objetivos de aprendizagem

Ao término desta aula, vocês serão capazes de:

- aprender como apresentar as formas de aplicar os dados antropométricos na elaboração de projetos.

Seções de estudo

1. Antropometria: aplicações
2. Aplicação de dados antropométricos
3. Espaço de trabalho, superfícies e assentos

1 - Antropometria: aplicações

Na Aula 2, estudamos que existem três tipos de medidas antropométricas: estática, dinâmica e funcional. A partir dos conceitos dessas três medidas, vamos entender um pouco mais sobre as tabelas antropométricas.

Segundo Iida e Guimarães (2016), uma das tabelas de medidas antropométricas mais completas que se conhece é a norma DIN 33402 de junho de 1981. A seguir, apresentamos parte dessa norma (Tabela 1), com medidas de 38 variáveis, sendo dez do corpo em pé, 13 do corpo sentado, cinco da cabeça, sete das mãos e três dos pés. Os resultados são apresentados em percentis 5, 50 e 95 de uma determinada população de

> *Em estatística, os percentis são medidas que dividem a amostra ordenada (por ordem crescente dos dados) em 100 partes, cada uma com uma percentagem de dados aproximadamente igual.*

homens e mulheres. Assim, as principais variáveis de medidas de antropometria estática podem ser vistas na Figura 1, e os respectivos valores, na Tabela 1.

Figura 1 – Principais variáveis usadas em medidas de antropometria estática do corpo

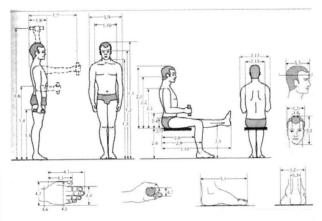

Fonte: Iida e Guimarães (2016, p. 207).

Tabela 1 – Medidas de antropometria estática

Medidas de antropometria estática (cm)		Mulheres			Homens		
		5º	50º	95º	5º	50º	95º
Corpo em pé	Estatura, corpo ereto	151,0	161,9	172,5	162,9	173,3	184,1
	Altura dos olhos, em pé, ereto	140,2	150,2	159,6	150,9	161,3	172,1
	Altura dos ombros, em pé, ereto	123,4	133,9	143,6	134,9	144,5	154,2
	Altura do cotovelo, em pé, ereto	95,7	103,0	110,0	102,1	109,6	117,9
	Altura do centro da mão, braço pendido, em pé	66,4	73,8	80,3	72,8	76,7	82,8
	Altura do centro da mão, braço erguido, em pé	174,8	187,0	200,0	191,0	205,1	221,0
	Comprimento do braço, na horizontal, até o centro da mão	61,6	69,0	76,2	66,2	72,2	78,7
	Profundidade do corpo, na altura do tórax	23,8	28,5	35,7	23,3	27,6	31,8
	Largura dos ombros, em pé	32,3	35,5	38,8	36,7	39,8	42,8
	Largura dos quadris, em pé	31,4	35,8	40,5	31,0	34,4	36,8
Corpo sentado	Altura da cabeça, a partir do assento, tronco ereto	80,5	85,7	91,4	84,9	90,7	96,2
	Altura dos olhos, a partir do assento, tronco ereto	68,0	73,5	78,5	73,9	79,0	84,4
	Altura dos ombros, a partir do assento, tronco ereto	53,8	58,5	63,1	56,1	61,0	65,5
	Altura do cotovelo, a partir do assento, tronco ereto	19,1	23,3	27,8	19,3	23,0	28,0
	Altura do joelho, sentado	46,2	50,2	54,2	49,3	53,5	57,4
	Altura poplítea (parte inferior da coxa)	35,1	39,5	43,4	39,9	44,2	48,0
	Comprimento do antebraço, na horizontal, até o centro da mão	29,2	32,2	36,4	32,7	36,2	38,9
	Comprimento da nádega-poplítea	42,6	48,4	53,2	45,2	50,0	55,2
	Comprimento da nádega-joelho	53,0	58,7	63,1	55,4	59,9	64,5
	Comprimento nádega-pé, perna estendida na horizontal	95,5	104,4	112,6	96,4	103,5	112,5
	Altura da parte superior das coxas	11,8	14,4	17,3	11,7	13,6	15,7
	Largura entre os cotovelos	37,0	45,6	54,4	39,9	45,1	51,2
	Largura dos quadris, sentado	34,0	38,7	45,1	32,5	36,2	39,1
Cabeça	Comprimento vertical da cabeça	19,5	21,9	24,0	21,3	22,8	24,4
	Largura da cabeça, de frente	13,8	14,9	15,9	14,6	15,6	16,7
	Largura da cabeça, de perfil	16,5	18,0	19,4	18,2	19,3	20,5
	Distância entre os olhos	5,0	5,7	6,5	5,7	6,3	6,8
	Circunferência da cabeça	52,0	54,0	57,2	54,8	57,3	59,9

Medidas de antropometria estática (cm)		Mulheres			Homens		
		5º	50º	95º	5º	50º	95º
Mãos	Comprimento da mão	15,9	17,4	19,0	17,0	18,6	20,1
	Largura da mão	8,2	9,2	10,1	9,8	10,7	11,6
	Comprimento da palma da mão	9,1	10,0	10,8	10,1	10,9	11,7
	Largura da palma da mão	7,2	8,0	8,5	7,8	8,5	9,3
	Circunferência da palma	17,6	19,2	20,7	19,5	21,0	22,9
	Circunferência do pulso	14,6	16,0	17,7	16,1	17,6	18,9
	Cilindro de pegada máxima (diâmetro)	10,8	13,0	15,7	11,9	13,8	15,4
Pés	Comprimento do pé	22,1	24,2	26,4	24,0	26,0	28,1
	Largura do pé	9,0	9,7	10,7	9,3	10,0	10,7
	Largura do calcanhar	5,6	6,2	7,2	6,0	6,6	7,4

Fonte: Iida e Guimarães (2016, p. 208)

Iida e Guimarães (2016) explicam que não existem medidas abrangentes e confiáveis da população brasileira. No entanto, diversos levantamentos já foram realizados, muitas vezes restritos a determinadas regiões e ocupações profissionais, como por exemplo, a Tabela 2, que apresenta as medidas de antropometria estática de trabalhadores do Rio de Janeiro.

Tabela 2 – Medidas de antropometria estática de trabalhadores brasileiros

Medidas de antropometria estática		Homens		
		5º	50º	95º
Corpo em pé	Peso (kg)	52,3	66,0	85,9
	Estatura, corpo ereto	159,5	170,0	181,0
	Altura dos olhos, em pé, ereto	149,0	159,5	170,0
	Altura dos ombros, em pé, ereto	131,5	141,0	151,0
	Altura do cotovelo, em pé ereto	96,5	104,5	112,0
	Comprimento do braço na horizontal, até a ponta dos dedos	79,5	85,5	92,0
	Profundidade do tórax (sentado)	20,5	23,0	27,5
	Largura dos ombros (sentado)	40,2	44,3	49,8
	Largura dos quadris, em pé	29,5	32,4	35,8
	Altura entre pernas	71,0	78,0	85,0
Corpo sentado	Altura da cabeça, a partir do assento, corpo ereto	82,5	88,0	94,0
	Altura dos olhos, a partir do assento, corpo ereto	72,0	77,5	83,0
	Altura dos ombros, a partir do assento, ereto	55,0	59,5	64,5
	Altura do cotovelo, a partir do assento	18,5	23,0	27,5
	Altura do joelho, sentado	49,0	53,0	57,5
	Altura poplítea, sentado	39,0	42,5	46,5
	Comprimento nádega-poplítea	43,5	48,0	53,0
	Comprimento nádega-joelho	55,0	60,0	65,0
	Largura das coxas	12,0	15,0	18,0
	Largura entre cotovelos	39,7	45,8	53,1
	Largura dos quadris (em pé)	29,5	32,4	35,8
Pés	Comprimento do pé	23,9	25,9	28,0
	Largura do pé	9,3	10,2	11,2

Fonte: Iida e Guimarães (2016, p. 208)

Comparando as medidas antropométricas estrangeiras com as brasileiras, podemos constatar que as brasileiras são ligeiramente menores. Essas diferenças podem ser explicadas pelas variações interindividuais ou, até mesmo, seculares (ver Aula 2).

Após essa retomada, vamos, então, entender um pouco mais sobre as aplicações da antropometria?! Vamos lá!

2 - Aplicação de dados antropométricos

Conforme explicamos, na Aula 2 estudamos sobre as diferentes variações que podem influenciar na antropometria das pessoas e que essa diferença pode dificultar, tanto o design de produtos, como o design de interiores, para serem usados por todos. Nesta aula, vamos compreender como utilizar os dados antropométricos para o projeto de produtos e interiores.

Como usar as tabelas antropométricas na prática?!

2.1 Uso de tabela antropométrica

De modo geral, os dados antropométricos encontrados em tabelas (p. ex.: Tabelas 1 e 2) são muito aplicados no design de interiores, mobiliário, moda, veículos, máquinas, equipamentos, postos de trabalho e outros. O uso desses dados constitui uma solução prática. No entanto, devem ser selecionados, acompanhados e aplicados adequadamente em cada caso, como mostra a Tabela 3. (IIDA; MAGALHÃES, 2016)

Tabela 3 – Exemplos de aplicações de dados antropométricos em projetos

Problema	Variável antropométrica	Aplicações típicas	Objetivo do projeto
Postura	Altura do cotovelo em pé	Altura da superfície de trabalho (bancada)	Evitar inclinação da coluna em pé
	Altura do cotovelo sentado	Altura da superfície da mesa	Evitar inclinação da coluna sentado
	Altura dos ombros	Altura dos armários	Reduzir alcances forçados
Ajustes	Altura poplítea	Ajuste da altura da cadeira	Adaptar postos de trabalho
	Altura dos olhos sentado	Ajuste do banco do carro	Permitir visibilidade
Visibilidade	Altura dos olhos em pé	Localização de mostradores	Permitir visibilidade
	Altura dos olhos sentado	Localização dos monitores Desnível nos assentos de teatros	Evitar posturas inclinadas Evitar bloqueios visuais
Acessibilidade	Estatura	Altura das portas e passagens	Permitir passagem
	Alcance vertical das mãos	Altura dos balaústres (ônibus)	Melhorar estabilidade
	Alcance horizontal das mãos	Colocação das mercadorias (caixa de supermercado)	Melhorar a postura
	Tamanho das mãos	Dimensionamento dos manejos	Facilitar a pega
Inacessibilidade	Comprimento dos braços	Localização dos alambrados	Evitar acidentes de trabalho
	Largura da cabeça de bebês	Distâncias das barras do berço	Prevenir acidentes
	Diâmetro dos dedos	Furos de diâmetros menores	Evitar acidentes
Adaptações de produtos	Forma e tamanho do corpo	Vestuário	Melhorar conforto
	Forma e tamanho dos pés	Calçados	Melhor conforto
	Forma e tamanho da cabeça	Capacetes	Aumentar a segurança
Flexibilidade de uso	Altura do joelho sentado	Alturas da mesa e cadeira	Facilitar movimentos
	Movimentos do tronco	Folgas no posto de trabalho	Permitir movimentos

Fonte: Iida e Guimarães (2016, p. 227). Acesso em: 03 mai 2018.

Quando vamos elaborar um projeto de interiores, é importante projetarmos para o usuário. Vocês estão lembrados da Seção 1, quando tratamos do Design Centrado no Usuário?!

Contudo, na maior parte dos casos é quase impossível fazer uma medição antropométrica de todos os usuários, pois muitas vezes, não temos certeza de quem utilizará o ambiente.

(MIGUEL, 2012)

Nesse sentido, quando estamos falando de design de ambientes que desconhecemos ao certo quais usuários utilizarão ou ocuparão esses ambientes, vale utilizar tabelas antropométricas existentes, pois são mais práticas e econômicas, do que fazer levantamentos antropométricos (GUÉRIN et al., 2001; FERREIRA et al., 2001).

Todavia, de acordo com Iida e Magalhães (2016), deve-se tomar cuidado com os seguintes aspectos, pois a maioria das medidas disponíveis nessas tabelas tem por base uma amostra da população:

- Faixa etária e gênero – As formas e o peso do corpo variam em relação à faixa etária e gênero. Por isso, deve-se sempre utilizar dados específicos para a faixa etária específica e o gênero, para o qual o projeto será desenvolvido.
- Etnia – Há diferenças étnicas das medidas antropométricas. Por isso, é prudente evitar utilizar dados antropométricos de outros povos, pois, como já vimos, as medidas podem variar.
- Profissão – Algumas medições foram realizadas no âmbito de certas profissões. Por isso, é recomendado verificar quais foram os critérios e os perfis adotados na seleção da amostra.
- Época – As medidas antropométricas dos povos evoluem com o tempo. Por isso, há necessidade de ter atenção com tabelas muito antigas, pois podem estar desatualizadas.
- Condições especiais – São as condições em que as medidas foram tomadas, por exemplo, se as pessoas estavam vestidas, nuas, seminuas, com sapatos, descalças, e assim por diante.

Tendo em vista esses aspectos, assim como tendo escolhido uma base de dados adequada para utilização no desenvolvimento de um projeto, é importante considerar a forma de se empregar esses dados. De acordo com Moraes e Montalvão (1998) e Stanton (1998), existem alguns critérios para aplicação da antropometria, os quais dependerão do tipo de atividade a ser desempenhada.

3.2 Princípios para aplicação dos dados antropométricos

Do ponto de vista do usuário, ou seja, do Design Centrado no Usuário, fabricar um produto padronizado, nem sempre proporciona conforto e segurança. Segundo Iida e Guimarães (2016), a adaptação ao usuário torna-se crítica no caso de produtos de uso individual, como por exemplo, mobiliários.

Desta forma, para fazer adaptações, há cinco princípios para aplicação das medidas antropométricas, os quais serão apresentados a seguir:

1º Princípio | Uso da média da população

De acordo com esse princípio, os produtos são dimensionados para a média da população, ou seja, 50º percentil. Desta forma, é aplicado em produtos de uso coletivo, como por exemplo, transportes coletivos, assentos de auditórios, bancos de praças, entre outros. "Eles servem a diversos usuários e, apesar de não serem ótimos para todos, coletivamente, causam menos inconveniências e dificuldades para a maioria" (IIDA; MAGALHÃES, 2016, p. 229).

2º Princípio | Uso dos extremos populacionais

De acordo com esse princípio, emprega-se um dos extremos, superior (95º percentil) ou inferior (5º percentil), para o dimensionamento de projetos.

Você já observou que a maioria dos produtos industrializados é dimensionada para acomodar até 95% da população? Por que será? Simplesmente, por uma questão econômica! "Acima disso, teríamos que aumentar muito o tamanho dos objetos para acomodar, relativamente, uma pequena faixa adicional da população, provocando aumento de custos" (IIDA; MAGALHÃES, 2016, p. 230).

De modo geral, os espaços para circulação são projetados para o extremo superior (95º percentil masculino), e os alcances dos movimentos, para o percentil inferior (5º percentil feminino) (IIDA; MAGALHÃES, 2016).

Você já notou que existem muito mais pessoas com estatura média, do que pessoas com estatura muito baixa ou muito alta?!

3º Princípio | Uso de dimensões reguláveis

Alguns produtos podem ter certas dimensões reguláveis para se adaptar a uma maior amplitude dos usuários, como por exemplo, cadeiras de escritório, tábuas de passar, bancos de veículos (Figura 2), dentre outros. Nesses casos, os limites mínimo e máximo devem ser considerados. Em geral, Essas regulagens geralmente não precisam abranger o produto como um todo, pois o excesso de regulagens poderá dificultar o uso.

Figura 2 – Exemplo de dimensão regulável

Fonte: <https://www.terra.com.br/economia/carros-motos/meu-automovel/bancos-eletricos-deixam-assento-do-carro-mais-confortaveis,25a6c59d52422410VgnVCM10000098cceb0aRCRD.html>. Acesso em: 03 mai 2018.

4º Princípio | Uso de dimensões para faixas da população

Em muitos produtos é necessário haver uma adequação mais específica ao indivíduo, como por exemplo, os produtos de vestuário e calçados (Figura 3), os quais devem ser produzidos em diversos tamanhos para serem mais confortáveis e adequados ao usuário.

Figura 3 – Tabela de tamanhos para roupas e calçados no Brasil e nos EUA

Fonte: <http://aprendaimportarfacilmente.com.br/tabela-de-tamanhos-para-roupas-e-calcados-brasil-x-eua/>.

No design de interiores também há necessidade de uma adequação mais específica para determinados públicos, como por exemplo, as crianças (Figura 4) e os idosos (Figura 5), para os quais devem ser produzidos produtos mobiliários em tamanhos específicos para serem mais confortáveis e adequados.

Figura 4 - Design de interiores voltado para o público infantil

Fonte: <http://www.papodedesign.com/2016/07/entre-cores-e-brincadeiras-quarto-de.html>. Acesso em: 03 mai 2018.

Figura 5 - Design de produto voltado para o público idoso

Fonte: https://cataclismaterial.wordpress.com/2012/05/04/design-idosos/. Acesso em: 03 mai 2018.

Desta forma, é importante estudar e planejar corretamente a gradação dos tamanhos e a proporção das medidas, conhecendo o público para quem será produzido.

5º Princípio | Uso adaptados ao indivíduo

Existem casos de produtos que são projetados especificamente para um indivíduo (Figura 6), pois há uma necessidade de adequação mais precisa ou não são encontradas opções no mercado, embora seja raro e caro na/ para a produção industrial em série. É o caso, por exemplo, de aparelhos ortopédicos, roupas e sapatos feitos sob medida, roupas de astronautas, carros de Fórmula 1, entre outros artefatos.

Figura 6 – Próteses personalizadas

Fonte: http://biofabris.com.br/pt/as-incriveis-proteses-personalizadas-que-sao-verdadeiras-obras-de-arte/. Acesso em: 03 mai 2018.

Esse princípio proporciona melhor adaptação, mas também é mais oneroso. "Nesses casos, embora os custos de adaptação individual dos projetos sejam elevados, tornam-se irrelevantes, diante do curso total desses projetos ou grande prejuízo decorrentes de uma eventual falha" (IIDA; GUIMARÃES, 2016, p. 232)

3 - Espaço de trabalho, superfícies horizontais e assentos

Após estudar os princípios para aplicação dos dados antropométricos, vamos refletir agora sobre algumas recomendações para o projeto utilizando a antropometria?!

Destacamos situações mais comuns de projeto para exemplificar como devem ser empregados os dados antropométricos: espaço de trabalho; superfícies horizontais; assentos.

3.1 Espaço de trabalho

Espaço de trabalho é um volume imaginário, necessário para o corpo realizar movimentos, deslocamentos e garantir conforto físico e psicológico, do indivíduo durante o trabalho. Cada tipo de atividade/ trabalho vai exigir um determinado espaço (STANTON; YOUNG, 1999). Iida e Guimarães (2016) explicam que, na atualidade, a maioria das ocupações são desempenhadas "[...] em espaços pequenos, com o usuário

em pé ou sentado, realizando só com os membros enquanto o resto do corpo permanece relativamente estático.

Existem alguns fatores principais que influenciam no dimensionamento do espaço, como por exemplo, combinações de mínimas e máximas, postura, tipo de atividade manual, vestuários e cargas, espaço pessoal. Para o recorte dessa Seção, vamos analisar a postura e o espaço pessoal, os quais estão diretamente relacionados aos projetos comerciais de Design de Interiores.

Postura

A postura é o fator mais importante no dimensionamento do espaço de trabalho e se divide em três posições básicas: deitada, sentada e em pé (Figura 7). Geralmente, a postura em pé precisa de mais espaço, pois em geral há mais movimentos e deslocamentos do trabalhador (IIDA; GUIMARÃES, 2016; DUL; WEERDMEESTER, 1995).

Figura 7 – Postura de trabalho

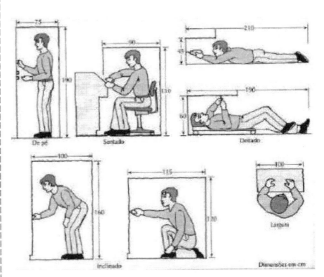

Fonte: Iida e Guimarães (2016, p. 236). Acesso em: 03 mai 2018.

Para os trabalhadores que exigem movimentos corporais mais amplos, devem ser feitos registros de antropometria dinâmica ou funcional, conforme estudamos na Seção 2.

Espaço pessoal

Cada pessoa tem necessidade de um espaço para guardar seus objetos pessoais, como por exemplo, artigos de higiene. No entanto, o espaço pessoal é mais que apenas o volume que ocupamos, refere-se ao que as pessoas gostam, como elas organizam e personalizam esse espaço, deixando a sua "marca pessoal".

Há também um espaço pessoal psicológico, o que reside em um espaço imaginário de segurança e conforto que envolve cada indivíduo.

Em alguns animais existem marcadores para delimitar o seu território, mas para os seres humanos esse invólucro é invisível e flexível, ou seja, ele pode se adaptar (de forma maior ou menor), dependendo do grau de intimidade e conforto que temos em cada situação (Figuras 8 e 9).

Figura 8 – Metrô em SP

Matéria sobre abuso em metrô lotado. Fonte: <http://revistamarieclaire. globo.com/Comportamento/noticia/2014/03/propaganda-do-metro-diz-que-lotacao-e-boa-pra-xavecar-mulherada.html>. Acesso em: 03 mai 2018.

Figura 9 – Proxemia – Distância entre os indivíduos

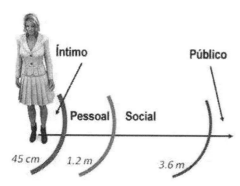

Fonte: https://ibralc.com.br/a-proxemica-na-comunicacao-nao-verbal/. Acesso em: 03 mai 2018.

3.2 Superfícies horizontais

Boa parte das atividades são realizadas sobre mesas, escrivaninhas, bancadas ou superfícies de apoio. Assim, é importante sabermos como utilizar a antropometria para projetar essas superfícies.

Existem duas variáveis importantes: altura e tamanho da superfície de trabalho. E devemos também considerar a postura utilizada no trabalho e o tipo de atividade desempenhada.

Superfície da mesa e superfície de trabalho

Altura da mesa na postura sentada deve ser regulada pela posição dos cotovelos. Em geral, recomenda-se que esteja 3 a 4 cm acima do nível do cotovelo. (IIDA; GUIMARÃES, 2016)

A altura da mesa é conjugada com a altura da cadeira (Figura 10). Assim, deve haver regulagem em um dos componentes (mesa ou cadeira). O mais comum é haver uma cadeira regulável e uma mesa fixa.

Figura 10 – Altura mesa e cadeira

Fonte: <https://www.blitzresults.com/pt-br/escritorio-ergonomico/>.

Também é importante pensarmos no tamanho da superfície de trabalho. Para isso, temos que considerar o alcance do trabalhador. A Figura 11 mostra o alcance ótimo, que é aquele realizado com menos esforço e mais próximo, e o alcance máximo, realizado com os braços esticados.

Vamos definir a altura correta de mesa e cadeira?! O site a seguir faz esse calculo pra você. <https://www.blitzresults.com/pt-br/escritorio-ergonomico/>

Figura 11 – Área de alcances ótimo e máximo na mesa

Fonte: http://www.confortonaarquitetura.com.br/2016/11/01/ergonomia-um-investimento-vital-para-o-bem-estar-e-o-sucesso-das-organizacoes/. Acesso em: 03 mai 2018.

Assento

Atualmente é muito comum passarmos a maior parte da nossa rotina diária em posições sentadas , seja no trabalho, transportes, escola ou em casa (Figura 12). "Diz-se até que a espécie humana, homo sapiens, já deixou de ser um animal ereto (homo erectus), para se transformar no animal sentado (homo sedens). Daí deriva o termo sedentário, que significa sentado" (IIDA; GUIMARÃES, 2016, p. 241).

Figura 12 – Evolução da postura humana

Fonte: <http://www.easstudio.it/postura-e-mal-di-schiena-che-fare.html>.

Homo sedens ou será *homo zappinens* ?! Independente das nomenclaturas, vamos refletir sobre o assento (Figura 13).

Figura 13 – Tamanho dos assentos em aviões

Menos espaço, mais passageiros

As companhias aéreas estão acrescentando um assento extra em cada fileira das cabines da classe econômica, reduzindo a largura da poltrona para cerca de 43 centímetros em muitos voos internacionais.

Fonte: <http://desastresaereosnews.blogspot.com.br/2013/10/o-assento-do-aviao-fica-cada-vez-menor.html>. Acesso em: 03 mai 2018.

Permanecer por muito tempo em uma mesma postura pode causar fadiga, dores lombares, câimbras, especialmente se essa postura for incorreta ou se a qualidade do assento for ruim. Por esses motivos, veremos alguns princípios, propostos por Iida e Guimarães (2016), os quais devemos considerar ao projetar e/ou especificar assentos para algum projeto de Design de Interiores.

- Adequar dimensões – existem certos cuidados que devemos ter com o projeto dos assentos, pois podem causar problemas de circulação e posturais no indivíduo, principalmente se considerarmos que podemos passar uma longa jornada de trabalho sentado neles. Assento muito alto (há uma pressão na parte inferior); assento muito baixo (o corpo desliza para frente); assento muito curto (há sensação de instabilidade do corpo); assento muito longo (há pressão na parte interna das pernas), como mostra a Figura 14.

Figura 14 – Principais problemas provocados por erros no dimensionamento de assentos

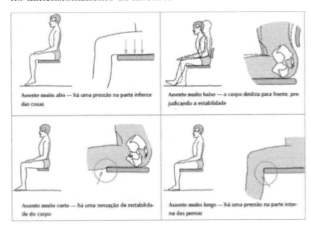

Fonte: Iida e Guimarães (2016, p. 243).

- Suportar peso – o estofamento deve ser feito um pouco espesso (2 a 3 cm) sobre base rígida que não afunde com o peso do corpo. O material deve ter característica antiderrapante e capacidade de dissipar o calor e suor gerados pelo corpo. Atualmente, também está sendo usado o material telado, que permite que ocorra a transpiração do corpo e,

também, faz uma boa distribuição da pressão das nádegas no assento.

- Variar postura – recomenda-se não permanecer na mesma posição por muito tempo, por isso é importante que o assento permita o cruzamento das pernas, além de mudar as posições. Aliviando, assim, a pressão na coluna e nos músculos que sustentam a nossa postura.

- Permitir o relaxamento - o encosto e o apoio de braço devem ajudar no relaxamento, permitindo que o trabalhador faça um breve repouso recostado, quando necessário, permitindo a recuperação da fadiga.

- Formar conjunto integrado – a altura do assento deve estar de acordo com a altura da mesa. O apoio de braço deve ficar aproximadamente à mesma altura ou um pouco abaixo da superfície de trabalho para dar apoio aos cotovelos. Sempre que possível, deve haver regulagens para adaptar melhor usuários de antropometrias diferentes.

Retomando a aula

É hora de relembrarmos os pontos estudados nesta aula. Vamos lá!

1 - Antropometria: aplicações

Aprendemos sobre as aplicações dos dados antropométricos.

2 - Aplicação de dados antropométricos

Pontuamos os princípios para aplicação desses dados.

3 - Espaço de trabalho, superfícies e assentos

Refletimos sobre espaço de trabalho, superfícies horizontais e assentos.

Vale a pena

Vale a pena **ler**

Falzon, P. (Ed.). Ergonomia. São Paulo: Edgard Blücher, 2016 .

Ergonomia, espaço interpessoal [proxêmica], lay out, setorização e fluxos. Slides elaborados pela Professora Arabella Galvão. Disponível em: <http://www.exatas.ufpr.br/portal/degraf_arabella/wp-content/uploads/sites/28/2016/03/Prox%C3%AAmica-e-setoriza%C3%A7%C3%A3o.pdf>. Acesso em: fevereiro de 2018.

Vale a pena **acessar**

Design para uma vida longa. Artigo escrito por Alvaro Guillermo. Disponível em: <https://www.revistamixdecor.com.br/designearquitetura>. Acesso em: fevereiro de 2018.

Resenha do livro "Homo zappiens: educando na era digital". Disponível em: <http://www4.pucsp.br/pos/tidd/teccogs/resenhas/2010/edicao_3/2-homo_zappiens-educando_na_era_digital-wim_veen-ben_vrakking.pdf>. Acesso em: Agosto de 2017.

Resenha crítica do livro. SZNELWAR, L. (2006). Ergonomia, Pierre Falzon (Ed.). Recensão Crítica. Laboreal, 2, (2), 66-77. Disponível em: < http://laboreal.up.pt/files/articles/2006_12/pt/66-77pt.pdf>. Acesso em: Agosto de 2017.

Vale a pena **assistir**

Vídeo sobre proxemia, distância entre indivíduos. Disponível em: <https://www.youtube.com/watch?v=2XNaPKrYkjQ>. Acesso em: Agosto de 2017.

Vídeo: A base de uma boa postura. <https://vimeo.com/71441709>.

Minhas anotações

Minhas anotações

Aula 4º

Ergonomia: Postura e Movimento

Caro(a) aluno(a), você já notou que a maior parte das nossas atividades é realizada por meio de computadores e que o sedentarismo passou a ser um grande problema de saúde nos últimos anos?! Iniciamos essa reflexão na Aula 3, por isso vale a pena dar uma olhadinha novamente, pois essa temática pode ajudá-lo tanto nos projetos residenciais como nos projetos comerciais de Design de Interiores!

— Bons estudos!

Objetivos de aprendizagem

Ao término desta aula, vocês serão capazes de:

- aprender sobre postura e movimento.

Com a ênfase dada aos avanços das Tecnologias Digitais de Informação e Comunicação (TDIC), a maior parte das atividades humanas é realizada manualmente e exigindo esforços físicos e cognitivos.

Apesar desses avanços, constata-se que a maior parte dos acidentes de trabalho e lesões são causadas por trabalhos manuais, que desrespeitam os limites do corpo humano. Nesta Aula 4, aprenderemos um pouco sobre a postura e movimento do corpo humano.

Vocês sabem qual é a área do conhecimento que estuda o posicionamento e os movimentos corporais e a qual faz parte da ergonomia?

Essa área é a biomecânica!

A biomecânica é uma área ampla, para o recorte da disciplina - Ergonomia e Acessibilidade - utilizaremos a biomecânica ocupacional, pois nosso estudo recai sobre o corpo humano em relação à demanda do trabalho, mais especificamente dos projetos residenciais e/ou comerciais de Design de Interiores.

Desta forma, aprenderemos um pouco mais sobre o sistema musculoesquelético, força, repetitividade e fadiga. Além das posturas corporais e o levantamento e transporte de carga. Vamos lá?!

1 - O sistema musculoesquelético

Nesse tópico compreenderemos um pouco sobre a funcionalidade do sistema musculoesquelético (um dos sistemas mais importantes para a ergonomia física), responsável pela estrutura do corpo e pelos movimentos.

Você sabe que o sistema musculoesquelético é composto por três elementos principais?! Ossos, articulações e músculos? Pois é...

Os ossos são responsáveis, dentre outras funções, pela estrutura, proteção e sustentação dos diversos segmentos corporais. As articulações são responsáveis por fazer a ligação entre um segmento corporal e outro, além de permitir a movimentação entre eles. Os músculos são responsáveis pelo movimento corporal (DANGELO; FATTINI, 2011).

Você se sabe como o sistema musculoesquelético humano funciona?! Como se fosse um conjunto de alavancas, movidas pelas contrações musculares (Figura 1)! Assim, quando um segmento corporal está se movimentando, o segmento anterior (mais próximo ao corpo) é quem dá a sustentação!

Figura 1 - Esquema das articulações formando alavancas

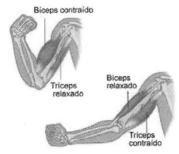

Fonte: http://ciencia-teen.blogspot.com.br/2015/09/. Acesso em: 03 mai 2018.

Dentre os três componentes do sistema musculoesquelético (ossos, articulações e músculos), os músculos são responsáveis pelos movimentos e têm íntima relação com o metabolismo, gasto energético e fadiga.

Você sabia que existem três tipos de músculo no corpo humano?!

Figura 2 – Tipos de músculo

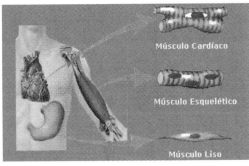

Fonte: <http://www.sobiologia.com.br/conteudos/Corpo/sistemamuscular.php>. Acesso em: 03 mai 2018.

De acordo com Chaffin et al. (2001), esses músculos são: músculo estriado esquelético; músculo estriado cardíaco; músculo liso.

No entanto, apenas os músculos estriados esqueléticos são os que nos interessa. Esses músculos estão ligados aos ossos, responsáveis pelos movimentos, formando o sistema musculoesquelético, esses músculos, diferentes dos demais, são controlados voluntariamente pelo Sistema Nervoso Central.

Figura 3 – Músculo estriado esquelético

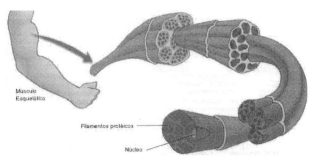

Fonte: <http://www.coladaweb.com/biologia/histologia/tecido-muscular>. Acesso em: 03 mai 2018.

No corpo humano existem aproximadamente 600 músculos e desses cerca de 400 são músculos esqueléticos, relacionados, direta e/ou indiretamente, aos movimentos do corpo (SANDERS; McCORMICK, 1993).

Os músculos são compostos por milhares de fibras musculares, que são responsáveis pelas contrações musculares. Para haver a contração muscular e, consequentemente, o movimento corporal, é necessário ter energia (proveniente dos alimentos que ingerimos, principalmente dos carboidratos e gorduras).

1.1 Trabalho estático e dinâmico

Vocês estão lembrados da antropometria estática e dinâmica que discutimos na Aula 3?! Pois então, agora vamos aprender um pouco sobre trabalho estático e dinâmico (Figura 4).

Figura 4 – Trabalho dinâmico e estático

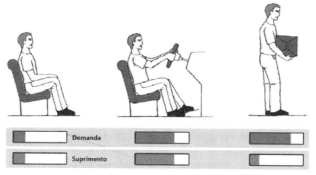

Fonte: Iida e Guimarães (2016, p. 153).

De acordo com Iida e Guimarães (2016), o trabalho estático de um músculo é aquele que exige contração continuada, de alguns músculos, para manter uma determinada posição. Em outras palavras, há a contração, mas não há movimento. Como por exemplo, com os músculos dorsais e das pernas para manter a posição de pé, músculos dos ombros e do pescoço para manter a cabeça inclinada para frente, e assim por diante.

Já o trabalho dinâmico de um músculo ocorre quando há contrações e relaxamentos alternados, havendo movimento articular. Como por exemplo, nas tarefas de caminhar, girar o volante de um carro, entre outras atividades.

Assim, vale destacar que, quando realizamos uma atividade de trabalho estático, é preciso considerar qual o grupo muscular está sendo exigido e quais estão em trabalho dinâmico. Por exemplo, um garçom que carrega uma bandeja ou prato, nesse caso, os músculos do braço e das mãos estão realizando trabalho estático. No entanto, suas pernas estão em trabalho dinâmico.

Figura 5 – Atividade com trabalho estático e dinâmico

Fonte: <http://petcursos.com.br/cursos/garcom>. Acesso em: 03 mai 2018.

2 - Força, repetitividade e fadiga

Nesse tópico, vamos entender um pouco sobre os conceitos de força, repetitividade e fadiga muscular.

O que é força muscular? Força é o resultado da contração muscular!

O objetivo da força muscular é realizar um movimento. Nas palavras de Iida e Guimarães (2016), para haver um movimento, há simultaneamente contração do músculo protagonista e relaxamento do músculo antagonista, ou vive versa. As principais características dos movimentos, de acordo com Iida e Guimarães (2016), são: força; velocidade; precisão; ritmo; movimentos retos; terminações.

Vale destacar que, cada situação de trabalho demandará uma força, uma postura e um movimento. Por isso, cada caso precisa ser analisado a partir do contexto que a atividade do ser humano está inserida.

Como exemplo de consequência comum de algumas atividades do dia a dia, relacionados à força, postura e movimento, é a repetitividade. Você já ouviu falar em esforço repetitivo? Vale a pena assistir o vídeo "Saiba mais sobre a LER - Lesão por Esforço Repetitivo"

Após entender um pouco sobre LER, pergunto: O que é fadiga? Indico um vídeo bem explicativo sobre o assunto "Fadiga Muscular".

Em linhas gerais, a fadiga muscular é caracterizada pela incapacidade do músculo esquelético gerar ou manter níveis de força muscular por determinado tempo (ASCENSÃO et al., 2003). A fadiga causa um estado de esgotamento do tecido muscular. Em estados normais, o estado de fadiga é recuperado após um tempo de repouso e esse tempo deverá ser proporcional ao esforço realizado. Vários fatores podem levar à fadiga: uso excessivo de força; repetitividade; contrações estáticas.

Geralmente o diagnóstico de fadiga muscular é utilizado para se determinar o limite de atuação de determinadas tarefas: força para puxar e empurrar; força das pernas; alcance vertical; alcance horizontal. (IIDA; GUIMARÃES, 2016)

3 - Posturas do corpo

Você sabia que um dos aspectos mais estudados pela ergonomia é a postura de trabalho?

Consideramos que a postura é o estudo do posicionamento relativo de partes do corpo, como cabeça, tronco e membros, no espaço. "A boa postura é importante para a realização do trabalho sem desconforto e estresse" (IIDA; GUIMARÃES, 2016, p. 157).

O corpo assume três posições básicas: as posturas deitadas; sentada; e em pé. Iida e Guimarães explicam que em cada uma dessas posturas estão envolvidos determinados esforços musculares, como mostra a Tabela 1.

Tabela 1 – Distribuição relativa do peso por partes do corpo

Parte do corpo	% do peso total
Cabeça	6 a 8
Tronco	40 a 46
Membros superiores	11 a 14
Membros inferiores	33 a 40

Fonte: Iida e Guimarães (2016, p. 157).

Vale destacar que essas faixas de variação são justificadas pelas diferenças do tipo físico, gênero, além das influências étnicas entre outras variações, conforme estudamos na Seção 2.

Posturas inadequadas são muito comuns no trabalho, podendo ser causadas pelo mau projeto da interface humano-objeto-ambiente ou da falta de conhecimento do trabalhador, provocando consequências, como mostra a Tabela 2.

Tabela 2 – Localização das dores no corpo, provocadas por postura inadequada

Postura inadequada	Risco de dores
Em pé	Pés e pernas (varizes)
Sentado sem encosto	Músculos extensores do dorso
Assento muito alto	Parte inferior das pernas, joelhos e pés
Assento muito baixo	Dorso e pescoço
Braços esticados	Ombros e braços
Pegas inadequadas em ferramentas	Antebraço
Punhos em posições não neutras	Punhos
Rotação do corpo	Coluna vertebral
Ângulo inadequado assento/ encosto	Músculos dorsais
Superfície de trabalho muito baixas ou muito altas	Coluna vertebral, cintura escapular

Fonte: Iida e Guimarães (2016, p. 157).

3.1 Postura no trabalho

Conforme mencionamos anteriormente existem três posturas básicas: em pé, sentada e deitada. Quando falamos especificamente da postura de trabalho, adotamos as primeiras, a terceira pode ocorrer mais raramente.

Postura em pé

A posição em pé proporciona grande mobilidade e a cobertura de grandes áreas e, por isso, é empregada em atividades que o trabalhador precisa se deslocar de um lugar a outro frequentemente, como por exemplo, cozinheiros, garçons, faxineiros, vendedores, porteiros, supervisores de indústria, carteiros, dentre tantos outros.

Figura 6 – Postura em pé

Fonte: <http://www.pe.senac.br/tag/cozinheiro/>.Acesso em: 03 mai 2018.

No entanto, a postura em pé é fatigante, pois exige trabalho estático da musculatura dos membros inferiores, do abdômen e da coluna, além do coração enfrentar maior dificuldade para bombear o sangue.

Postura sentada

Em relação à postura em pé, a postura de trabalho sentada é mais relaxante e também mais indicada às atividades intelectuais. Essa postura exige atividade muscular do dorso e ventre para manter-se na posição.

Figura 7 – Postura sentada

Fonte: <https://www.blogadao.com/cuidado-com-a-quantidade-de-horas-que-voce-fica-sentado-trabalhando/>. Acesso em: 03 mai 2018.

A postura sentada apresenta ainda a vantagem de liberar as pernas e braços para as tarefas, permitindo mobilidade desses membros. "Além disso, o assento proporciona um ponto de referência relativamente fixo. Isso facilita a realização de trabalhos delicados com os dedos" (IIDA; GUIMARÃES, 2016, p. 159).

Por isso, como designer de interiores, nos projetos precisamos ser criteriosos e estar atentos às escolhas dos assentos, dos tamanhos e das distâncias entre os móveis e mobiliários.

Postura deitada

Nesta postura não há concentração de tensão, o sangue flui livremente, o consumo de energia é mínimo. É, portanto, uma a postura recomendada para repouso e recuperação da fadiga.

"Contudo, não se recomenda essa postura para o trabalho

porque os movimentos tornam-se difíceis e fica muito cansativo elevar a cabeça, braços e mãos" (IIDA; GUIMARÃES, 2016, p. 158).

Figura 8 – Postura deitada

Fonte: <https://br.depositphotos.com/111965088/stock-photo-mechanic-in-blue-uniform-lying.html>. Acesso em: 03 mai 2018.

O levantamento e o transporte de carga são atividades comuns em nossas vidas cotidianas e encontradas, com mais ou menos intensidade, na maior parte das profissões, também causadora de acidentes de trabalho e afastamentos.

De acordo com Iida e Guimarães (2016), aproximadamente 60% do total das lesões é causado por levantamento de cargas e 20% está relacionado às tarefas de puxar ou empurrar cargas. Podemos considerar esses dados preocupantes se levarmos em consideração que parte dessas lesões são graves e podem deixar os trabalhadores incapacitados para o trabalho (CHAFFIN et al., 2001).

3.2 Levantamento de carga

"Ao levantar uma carga com as mãos, na postura em pé, o esforço é transferido para a coluna vertebral e vai descendo pela bacia e pernas, até chegar ao piso" (IIDA; GUIMARÃES, 2016 p. 168).

Figura 9 – Levantamento de cargas

Fonte: <http://www.mundoergonomia.com.br/website/artigo.asp?id=3138>. Acesso em: 03 mai 2018.

A coluna vertebral é composta de vários discos - disco intervertebral – capaz de suportar uma grande força no sentido vertical (Figura 8). São os discos que se deformam para permitir que o nosso tronco se movimente (Figura 9).

Figura 10 – Discos intervertebrais

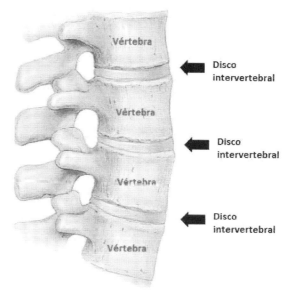

Fonte: <http://www.rafaelpedron.com.br/60-minutos-de-corrida-causam-degeneracao-nos-discos-intervertebrais/>. Acesso em: 03 mai 2018.

Quando estamos com a coluna curvada, os discos ficam pressionados de um lado e esticados do outro, para garantir o movimento. Se levantarmos ou transportarmos muito peso com a coluna curvada, esses discos sofrerão uma pressão extra, podendo levá-los a extravasar o espaço da coluna – hérnia de disco. Conforme Figura 8, para evitar esse tipo de lesão, o levantamento de cargas deve ser realizado com a coluna na vertical.

3.3 Transporte de Carga

A diferença entre o levantamento e o transporte de carga é que, no último caso, a carga já está sendo sustentada e deve ser transportada até seu lugar de destino.

Por ser uma atividade de alto risco de lesões, alguns cuidados devem ser tomados. A coluna vertical, assim como no levantamento de cargas, também deve ser mantida alinhada para haver uma destruição adequada do peso ao longo do corpo (Figura 11).

Figura 11 – Transporte de cargas

Fonte: <http://www.sindeesmat.org.br/movimentacao-de-pesos-inadequada-pode-causar-danos-irreparaveis-aos-trabalhadores/>.Acesso em: 03 mai 2018.

Iida e Guimarães (2016) explicam que existem recomendações para o transporte de cargas: adotar um valor adequado para cargas unitárias; providenciar pegas adequadas; manter a carga próxima ao corpo; usar cargas simétricas; trabalhar em equipe; usar auxílios mecânicos; definir o caminho; eliminar desníveis entre postos de trabalho; eliminar os desníveis do piso.

Retomando a aula

É hora de relembrarmos os pontos estudados nesta aula. Vamos lá!

1 - O sistema musculoesquelético

Aprendemos em linhas gerais sobre o sistema muscoesquelético.

2 - Força, repetitividade e fadiga

Analisamos força, repetitividade e fadiga.

3 - Posturas do corpo

Refletimos sobre postura do corpo.

Vale a pena

Vale a pena ler

CHAFFIN, Don B.; ANDERSON, Gunnar B.; MARTIN, Bernard J. *Biomecânica ocupacional.* São Paulo: Ergo Editora, 2001.

Vale a pena acessar

O papel da ergonomia no deisgn de interiores. Disponíve em: <http://ergonomiaemcasa.blogspot.com.br/2005/05/o-papel-da-ergonomia-no-design-de.html>. Acesso em: fevereiro de 2018.

Vale a pena assistir

Saiba mais sobre a Lesão por Esforço Repetitivo (LER). Disponível em: <https://www.youtube.com/watch?v=U0tOGRcMFC0>. Acesso em: fevereiro de 2018.

Vídeo - Tipos de Músculos: Liso, Estriado Cardíaco e Esquelético - Sistema Muscular. <https://www.youtube.com/watch?v=ChGAO-qi0z8>.

Vídeo: Força muscular. <https://www.youtube.com/watch?v=_psYDUrki9I&t=23s&spfreload=10>.

Vídeo: Fadiga muscular. <https://www.youtube.com/watch?v=sli11Ix3iyA>.

Minhas anotações

Aula 5º

Ergonomia e ambiente

Caro(a) aluno(a)! Na Aula 5 vamos estudar sobre a ergonomia do ambiente!

Você já percebeu como o ambiente em que vivemos nos afeta o tempo todo?! Essa influência gera diversas reações e sensações no organismo e no nosso estado emocional! Por exemplo, quando ouvimos um som desagradável ou muito alto, ou quando nos incomodamos com uma quantidade de luz muito forte...

A ergonomia do ambiente estuda os elementos que interferem no conforto do ser humano. É uma área de estudo importante, pois afeta diretamente o bem-estar nas pessoas, tanto no dia a dia, como no trabalho. Como por exemplo, a segurança, a saúde, as emoções... Nosso corpo recebe influências do ambiente por meio dos órgãos dos sentidos.

Desta forma, nessa aula, estudaremos como o ambiente pode interferir em nossas atividades e como podemos planejá-lo em projetos de Design de Interiores, para atingir as condições ideais de trabalho e conforto para nós, usuários.

Bons estudos!

Objetivos de aprendizagem

Ao término desta aula, vocês serão capazes de:

• aprofundar os conhecimentos sobre a ergonomia do ambiente.

Seções de estudo

1 - Iluminação

A iluminação é essencial para a ergonomia do ambiente, pois "grande parte das informações ambientais é captada pela visão" (IIDA; GUIMARÃES, 2016, p. 419). O maior avanço em termos de iluminação ocorreu com a invenção da lâmpada elétrica por Thomas Edison, em 1878.

Desta forma, o desenvolvimento da iluminação artificial se deu no fim do século XIX, principalmente no início do século XX, pois demandava a construção de toda a rede elétrica das cidades para permitir a sua distribuição. Essa invenção permitiu um aumento médio de 4 horas nas atividades produtivas e melhoria do conforto, qualidade e segurança no trabalho.

Antes mesmo de iniciarmos o estudo do projeto de iluminação, é necessário compreender como funciona o mecanismo da visão e como ele pode ser afetado pela qualidade da iluminação do ambiente.

1.1 O órgão da visão

"A visão é o sentido mais importante que possuímos, tanto para o trabalho como para a vida diária" (IIDA; GUIMARÃES, 2016, p. 117). A ausência da visão é uma das deficiências que mais restringe as opções de trabalho e a qualidade de vida do ser humano (RAZZA; PASCHOARELLI, 2015).

Quando os olhos estão abertos, a luz passa por meio da pupila, que é uma abertura da íris. A abertura da pupila ajusta-se automaticamente para controlar a quantidade de luz que penetra no olho. Atrás da pupila está o cristalino - a lente dos olhos - no qual ela é direcionada para se obter o foco na imagem e projetá-la na retina (INNES, 2014).

Figura 1 – O órgão da visão

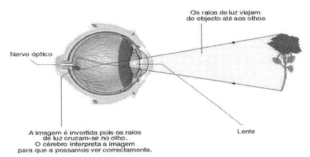

Fonte: <http://www.explicatorium.com/cfq-8/olho-humano.html>. Acesso em: 03 mai 2018.

Na retina ficam as células fotossensíveis, as quais conseguem captar a luz e transformá-la em impulsos elétricos, transmitidos até o cérebro e interpretados como imagem, formando, assim, a nossa visão.

Segundo Iida e Guimarães (2016), a percepção visual apresenta diversas características, as principais são: acuidade visual, acomodação e percepção das cores.

"Acuidade visual é a capacidade visual para discriminar pequenos detalhes. Ela depende de muitos fatores, sendo que os dois mais importantes são a intensidade luminosa e o tempo de exposição" (IIDA; GUIMARÃES, 2016. p. 118).

Para a visão ocorrer de forma precisa, dois movimentos oculares são necessários: o movimento de acomodação e o de convergência. "Acomodação é a capacidade dos olhos em focalizar objetos a várias distâncias" (IIDA; GUIMARÃES, 2016. p. 118).

Por fim, a percepção das cores, em linhas gerais, para Innes (2014, p. 20):

> A cor é uma propriedade incrivelmente importante de nosso mundo visual, ainda que seja muito difícil descrevê-la. Ela não somente é difícil de definir, como tampouco existe da maneira como costumamos acreditar que ela seja. Simplificando ao máximo, podemos dizer que respondemos aos diferentes comprimentos de onda da luz por meio da sensação da cor.

1.2 Quantidade de luz no ambiente

Após aprendermos um pouco sobre o órgão da visão, vamos retomar o estudo sobre iluminação?!

O projeto de iluminação é um dos fatores mais importantes para a eficiência do trabalho e conforto do ser humano. Um elemento decisivo é o nível de iluminância e/ou nível de iluminamento, ou seja, a quantidade de luz que incide sobre uma superfície. Sua unidade de medida é o lux e pode ser mensurada por meio do uso de luxímetros. (INNES, 2014)

No Brasil, a norma ABNT NBR 5413 estabelece os valores de iluminância para iluminação artificial em interiores, como por exemplo, atividades de comércio, indústria, ensino, esporte e outras.

NBR 5413. Iluminância de interiores. <http://ftp.demec.ufpr.br/disciplinas/TM802/NBR5413.pdf>.

Baseada na NB 5413, a seguir, apresentamos na Tabela 1, exemplos de atividades e a respectiva recomendação de iluminância.

Tabela 1 – Recomendações de iluminância

Ambiente ou atividade	Quantidade de lux mínima recomendada
Sala de espera	100
Garagem, residência e restaurante	150
Depósito e indústria pesada	200
Sala de aula	300
Lojas, laboratórios e escritórios	500
Sala de desenho (trabalho de precisão)	1000
Serviços de alta precisão (sala cirúrgica)	2000

Fonte: Baseada na ABNT NBR 5413.

As recomendações da Tabela 1 são consideradas valores mínimos e devem ser usados apenas em condições ideais. Dependendo das características da atividade, como a presença de sombras, ofuscamento ou baixo contraste, a quantidade de lux deve ser superior.

1.3 Planejamento da iluminação do ambiente

Nesse tópico vamos estudar algumas recomendações para o planejamento da iluminação do ambiente, no intuito de torná-lo mais seguro, produtivo e confortável.

De acordo com Innes (2014) e Iida e Guimarães (2016), a iluminação dos ambientes deve ser cuidadosamente planejada desde as etapas iniciais, buscando aproveitamento da luz natural e suplementando com luz artificial sempre que for necessário.

> *Design de Iluminação natural: um ato de equilíbrio. <http://www.cliquearquitetura.com.br/artigo/design-de-iluminacao-natural-um-ato-de-equilibrio.html>.*

As principais vantagens da luz natural é que ela é gratuita e tem papel importante na regulação de funções orgânicas (p. ex.: a sintetização da vitamina D). As desvantagens da luz natural é que ela varia durante o dia (MIGUEL, 2012). Por isso, ela precisa ser controlada e complementada com iluminação artificial.

Existem três tipos de sistemas de iluminação artificial (IIDA; GUIMARÃES, 2016, p. 434):

- Geral – a qual se obtém pela colocação homogênea de luminárias em toda a área de trabalho (Figura 2).

> *Site da Philips sobre Sistemas de Iluminação. <http://www.lighting.philips.com.br/sistemas/sistemas-de-iluminacao>.*

Figura 2 – Iluminação geral

Fonte: <http://naile.com.br/sistema-de-iluminacao/>.
Acesso em: 03 mai 2018.

- Localizada – a qual concentra maior intensidade da iluminação sobre a tarefa, em contrapartida, o ambiente geral recebe menos luz (Figura 3).

Figura 3 – Iluminação localizada

Fonte: <http://naile.com.br/sistema-de-iluminacao/>.
Acesso em: 03 mai 2018.

- Combinada – a qual é composta de uma iluminação geral complementada por luminárias localizadas (Figura 4).

•

Figura 4 – Iluminação combinada

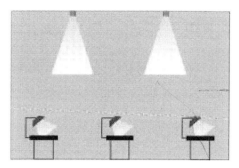

Fonte: <http://www.prof2000.pt/users/eta/iluminacao.htm>.
Acesso em: 03 mai 2018.

Além desses sistemas, também existem o uso de temporizadores, comandados por sensores de presença e/ou células fotoclética, utilizados em ambientes que não necessitam de iluminação contínua, como por exemplo, nos corredores, na iluminação pública.

Outro fator fundamental no planejamento da iluminação do ambiente é a escolha do tipo de lâmpada. Para aprofundar no assunto, sugiro a leitura dos seguintes sites:

- <http://www.cliquearquitetura.com.br/artigo/tipos-de-lampadas.html>.
- <http://www.ecocasa.pt/energia_content.php?id=1>.
- <https://blog.casashow.com.br/conheca-os-principais-tipos-de-lampadas-e-suas-caracteristicas/>.
- <http://www.iar.unicamp.br/lab/luz/ld/L%E2mpadas/tipos_e_caracteristicas_de_lampadas.pdf>.

Além da escolha do tipo de lâmpada, o ofuscamento também pode ser considerado um fator importante no planejamento da iluminação do ambiente. Para Iida e Guimarães (2016, p. 426) o ofuscamento é uma redução da eficiência visual provocada por objetos ou superfícies presentes no campo visual de grande luminância, à qual os olhos não estão adaptados. O ofuscamento é produzido pelo sol, janelas, presença de lâmpadas no campo visual ou reflexões em superfícies polidas.

As recomendações para acabar com o ofuscamento são: "a eliminação da fonte de brilho (ofuscamentos diretos) e a substituição de superfícies refletoras (ofuscamentos indiretos) no campo visual" (IIDA; GUIMARÃES, 2016, p. 428).

Quando a iluminação do ambiente não é adequada, pode levar à fadiga visual . A fadiga visual ocorre principalmente nas atividades que exigem grande concentração visual, podendo ser atribuída às seguintes causas: fixação de pequenos detalhes; iluminação inadequada; pouco contraste; pouca legibilidade; objetos em movimento; má postura. (IIDA; GUIMARÃES, 2016).

Os principais sintomas da fadiga visual são: irritação nos olhos, dores de cabeça, náuseas, depressão e irritabilidade emocional (MÁSCULO; VIDAL, 2011). Dessa forma, para ser evitada a fadiga visual e buscar o conforto visual é necessário um bom planejamento da iluminação do ambiente de acordo com a necessidade do usuário e da atividade que ele realizada.

2 - Temperatura e umidade

Nesse tópico abordaremos sobre os fatores da termorregulação, o conceito de conforto térmico e o trabalho em temperaturas extremas.

2.1 Termorregulação

Somos seres humanos homeotérmicos, ou seja, nosso organismo regula a temperatura interna de forma constante, a aproximadamente 37° C, por meio de mecanismos de termorregulação.

Vídeo. Por que a temperatura do corpo é 37°C? <https://www.youtube.com/watch?v=h0WgCiCiUwY>.

É muito importante compreender quais fatores internos e externos podem influenciar no controle térmico no ser humano, para garantir uma melhor saúde e condições de trabalho.

2.2 Conforto térmico

Para Iida e Guimarães (2016) existem diversos fatores que se conjugam para a produção de um ambiente confortável, os quais são de natureza ambiental, pessoal e ocasional.

Dentre os fatores de natureza ambiental temos: temperatura do ar; temperatura radiante média; umidade e velocidade do ar.

Em relação aos fatores pessoais e ocasionais temos as preferências individuais, como a vestimenta e intensidade do esforço físico.

Nesse sentido, "[...] o conforto térmico não depende apenas da temperatura ambiental. Ele é influenciado pela umidade relativa e velocidade do ar" (IIDA; GUIMARÃES, 2016, p. 386).

A faixa de conforto térmico é restrita, podendo ser definida em uma faixa de temperatura que vai de 20°C a 24°C, com umidade variando entre 40% e 80%.

Essa zona de conforto térmico é muito difícil de ser obtida naturalmente, sendo necessário o uso de controles de temperatura artificiais, como circulação de ar forçada (ventiladores), aquecedores e condicionadores de ar. (IIDA; GUIMARÃES, 2016)

2.3 Trabalho em baixas temperaturas

Quando estamos em um ambiente frio, uma possível adaptação é o tremor muscular. Segundo Iida e Guimarães (2016, p. 391): "O Clima frio exige maior esforço muscular".

O trabalho em baixas temperaturas exige do trabalhador maior esforço para a realização dos movimentos, que consequentemente, aumentará a sua fadiga. Também coloca o trabalhador sob risco de maiores erros, devido à perda de precisão das tarefas. Além disso, temperaturas inferiores a 15°C causam queda de concentração, na incapacidade intelectual e motora. O uso de vestimentas adequadas para a proteção térmica e equipamentos é recomendado. (IIDA; GUIMARÃES, 2016)

2.4 Trabalho em altas temperaturas

Em um ambiente quente, quando a temperatura interna do corpo começa a subir, o organismo reage primeiramente dilatando as veias e enviando uma maior quantidade de sangue para as extremidades do corpo. Isso faz com o que calor interno fique mais próximo da pele e possa ser resfriado para entrar novamente no organismo. Ao mesmo tempo, a taxa de batimento cardíaco aumenta, fazendo o sangue circular mais rapidamente.

Além das implicações físicas no organismo, o calor excessivo também traz perturbações psíquicas, como sensação de desconforto, irritabilidade, falta de concentração, erros, queda no rendimento, redução da precisão e aumento de acidentes. Vestimentas e equipamentos adequados são necessários para melhor a qualidade de vida do trabalhador. Quando não for possível remover o trabalhador da condição de desvantagem térmica, é necessário conceder pausas na atividade.

3 - Ruído

Existem diversos conceitos de ruído. Aquele mais usual é o que considera o ruído com um "som indesejável". (IIDA; GUIMARÃES, 2016)

"Esse conceito é subjetivo, pois um som pode ser desejável para uns, mas indesejável para outros, ou até para a mesma pessoa em ocasiões diferentes" (IIDA; GUIMARÃES, 2016, p. 394).

A seguir, vamos compreender a função auditiva no processo do caminho do som.

3.1 Aparelho auditivo

A função do ouvido é captar e converter ondas de pressão do ar (vibrações) em sinais elétricos que são transmitidos ao cérebro para produzir sensações sonoras. "Se os olhos assemelham-se a uma câmara fotográfica, os ouvidos assemelham-se a um microfone" (IIDA; GUIMARÃES, 2016, p. 125).

O ouvido é divido em três partes: externo, médio e interno, conforme mostra a Figura 5.

Figura 5 – Divisão do ouvido

Por dentro do ouvido

Otorrinolaringologistas Marcelo Hueb e Tanit Sanchez e pediatra Ana Escobar explicam como funciona o órgão responsável pela audição

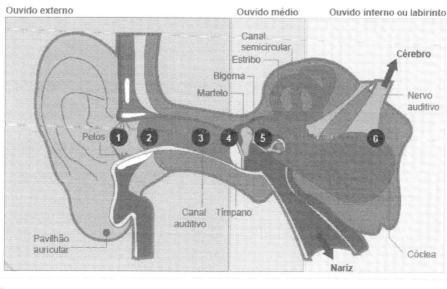

1 **Pelos**
Formam uma teia que protege o ouvido da entrada de insetos e corpos estranhos

2 **Canal auditivo**
É o duto que leva o som até o tímpano. Também serve para proteger a membrana

3 **Cera**
Protege a pele, impermeabiliza o canal auditivo, impede a reprodução de fungos e bactérias e evita doenças como micoses e otites. Não deve ser removida

4 **Tímpano**
É uma membrana delicada e mais fina que uma folha de papel e serve para separar o ouvido externo do médio. Se perfurado, pode haver perda de até 60% da audição e mais risco de infecções

5 **Ossos do ouvido**
São três: martelo, bigorna e estribo. Fazem a comunicação do tímpano com a cóclea e transmitem o som

6 **Cóclea**
Dentro dela, há um líquido e, em seu revestimento interno, diversos cílios (pelos) que captam o som pelo movimento desse líquido

Fonte: <http://g1.globo.com/bemestar/noticia/2012/04/entenda-como-funciona-o-ouvido-por-dentro-e-para-que-servem-suas-partes.html>. *Acesso em: 03 mai 2018.*

A percepção do som pelo ouvido ocorre quando movimentos mecânicos bruscos no ambiente produzem flutuações da pressão atmosférica, que se propagam em forma de ondas e, ao atingirem o ouvido, produzem a sensação sonora (Figura 6).

Figura 6 – O caminho do som

O caminho do som

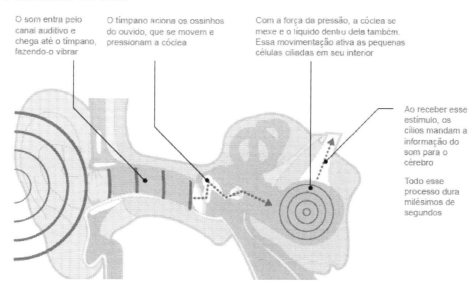

Fonte: <http://g1.globo.com/bemestar/noticia/2012/04/entenda-como-funciona-o-ouvido-por-dentro-e-para-que-servem-suas-partes.html>. *Acesso em: 03 mai 2018.*

4 - Vibração

Diversos produtos ou meios de transporte transmitem vibrações ao nosso corpo. Você já parou para observar e sentir?!

A vibração pode ser considerada "[...] qualquer movimento oscilatório que o corpo ou parte dele executa em torno de um ponto fixo" (IIDA; GUIMARÃES, 2016, p. 403), podendo ser regular ou irregular. Os regulares realizam movimentos cíclicos, com uma prancha sobre as ondas. Os irregulares produzem movimentos aleatórios, como o movimento de um carro.

Para Falzon (2007) e Frota e Schiffer (2001), os três pontos do corpo mais frequentemente afetados pelas vibrações são: pés, mãos e nádegas.

Uma vibração intensa, transmitida por máquinas e ferramentas manuais, propaga-se pelas mãos, braços e corpo do usuário, podendo causar dormência dos dedos e perda de coordenação motora.

Desta forma, o designer pode tomar algumas providências para reduzir as consequências das vibrações: eliminar a fonte; isolar a fonte; amortecer a transmissão; proteger o usuário; conceder pausa. (IIDA; GUIMARÃES, 2016)

Retomando a aula

Parece que estamos indo bem. Então, para encerrar essa aula, vamos recordar:

1 - Iluminação

Aprendemos sobre a iluminação sob a perspectiva da Ergonomia.

2 - Temperatura e umidade

Refletimos sobre temperatura e umidade.

3 - Ruído

Analisamos as causas e consequências dos ruídos.

4 - Vibração

Por fim, na Seção 4, discutimos sobre os efeitos da vibração.

Vale a pena

Vale a pena **ler,**

INNES, M. *Iluminação no design de interiores*. São Paulo: Gustavo Gili, 2014.

Vale a pena **acessar,**

Tipos de lâmpadas. Disponível em: <http://www.cliquearquitetura.com.br/artigo/tipos-de-lampadas.html. Acesso em: fevereiro de 2018>.

LED na iluminação. Disponível em: <http://www.cliquearquitetura.com.br/artigo/led-na-iluminacao.html. Acesso em: fevereiro de 2018>.

Lâmpadas incandescentes e halógenas. Disponível em: <http://www.cliquearquitetura.com.br/artigo/lampadas-incandescentes-e-halogenas.html>. Acesso em: fevereiro de 2018.

Vale a pena **assistir,**

Luz indireta, luminárias, lâmpadas - Guia básico de iluminação|Decoração. Disponível em: https://www.youtube.com/watch?v=YJgogoLJeXY&t=3s. Acesso em: fevereiro de 2018.

Ruído e as vibrações em diversos meios, palestra de Abe Davis, um cientista da computação, que conseguiu criar um meio de "retirar" o som de objetos inanimados. Disponível em: http://www.ted.com/talks/abe_davis_new_video_technology_that_reveals_an_object_s_hidden_properties. Acesso em: fevereiro de 2018.

Já imaginou ampliar seus sentidos? Palestra de David Eagleman, ele apresenta seus inventos que podem revolucionar a percepção humana. Disponível em: http://www.ted.com/talks/david_eagleman_can_we_create_new_senses_for_humans. Acesso em: fevereiro de 2018.

Vídeo: Olho humano a super máquina: <https://www.youtube.com/watch?v=IDgPSd2OjJ8>.

Vídeo: Dicas de como descansar os olhos e evitar a fadiga visual: <https://www.youtube.com/watch?v=WlULkntBdbk>.

Conforto térmico - parte 1: <https://www.youtube.com/watch?v=OjlgD1fxuEI>.

Conforto térmico - parte 2: <https://www.youtube.com/watch?v=noJqdGL5HZ0>.

Conforto térmico – parte 3: <https://www.youtube.com/watch?v=kLBqRw7bD8Q>.

Temperaturas extremas de frio: <https://www.youtube.com/watch?v=Gbypr9k4br8>.

Altas temperaturas: como se proteger no trabalho: <https://www.youtube.com/watch?v=Gco4p1FBWJc>.

Qual a diferença entre ruído e barulho? <https://www.youtube.com/watch?v=W6e5i0WYlQk>.

Tema 16 - Vibração de Mãos e Braços: <https://www.youtube.com/watch?v=uW4Ykb3WDMs>.

Aula 6°

Ergonomia e sistemas de informação

Prezados(as) alunos(as) os processos cognitivos estão presentes em todas as atividades humanas. No entanto, muitas vezes, não observamos as dificuldades impostas por produtos e/ou interfaces mal projetadas, as quais podem dificultar a compreensão de como utilizá-los.

Conforme estudamos na Aula 1, a área que estuda a forma como os seres humanos apreendem e interpretam as informações é a ergonomia cognitiva.

Em linhas gerais, na Aula 6, estudaremos sobre o processamento da informação, ou seja, como os seres humanos captam estímulos do meio ambiente (visuais, auditivos, táteis, olfativos e outros), provenientes de diversas fontes (p. ex.: produtos, pessoas, veículos ou sistemas operacionais), além de buscar soluções para o processo de apresentação dessas informações.

Bons estudos!

Objetivos de aprendizagem

Ao término desta aula, vocês serão capazes de:

- aprofundar o conhecimento sobre ergonomia e sistemas de informação.

Seções de estudo

1. Processamento da Informação
2. Apresentação da Informação

1 - Processamento da Informação

Você já notou que todo trabalho humano envolve, de alguma maneira, a captação e processamento de informação?

A área que estuda os sistemas em que envolvem esses aspectos é a ergonomia cognitiva (MONT'ALVÃO; DAMÁSIO, 2008).

O processo cognitivo ocorre no cérebro de uma forma articulada. No entanto, para compreendermos melhor o seu funcionamento, faremos uma divisão em processos sequenciais.

Vale destacar, primeiramente, que somos bombardeados por estímulos do meio ambiente o tempo todo! Os estímulos do meio externo são captados pelos órgãos sensoriais, dentre os quais a visão e a audição, são mais importantes. Esse processo é chamado de sensação (NORMAN, 2004).

Além da sensação, também precisamos tratar da percepção. Para Iida e Guimarães (2016, p. 462): "Sensação e percepção são etapas de um mesmo fenômeno, envolvendo a captação de um estímulo ambiental e transformando-o em informação".

Em linhas gerais, a sensação refere-se ao processo biológico de captação de energia ambiental sob a forma de luz, calor, pressão, movimento, partículas químicas, entre outros. Esse estímulo é captado por receptores dos órgãos sensoriais (audição, visão, olfato, paladar e tato). Depois, codificado em impulsos eletroquímicos, e transmitido ao sistema nervoso central, onde pode ser ou não processado. (IIDA; GUIMARÃES, 2016)

A percepção, por sua vez, é o resultado do processamento do estímulo sensorial, atribuindo-lhe um significado. É a interpretação dos estímulos captados pelos sentidos, em outras palavras, as imagens, sons, sabores, odores que percebemos à nossa volta. A percepção também depende de experiências anteriores e de fatores individuais como personalidade, nível de atenção e expectativas. Nesse sentido, a mesma sensação pode produzir percepções distintas em diferentes pessoas, levando a diferentes tipos de decisões. (NORMAN, 2004)

A seguir, discutiremos um pouco sobre o papel da memória no processo cognitivo.

1.1 Memória

A memória está relacionada com transformações das sinapses da estrutura neural do cérebro, o qual utiliza esse mecanismo para armazenar informações percebidas, tendo em vista seu uso posterior. (IIDA; GUIMARÃES, 2016)

Segundo os mesmos autores, existe um modelo em que a informação é captada e processada (interpretada, filtrada e armazenada) em três estágios:

- Memória sensorial (sensação e percepção) – Refere-se aos estímulos ambientais, captados por diferentes sensores, os quais são armazenados localmente durante um tempo curto, produzindo uma memória sensorial, antes de se dissiparem.

- Memória de curta duração – Também chamada de memória de trabalho ou de curo prazo. Essa memória retém as informações por períodos extremamente curtos, de cinco a trinta segundos, os quais são esquecidos na maior parte das vezes.

- Memória de longa duração – Trata-se da memória que armazena as informações a longo prazo, ou seja, são as lembranças, o aprendizado e todos os dados que conseguimos acessar na nossa mente.

Figura 1 - Memória

Fonte: Como transformar uma memória de peixe em memória de elefante. <https://brasil.elpais.com/brasil/2017/02/27/ciencia/1488204762_928288.html>. Acesso em: 03 mai 2018.

Por fim, vale destacar que, "[...] nem todas as sensações se transformam em percepções, nem todas as percepções se transformam em memória de curta duração, e apenas algumas delas são transferidas para a memória de longa duração" (IIDA; GUIMARÃES, 2016, p. 466).

1.2 Fatores de influência na percepção e processamento de informações

Certas condições tendem a facilitar ou dificultar a transmissão e o processamento de informações. A seguir, apresentamos três deles:

- **Tempo de reação** – Refere-se ao intervalo de tempo entre a percepção de um estímulo e a emissão da resposta pelo organismo, ou seja, o estímulo-resposta. Há diversas circunstâncias que podem modificar a velocidade e a precisão dessas respostas. (IIDA; GUIMARÃES, 2016)

- **Complexidade da informação** - quanto mais complexa a informação, mais tempo o cérebro leva para compreender, pois vários elementos serão considerados e provavelmente muito será exigido da memória para tomar a decisão e realizar a reação (DUL; WEERDMEESTER, 1995).

- **Níveis de excitação** – O nível de excitação de uma pessoa influi na sua capacidade de captar os estímulos e produzir as respostas fisiológicas. "O nível de excitação permanece no ponto mínimo durante o sono e vai aumentando gradativamente durante a vigília, produzindo estados de alerta, até atingir um ponto máximo" (IIDA; GUIMARÃES, 2017, p. 484).

Agora que compreendemos, um pouco, sobre como processamos as informações, vamos, agora, aprender algumas soluções para disponibilizar essas informações para serem facilmente compreendidas pelos usuários.

2 - Apresentação da Informação

O processamento da informação envolve processos complexos e, por isso, as formas de disponibilizar essas informações para os usuários de produtos e sistemas devem ser de forma clara e de fácil compreensão.

Conforme explicamos anteriormente, o ser humano é dotado de vários órgãos sensoriais, dos quais, dois são mais importantes: a visão e a audição. Pois, tanto no ambiente de trabalho, como no dia a dia há predominância de informações visuais.

Sabemos que existem diversos modos de apresentar as informações. Para cada situação pode haver uma modalidade mais adequada, conforme podemos observar na Tabela 1.

Tabela 1 – Apresentações visuais e auditivas das informações

Situações	Preferências	
	Visual	Auditiva
A informação ou mensagem:		
· É simples e curta		X
· É complexa e longa	X	
· Há demora para execução	X	
· Há urgência de execução		X
· Envolve localizações espaciais	X	
O ambiente é escuro		X
O ambiente é ruidoso	X	
O receptor move-se continuamente		X
Há barreiras físicas no local		X

Fonte: Iida e Guimarães (2016, p. 499).

A partir desse panorama, podemos considerar que as formas mais comuns de serem apresentadas as informações em produtos, sistemas e locais de trabalho são as formas visuais e sonoras.

No entanto, para o recorte dessa Seção 6, vamos ampliar as discussões, a partir das informações visuais. Pois devido à complexidade das informações, o canal visual é o mais utilizado.

2.1 Hierarquia das tarefas visuais

De acordo com Iida e Guimarães (2016), nossos olhos têm grande mobilidade, podendo fazer muitas fixações, praticamente sem movimentos da cabeça. No entanto, quando se exige atenção em um campo visual amplo, podem-se estabelecer quatro níveis hierárquicos:

- **Visão ótima** - É a visão que está bem à frente do campo visual; os objetos situados dentro da visão ótima podem ser visualizados continuamente, praticamente sem nenhum movimento dos olhos.
- **Visão máxima** - É a visão que se consegue movimentando-se somente os olhos, sem mover a cabeça.

- **Visão ampliada** - É o campo visual que conseguimos atingir com o movimento da cabeça, lembrando que a coluna cervical tem grande mobilidade.
- **Visão estendida** – É a visão que exige movimentos corporais maiores (p. ex.: "estender" o pescoço, girar o tronco ou levantar-se da cadeira).

Figura 2 – Campo visual

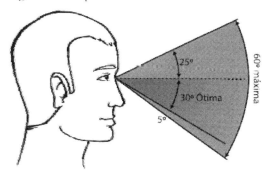

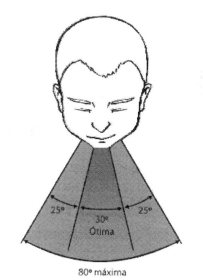

80° máxima

Fonte: Iida e Guimarães (2016).

A partir dessa hierarquia de tarefas visuais, acredita-se que as informações de uso muito frequente devem estar bem localizadas.

2.2 Palavra escrita

A palavra escrita aparece em diferentes contextos do Design de Interiores (p. ex.: sinalização; letreiros; produtos; dentre outros).

Para que haja a transmissão da informação de forma adequada ao usuário, muitos fatores devem ser levados em consideração, dentre os quais Falzon (2007), Moraes e Mariño (2000), destacam:

- **Legibilidade** – Refere-se à facilidade de realizar a leitura. Em outras palavras é a capacidade de reconhecer as letras e formar as palavras em um texto escrito. Relaciona-se com os aspectos físicos do texto, como os tamanhos das letras, os tipos de letras, os espaçamentos e margens, as cores, assim como, a qualidade da impressão. (Figura 3)

Figura 3 – Legibilidade

NEM
tUdO QuE é
legível é
nEcESSArIameNTe
FÁCIL DE LER!

Fonte: <http://ricardoartur.com.br/1001/2011/03/
legibilidade-leiturabilidade-entendendo-diferencas/>.
Acesso em: 03 mai 2018.

- **Leiturabilidade** – Trata-se da clareza da informação, ou seja, da capacidade de interpretar e absorver o que está escrito. Nesse sentido, envolve tanto a compreensão do texto, como a criação de sentido da informação trabalhada. (Figura 4)

Figura 4 – Leiturabilidade

LEITURABILIDADE

Relaciona-se à qualidade do conforto visual, à facilidade de compreensão dos texto, tornando agradável sua leitura.

Um texto de boa leiturabilidade com uma fonte de baixa legibilidade.

Fonte: <https://www.slideshare.net/giorgiabarreto/tipografia-75266119>.
Acesso em: 03 mai 2018.

Iida e Guimarães (2016) sugerem algumas recomendações para melhorar a legibilidade e leiturabilidade das informações visuais:

- **Tipos simples** – Use tipos de letras mais simples.
- **Serifas** – Use letras minúsculas com serifas para o texto e sem serifas para os títulos.
- **Dimensões** – Considere as dimensões das letras em relação à distância visual de leitura (a altura das letras maiúsculas deve ser de 1/200 da distância).
- **Proporção largura/altura** – Considere uma proporcionalidade entre a largura e altura das letras.
- **Espaçamento entre linhas** – Cuide do espaçamento entre linhas, o qual dever se proporcional ao seu comprimento.
- **Contraste figura/fundo** – Assegure um bom contraste entre figura e fundo.

Retomando a aula

Parece que estamos indo bem. Então, para encerrar essa aula, vamos recordar:

1 - Processamento da Informação

Aprendemos os sistemas de informação e sobre como os processos cognitivos estão presentes em todas as atividades humanas.

2 - Apresentação da Informação

Refletimos sobre a importância da apresentação da informação aos usuários de produtos e sistemas.

Vale a pena

Vale a pena **ler**

Leitura complementar sobre as regras da Gestalt:
<https://mcdigital.net.br/gestalt-principios-no-design/>.
<http://www.linguagemvisual.com.br/gestalt.php>.

Vale a pena **acessar**

Sociedade Brasileira de Design da Informação. Disponível em: <http://sbdi.inlabmidia.com>. Acesso em: fevereiro de 2017.

Vale a pena **assistir**

10 Princípios do bom design, por Dieter Rams. Disponível em: <https://www.youtube.com/watch?v=oS7TL_xp8F4>. Acesso em: fevereiro de 2017.

O papel do Design da Informação. Disponível em: <https://www.youtube.com/watch?v=3xMo7_GM3WU>. Acesso em: fevereiro de 2017.

Vídeo: O que é memória sensorial? <https://www.youtube.com/watch?v=8RNdAfaEkVU>.

Aula 7º

Ergonomia e acessibilidade

Caro(a) aluno(a), ao tratarmos da ergonomia e acessibilidade, precisamos levar em consideração que os profissionais do Design de Interiores têm uma importante função social ao contribuir com suas habilidades técnicas para a melhoria da qualidade de vida dos usuários, criando ambientes acessíveis, funcionais, harmoniosos e agradáveis, além de garantir a saúde, a segurança e o conforto desses usuários.

Assim, nesta aula, vamos abordar alguns dos múltiplos e imponderáveis problemas que perpassam as áreas da Ergonomia, da Arquitetura e do Design de Interiores, amparando as atenções na questão da acessibilidade e nos impactos que essa temática gera na qualidade de vida das pessoas.

Bons estudos!

Objetivos de aprendizagem

Ao término desta aula, vocês serão capazes de:

- aprender sobre ergonomia e acessibilidade.

Seções de estudo

1. Acessibilidade
2. Usabilidade
3. Agradabilidade

1 - Acessibilidade

Nesse tópico vamos discutir, em linhas gerais, sobre o projeto de produtos para a acessibilidade, ou seja, o uso dos produtos por pessoas com deficiência.

Conforme estudamos na Aula 2 sobre Antropometria, existem variações nas medidas humanas, as quais estão relacionadas a diferentes aspectos como, por exemplo, variações ao longo da vida, variações éticas, variações climáticas, entre outras. Tudo isso, associado às questões da acessibilidade. Dessa forma, projetar produtos é uma tarefa complexa devido a essa grande variedade de aspectos humanos envolvidos.

Antes mesmo de avançarmos na discussão, vale afirmar que aprofundaremos os aspectos relacionados às minorias populacionais na aula 8.

1.1 Pessoas com necessidades especiais

Nesta Aula, refletimos sobre a deficiência como uma das dimensões da vida do indivíduo e como características de bens, produtos, ambientes e serviços, considerando as necessidades das pessoas (SOUZA, 2017). Questionando e problematizando, até que ponto o que concebemos nos nossos projetos, como designers, atende, de fato, aos usuários.

Abordamos, assim, a questão da deficiência no contexto da funcionalidade e da incapacidade humanas, nas interações da pessoa com seu contexto de vida.

Segundo a Organização Mundial da Saúde (OMS), deficiência representa qualquer perda ou alteração de uma estrutura ou de uma função psicológica, fisiológica ou anatômica, de caráter permanente (Figura 1) ou temporário (Figura 2) (FALZON, 2007). De acordo com os tipos de deficiência, foram adotados cinco agrupamentos: psíquicas; sensoriais; físicas; mistas; nenhuma deficiência em especial.

Figura 1 – Pessoas com necessidades permanentes

Fonte: <http://afepunesp.blogspot.com.br/2012/12/um-panorama-sobre-realidade-dos.html>. Acesso em: 03 mai 2018.

Figura 2 – Pessoas com necessidades especiais temporárias.

Fonte: <http://www2.maringa.pr.gov.br/site//index.php?sessao=01ab04f9195501&id=20008>. Acesso em: 03 mai 2018.

A diferença entre as pessoas com necessidades especiais de outro indivíduo, é que este tem acesso para realizar suas atividades e o primeiro, na maior parte das vezes, não tem.

Isso ocorre porque o mundo é projetado para a maioria da população, desconsiderando as minorias, nas quais também se incluem as pessoas com necessidades especiais (FALZON, 2007; GRANDJEAN, 1998).

A área do conhecimento que estuda esses indivíduos e propõe medidas e soluções para reduzir suas dificuldades é a acessibilidade.

De acordo com a Norma Brasileira NBR 9050:2015 (ABNT, 2004, p. 2), "Acessibilidade é a possibilidade e condição de alcance, percepção e entendimento para a utilização, com segurança e autonomia, de espaços, mobiliários, equipamentos urbanos, edificações, transporte, informação e comunicação, inclusive seus sistemas e tecnologias [...]". Em outras palavras, acessibilidade corresponde a atributos e, portanto, não significa um adjetivo. (Figura 3)

> NRB 9050:2015. Disponível em: http://www.ufpb.br/cia/contents/manuais/abnt-nbr9050-edicao-2015.pdf. Acesso em: fevereiro de 2018.

Figura 3 - Acessibilidade

Fonte: <https://procadeirante.wordpress.com/2016/07/18/acessibilidade/>. Acesso em: 03 mai 2018.

As normatizações técnicas e legislações são relevantes como fontes de conhecimento e de inspiração dos projetos de Design de Interiores, ancorados nas contribuições da ergonomia (SOUZA, 2017). Para tanto, os designers de interiores podem e devem utilizar essas normas, para elaborar seus projetos!

Sempre que possível, caro aluno(a), é importante refletir sobre a concepção de projetos de ambientes e produtos que integrem "todas" as pessoas à sociedade de forma inclusiva. Esse é um dos objetivos do Design Universal! Por isso, nesta Seção, consideramos os atributos de acessibilidade sob a perspectiva do ideário do Design Universal. Você já ouviu falar em Design Universal? (Figura 4)

Figura 4 – Design Universal

Fonte: <http://livingdesign.com.br/2015/08/desenho-universal-um-design-de-conceito-simples-mas-que-e-vital/>. Acesso em: 03 mai 2018.

A teoria do Design Universal traz sete princípios que podem ser usados, tanto nos projetos de ambientes, como no projeto de produtos, ou ainda, na avaliação da adequação de produtos e ambientes já existentes (SCHIFFERSTEIN; HEKKERT, 2008). São eles:

- **Uso equitativo** - o produto e/ou ambiente deve ter dimensões, ajustes e acessórios que permitam atender ao maior número de usuários, "[...] sem qualquer tipo de discriminação ou segregação, possibilitando a sua independência e autonomia no acesso a bens, produtos, ambientes e serviços" (SOUZA, 2017, p. 204).
- **Flexibilidade de uso** - deve acomodar ampla gama de habilidades e preferências individuais. Na arquitetura e no design de interiores, por exemplo, "[...] o conceito de flexibilidade pode significar a possibilidade de um espaço vir a assumir formas e funções diversas" (SOUZA, 2017, p. 207).
- **Uso simples e intuitivo** - deve ser simples e consistente com as expectativas e intuição dos usuários.
- **Informação perceptível** - as informações devem ser comunicadas com redundância, sem depender de habilidades especiais dos usuários, ou seja, esse princípio "[...] trata da eficiência e eficácia da informação, da comunicação e dos recursos de orientação para utilização de espaços arquitetônicos e de produtos, para o acesso a serviços, entre outras atividades" (SOUZA, 2017, p. 210).
- **Tolerância ao erro** - o projeto deve minimizar os riscos e os erros de ações involuntárias ou acidentais.
- **Redução do gasto energético** - o projeto deve evitar gastos energéticos desnecessários, mantendo, sempre que possível, os membros do usuário na posição neutra e livre de estresse. "Ao buscar atender a maior gama possível de pessoas, garantindo-lhes condições de conforto, segurança e exigindo baixo esforço físico, devem ser considerados também outros aspectos como minimizar ações repetitivas e reduzir o esforço

físico ininterrupto" (SOUZA, 2017, p. 2016).
- **Dimensão apropriada a todos** - o dimensionamento do espaço arquitetônico e do mobiliário, em geral, deve ter acesso, deslocamento, alcance e manipulação, independentemente do tamanho, postura ou mobilidade do usuário.

Todos esses princípios são válidos, mas em muitos casos, são difíceis de aplicação em todos os produtos e ambientes, especialmente em casos de necessidades especiais extremas ou raras. Nesses casos, recomenda-se o uso de produtos específicos projetados a esses indivíduos.

2 - Usabilidade

Segundo Iida e Guimarães (2016, p. 258):

> Usabilidade (usability) significa eficiência, facilidade, comodidade e segurança no uso de produtos, tanto no ambiente doméstico como no profissional. Inclui a facilidade de manuseio, adaptação antropométrica e biomecânica, compatibilidades de movimentos, fornecimento claro de informações, facilidades de "navegação" e demais itens de eficiência, conforto e segurança.

Existem outros conceitos de usabilidade, os quais são considerados circunstanciados, ou seja, que não dependem apenas das características do produto. Dependem também do usuário, dos objetos, das tarefas e do ambiente em que o produto é utilizado. Nesse sentido, o mesmo produto pode ser considerado adequado em uma determinada situação e inadequado em outra, por exemplo, "um chinelo de praia não serve para andar na neve" (IIDA; GUIMARÃES, 2016, p. 259)

A usabilidade pode ser melhorada seguindo-se certos princípios. Vale destacar que, nem todos são aplicáveis em todos os contextos. Por isso recorremos a Iida e Guimarães (2016), os quais elencam seis princípios:

- **Princípio 1:** Os produtos devem ser previsíveis – a configuração formal de um produto deve induzir claramente à sua função e ao modo de utilização.
- **Princípio 2:** Os resultados de uma ação devem ser compatíveis com as expectativas – deve haver compatibilidade e consistência entre uma ação e os resultados dela, atendendo as experiências dos usuários.
- **Princípio 3:** Deve haver uma transferência positiva da aprendizagem – essa aprendizagem ocorre quando o repertório já existente do usuário é aproveitado na aprendizagem de novos procedimentos semelhantes.
- **Princípio 4:** Respeitar os limites de cada variável fisiológica – o usuário possui determinados limites (fisiológicos, energéticos e neuromusculares), os quais não devem ser ultrapassados.
- **Princípio 5:** prevenir e facilitar a correção dos erros – os produtos devem impedir ou dificultar os procedimentos errados que o usuário pode vir a

fazer.

- **Princípio 6:** Emitir sinais de realimentação – os produtos dever emitir feedback aos usuários, indicando se a ação foi realizada com ou sem sucesso.

3 - Agradabilidade

Segundo Iida e Guimarães (2016, p. 262): "Os estudos tradicionais geralmente procuram melhorar a funcionalidade, segurança e conforto dos produtos e serviços", conforme estudamos no tópico anterior.

A partir dos anos 1990, a ergonomia tem voltado sua atenção também para a dimensão do prazer, agregando agradabilidade aos produtos e serviços, ou seja, envolvendo, por exemplo, aspectos estéticos (combinação de formas, cores, materiais, texturas, acabamentos e movimentos) e simbólicos (identificação do produto com certas etnias, classes, grupos, valores sociais, status e regiões).

Norman (2004) sugere que as emoções das pessoas estão relacionadas a três níveis de processamento cerebral (Figura 5):

- **O nível visceral:** design para aparência - é o que a natureza faz, ou seja, os seres humanos recebem sinais emocionais da natureza e os interpretam automaticamente no nível visceral.
- **O nível comportamental:** design para facilidade de uso – é totalmente ligado ao uso em si, nesse nível a aparência e a racionalidade não são importantes, performance, sim. Em outras palavras, o bom design comportamental considera função, facilidade de compreensão sobre o produto, usabilidade e a forma como ele é fisicamente sentido.
- **O nível reflexivo:** design reflexivo - O design reflexivo é amplo, pois cobre mensagem, cultura e significados. Trabalha basicamente com autoimagem e memória (Norman, 2004), pois o projeto deve ter como base a compreensão que os usuários têm sobre os elementos relacionados ao artefato.

Figura 5 – Fases do design emocional

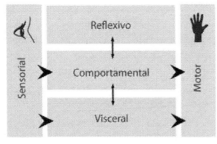

Fonte: <http://www1.sp.senac.br/hotsites/blogs/revistainiciacao/index.php/influencia-das-emocoes-e-dos-processos-cognitivos-em-ambientes-de-realidade-aumentada/>. Acesso em: 03 mai 2018.

Visando incorporar aspectos de agradabilidade aos projetos como, por exemplo, a aplicação dos níveis propostos por Norman (2004), foram desenvolvidas técnicas na área do design emocional (p. ex.: métodos verbais; métodos não verbais). Vários autores, dentre eles Norman (2004), "enfatizaram que projetar considerando apenas a usabilidade não é suficiente, pois os produtos precisam evocar emoções,

já que não reagimos às qualidades físicas das coisas, mas ao que elas significam para nós" (IIDA; GUIMARÃES, 2016, p. 262)

Retomando a aula

Parece que estamos indo bem. Então, para encerrar esta aula, vamos recordar:

1 - Acessibilidade

Adentramos no universo da acessibilidade, sob a perspectiva da contribuição do Design Universal.

2 - Usabilidade

Tratamos da necessidade de pensarmos nossos projetos sob o ponto de vista da usabilidade.

3 - Agradabilidade

Refletimos sobre a agradabilidade, envolvendo tanto aspectos estéticos como simbólicos.

Vale a pena

Vale a pena **ler**

Design Universal: A necessidade de uma abordagem transdisciplinar. <http://omnia.grei.pt/OM06/OM06-2017-04-02.pdf>.

Vale a pena **assistir**

Curso de Acessibilidade e Design Universal na CASACOR SP em parceria com IED. <https://www.youtube.com/watch?v=z7ow2lGTLeA>.

Minhas anotações

Aula 8º

Ergonomia e Minorias populacionais

Caro(a) aluno(a), nesta aula vamos refletir sobre os projetos voltados às minorias populacionais. Essas minorias envolvem as pessoas idosas, as pessoas obesas, as pessoas com deficiência (sobre as quais estudamos na Aula 7), assim como as crianças.

Para atender algumas dessas demandas das minorias, vamos retomar os conceitos do Design Universal, o qual estudamos na Aula 7.

Nos últimos anos, a ergonomia tem se preocupado cada vez mais com essas minorias populacionais, visando melhorar as condições de vida e de trabalho dessas pessoas. Por isso, cada um dos segmentos citados de minorias deve ser cuidadosamente estudado, pois apresentam características próprias e demandam projetos de produtos e ambientes específicos. (IIDA; GUIMARÃES, 2016)

Para auxiliar os designers na elaboração desses projetos, disponibilizamos algumas normas técnicas brasileiras sobre ambiente de trabalho e mobiliário para escritório. Vale ressaltar que todas essas normas podem ser adquiridas no site da ABNT .

— Bons estudos!

Objetivos de aprendizagem

Ao término desta aula, vocês serão capazes de:

- aprofundar o conhecimento a respeito de ergonomia e minorias populacionais.

Seções de estudo

1 - Projetos para idosos

Em quase todos os países do mundo, incluindo o Brasil, a idade média da população tende a aumentar. Dois fatores são considerados, para esse aumento: redução do índice de natalidade e aumento da vida média da população. (Figura 1)

Figura 1 – Um país de idosos

Fonte: <https://puublicas.wordpress.com/2013/05/22/brasil-mais-velho-populacao-da-terceira-idade-cresce-a-cada-ano/>. Acesso em: 03 mai 2018.

A partir dessa tendência é que haja "cada vez mais pessoas idosas engajadas em atividades produtivas em todo o mundo" (IIDA; GUIMARÃES, 2016, p. 686).

A ergonomia, por sua vez, tem estudado esse processo de envelhecimento, tendo em vista a adaptação dos equipamentos e ambientes às pessoas idosas. Procurando ampliar o período produtivo durante a vida dessas pessoas.

De acordo com Iida e Guimarães (2016, p. 687), a ergonomia determina três grupos etários:

- Adultos jovens – entre 18 a 30 anos.
- Meia-idade – entre 40 e 55 anos.
- Idosos – entre 65 e 85 anos.

Os autores também ponderam que há diferenças de capacidades físicas/ mentais, comportamento e desempenho entre esses três grupos. Contudo, existem diversas variáveis, as quais implicam em diferenças individuais. "Isso significa dizer que as pessoas vão se incapacitando, gradativamente, para certas atividades, mas podem continuar aptas para outras" (IIDA; GUIMARÃES, 2016, p. 687).

Vale destacar que, a maior parte, tanto dos produtos, como dos ambientes são projetados para adultos jovens e nem sempre se adaptam aos idosos. Tendo em vista as diferenças que existem entre esses grupos, esses produtos e ambientes devem ser adaptados aos idosos, para assegurar-lhes conforto e segurança.

Agora vamos fazer uma pauta para refletir: Por que esses produtos e ambientes devem ser adaptados aos idosos?!

Segundo Iida e Guimarães (2016, p. 688), o processo de envelhecimento provoca uma "redução progressiva das medidas antropométricas e das forças musculares, bem como uma degradação progressiva da função cardiovascular, flexibilidade das articulações, órgãos dos sentidos e da função cerebral".

A seguir, apresentamos a Tabela 1, a qual traz as transformações perceptuais de idosos.

Tabela – Transformações perceptuais na visão, audição e tato, provocadas pela idade

Modalidade	Variáveis	Transformações
Visão	Acuidade visual	Degradação na percepção de detalhes
	Acomodação	Dificuldade crescente para focalizar objetos próximos
	Cores	Dificuldade crescente para discriminar luzes de comprimentos de onda curtos (verde, azul, violeta)
	Contraste	Degradação na percepção de contrastes
	Adaptação ao escuro	Aumento do tempo para adaptar-se ao escuro
	Ofuscamento	Aumento da suscetibilidade ao ofuscamento
	Iluminação	Necessidade de intensidades maiores de luz
	Percepção de movimentos	Demora na percepção de movimentos
	Campo visual	Redução gradativa do campo visual
Audição	Acuidade auditiva	Degradação na percepção auditiva, principalmente para frequências altas nos himens
	Percepção espacial	Degradação na percepção sonora espacial, particularmente para sons agudos que se colocam na frente e atrás do ouvinte
	Mascaramento pelos ruídos	Redução da capacidade de ouvir fala e sons complexos na presença de ruídos
Tato	Tato	Limiar de percepção das vibrações aumenta com a idade
	Tato	Dificuldade de manter força constante na pega
	Tato	Limiar de percepção térmica aumenta com a idade

Fonte: Iida e Guimarães (2016, p. 689).

2 - Pessoas obesas

A obesidade é considerada um problema de saúde no mundo atual. "Estima-se que existam cerca de 1,5 bilhão de adultos obesos no mundo" (IIDA; GUIMARÃES, 2016, p. 696).

As pessoas obesas demandam produtos e ambientes com medidas maiores, incluindo vestuários e móveis. Constata-se que os obesos têm dificuldade em acomodar-se nas poltronas de cinema, teatro, ônibus, avião, além de terem dificuldade na passagem das roletas de ônibus. Assim como, os mobiliários tanto residenciais, como comerciais, prejudicando os movimentos de alcance e as mudanças de posturas, quando utilizam produtos projetados para as pessoas que não tem obesidade. Nesse sentido, os estudos indicam que as pessoas obesas têm dificuldade na vida diária, contribuindo para inibi-los em várias atividades da vida social e profissional. (IIDA; GUIMARÃES, 2016)

No Brasil, a NBR 9050 - Acessibilidade a edificações, mobiliário, espaços e equipamentos urbanos - exige colocação de assentos para obesos em locais de reunião, esporte, lazer e turismo. Essa norma especifica que assentos para pessoas obesas devem ter largura equivalente à de dois assentos no local e possuir um espaço frontal livre mínimo de 60 cm, além de tolerar uma carga mínima de 250 kg. (Figura 2).

Figura 2 – Cadeira para obesos em transporte público

Fonte: <http://tvulavras.com.br/index.php/2017/05/05/o-espaco-social-e-preparado-para-pessoas-obesas/>. Acesso em: 03 mai 2018.

Para Iida e Guimarães (2016, p. 698-699), "os estudos das demandas físicas e psicológicas de pacientes obesos e dos seus cuidadores é um novo campo para atuação de especialistas em saúde pública e também dos ergonomistas e designers".

3 - Projetos para crianças

Para pensar: As crianças são miniaturas de adultos?! (Figura 3)

Figura 3 – Mobiliário para se ajustar às necessidades das crianças

Fonte: <http://www.upa-kids.com/new-index/#filosofiua>. Acesso em: 03 mai 2018.

Crianças não são miniaturas de adultos e, portanto, não

se deve projetar para elas reduzindo-se as dimensões dos objetos. "Seu corpo e sua mente ainda estão em formação e as suas atividades físicas e mentais influenciam seu crescimento e desenvolvimento" (IIDA; GUIMARÃES, 2016, p. 707). As crianças têm pouca consciência dos perigos e das consequências de seus atos. Dessa forma, tornam-se mais vulneráveis aos acidentes.

Os profissionais e/ou equipes multidisciplinares (se possível, deve haver um especialista em comportamento infantil na equipe) que elaboram projetos para crianças devem conhecer as capacidades e limitações delas, em cada faixa etária, e saber como se comportam (Tabela 2).

Tabela 2 – Características do comportamento infantil

Comportamento infantil	Causas da vulnerabilidade
Exploram os produtos com uso das mãos e da boca. Experimentam os objetos rapidamente, de modo inesperado. Têm pouca consciência dos perigos potenciais. Aprendem por tentativas e erros. Não conseguem comunicar suas necessidades, desejos e desconfortos.	Apresentam habilidades e comportamentos muito variáveis, mesmo que sejam de mesma idade. O corpo infantil é mais vulnerável aos danos. Os fatores de risco (p. ex.: envenenamentos) produzem efeitos rápidos. Tomam decisões erradas devido à falta de conhecimentos e experiências. Não conseguem comunicar a causa de um incidente.

Fonte: Iida e Guimarães (2016, p. 708).

Deve-se levar em consideração também que as crianças usam os produtos de maneira inesperada. "Portanto, os produtos para crianças devem ter flexibilidade de adaptar-se a certa faixa etária e ser tolerante para absorver esses comportamentos diferenciados, sem provocar acidentes" (IIDA; GUIMARÃES, 2016, p. 708).

Além de flexibilidade, os profissionais precisam pensar em possíveis usos indevidos e/ou acidentes que podem ocorrer com as crianças, pois elas exploram o mundo usando todos os seus sentidos, incluindo visão, audição, paladar, tato e cheiro.

Nessa perspectiva, Iida e Guimarães (2016) elenca alguns aspectos que podem auxiliar os profissionais na elaboração de projetos para prevenir acidentes:

- Fazer redesenhos de produtos e ambientes, a fim de eliminar todos os fatores de risco.
- Instalar acessórios ou grades de segurança para proteger as crianças ou afastá-las do perigo.
- Providenciar alarmes quando não for possível eliminar ou afastar as fontes de perigo.

4 - Fontes de informações sobre ergonomia

Na atualidade há um contingente da humanidade se dedicando ao setor de serviços, como comércio, saúde, segurança, educação, transportes, lazer e outros.

Segundo Iida e Guimarães (2016, p. 755), "os trabalhadores atuais passam apenas cerca de 25% do seu tempo total no ambiente de trabalho. O resto desse tempo é gasto no ambiente doméstico, meios de transporte, lazer e locais públicos".

Nesse sentido, a aplicação da ergonomia aos serviços deve ser feita de maneira diferente, pois muitas vezes fica difícil definir claramente o usuário.

Por isso, à seguir, vamos relacionar fontes adicionais de informações sobre ergonomia, como, por exemplo, algumas normas técnicas brasileiras, as quais podem orientar os profissionais a desenvolver produtos e/ou ambientes:

- Ambiente de trabalho
  o Iluminação de interiores - ABNT NBR 5413:1992
  o Níveis de ruídos para conforto acústico – ABNT NBR 10152:1987

- Mobiliário para escritório
  o Móveis para escritório – Armários – ABNT NBR 13961:2010
  o Móveis para escritório – Cadeiras – ABNT NBR 13962:2006
  o Móveis para escritório – Divisória tipo painel – ABNT NBR 13964:2003
  o Móveis para escritório – Mesas – ABNT NBR 13966:2008
  o Móveis para escritório – Sistemas de estação de trabalho – ABNT NBR 13967:2011
  o Móveis escolares – Cadeiras e mesas para conjunto aluno individual – ABNT NBR 14006:2008

- Acessibilidade
  o Acessibilidade a edificações, mobiliário, espaços e equipamentos urbanos – ABNT NBR 9050:2004

Retomando a aula

Chegamos ao final! Assim, nas seções 1, 2 e 3, nos debruçamos sobre a reflexão das necessidades e peculiaridades demandadas pelas minorias populacionais, mais especificamente sobre as pessoas idosas, obesas e crianças. Por fim, trouxemos fontes de informações e normas sobre a ergonomia.

Vale a pena

Vale a pena ler,

Design Universal e Acessibilidade: Análise Ergonômica de Equipamentos de Ginástica em Espaços Públicos. <http://periodicos.udesc.br/index.php/hfd/article/view/5672/3820>.

Infografia e acessibilidade para o público surdo. <http://periodicos.udesc.br/index.php/hfd/article/view/23167963061220170 28/7281>.

Influência da avaliação comportamental de consumo do idoso na ergonomia organizacional de supermercados. <http://periodicos.udesc.br/index.php/hfd/article/view/23167963061220170 15/7280>.

Design para uma vida longa. Artigo escrito por Alvaro Guillermo. Disponível em: <https://www.revistamixdecor.com.br/designearquitetura>. Acesso em: fevereiro de 2018.

Vale a pena acessar,

ABNT: <www.abnt.org.br>.

Projetos para idosos: <http://www.cliquearquitetura.com.br/artigo/quarto-adaptado-para-idosos.html>.

NBR 9050. Acessibilidade a edificações, mobiliário, espaços e equipamentos urbanos. <http://www.pessoacomdeficiencia.gov.br/app/sites/default/files/arquivos/%5Bfield_generico_imagens-filefield-description%5D_24.pdf>.

Mobiliário Escolar Infantil: Recomendações para o seu design. <https://repositorio-aberto.up.pt/bitstream/10216/61707/1/000148959.pdf>.

Iluminação de interiores - ABNT NBR 5413:1992: <http://ftp.demec.ufpr.br/disciplinas/TM802/NBR5413.pdf>.

Níveis de ruídos para conforto acústico – ABNT NBR 10152:1987. <http://www.joaopessoa.pb.gov.br/portal/wp-content/uploads/2015/02/NBR_10152-1987-Conforto-Ac_stico.pdf>.

Vale a pena assistir,

Mobiliário Infantil Interativo 2012 – Uninove. <https://www.youtube.com/watch?v=F7-kQP-8yGg>.

Referências

ABNT NBR 5413:1992. Título: Iluminação de Interiores. <http://ftp.demec.ufpr.br/disciplinas/TM802/NBR5413.pdf>.

ABNT NBR 10152: 1987. Título: Níveis de ruído para conforto acústico. <http://www.joaopessoa.pb.gov.br/portal/wp-content/uploads/2015/02/NBR_10152-1987-Conforto-Ac_stico.pdf>.

ABNT NBR 13962:2006. Título: Móveis para escritório – Cadeiras – Requisitos e métodos de ensaio. <http://www.iocmf.com.br/tabelas/NBR-13962.pdf>.

ABNT NBR 9050:2004. Título: Acessibilidade a edificações, mobiliário, espaços e equipamentos urbanos. <http://www.pessoacomdeficiencia.gov.br/app/sites/default/files/arquivos/%5Bfield_generico_imagens-filefield-

description%5D_24.pdf>.

Design para uma vida longa. Artigo escrito por Alvaro Guillermo. Disponível em: <https://www.revistamixdecor.com.br/designearquitetura>. Acesso em: fevereiro de 2018.

Resenha do livro "Homo zappiens: educando na era digital". Disponível em: <http://www4.pucsp.br/pos/tidd/teccogs/resenhas/2010/edicao_3/2-homo_zappiens-educando_na_era_digital-wim_veen-ben_vrakking.pdf>. Acesso em: Agosto de 2017.

Resenha crítica do livro. SZNELWAR, L. (2006). Ergonomia, Pierre Falzon (Ed.). Recensão Crítica. Laboreal, 2, (2), 66-77. Disponível em: < http://laboreal.up.pt/files/articles/2006_12/pt/66_77pt.pdf>. Acesso em: Agosto de 2017.

Design e Ergonomia. Disponível em: <http://www.abcdesign.com.br/design-e-ergonomia/>. Acesso em: fevereiro de 2018.

A Associação Brasileira de Ergonomia (ABERGO) é o órgão que regulamenta a profissão do ergonomista no Brasil. Neste site, você pode encontrar informações úteis sobre a profissão e diversos outros assuntos relacionados. Disponível em: <http://www.abergo.org.br>.

PASCHOARELLI, Luiz Carlos; SILVA, José Carlos Plácido (Orgs.). Design ergonômico: estudos e aplicações. Bauru: Canal 6 Projetos Editoriais, 2014.

Falzon, P. (Ed.). Ergonomia. São Paulo: Edgard Blücher, 2016 .

Ergonomia, espaço interpessoal [proxêmica], lay out, setorização e fluxos. Slides elaborados pela Professora Arabella Galvão. Disponível em: <http://www.exatas.ufpr.br/portal/degraf_arabella/wp-content/uploads/sites/28/2016/03/Prox%C3%AAmica-e-setoriza%C3%A7%C3%A3o.pdf>. Acesso em: fevereiro de 2018.

Tipos de lâmpadas. Disponível em: http://www.cliquearquitetura.com.br/artigo/tipos-de-lampadas.html. Acesso em: fevereiro de 2018.

LED na iluminação. Disponível em: http://www.cliquearquitetura.com.br/artigo/led-na-iluminacao.html. Acesso em: fevereiro de 2018.

Lâmpadas incandescentes e halógenas. Disponível em: http://www.cliquearquitetura.com.br/artigo/lampadas-incandescentes-e-halogenas.html. Acesso em: fevereiro de 2018.

GOMES FILHO, J. Ergonomia do objeto: sistema técnico de leitura ergonômica. São Paulo: Escrituras Editora, 2010.

O papel da ergonomia no deisgn de interiores. Disponíve em: http://ergonomiaemcasa.blogspot.com.br/2005/05/o-papel-da-ergonomia-no-design-de.html. Acesso em: fevereiro de 2018.

INNES, M. Iluminação no design de interiores. São Paulo: Gustavo Gili, 2014.

Leitura complementar sobre as regras da Gestalt: <https://mcdigital.net.br/gestalt-principios-no-design/>.

<http://www.linguagemvisual.com.br/gestalt.php>.

CHAFFIN, Don B.; ANDERSON, Gunnar B.; MARTIN, Bernard J. Biomecânica ocupacional. São Paulo: Ergo Editora, 2001.

Sociedade Brasileira de Design da Informação. Disponível em: http://sbdi.inlabmidia.com. Acesso em: fevereiro de 2017.

Design Universal: A necessidade de uma abordagem transdisciplinar. <http://omnia.grei.pt/OM06/OM06-2017-04-02.pdf>.

Minhas anotações

Minhas anotações

Sumário

Conversa Inicial

Prezados(as) estudantes:

Bem-vindos(as) à disciplina de Desenho e Outros Meios e Expressão que objetiva aproximar o estudante de Design de Interiores às práticas da vida profissional e da realidade social local, regional e brasileira.

Além disso, visa atualizar o currículo do Curso com temas emergentes e transversais por meio de assuntos atuais e de destaque científico que sejam tratados de modo específico nas disciplinas da área, ou seja, induz a percepção da evolução dos cenários e das tendências para a prática e aprimoramento da criatividade e o processo de argumentação.

Para que seu estudo se torne proveitoso e prazeroso, esta disciplina foi organizada em oito aulas, com temas e subtemas que, por sua vez, são subdivididos em seções (tópicos), atendendo aos objetivos do processo de ensino-aprendizagem.

Após ter estudado a aula 1 introdutória, que trata da Contextualização Histórica do Desenho, na aula 2 será apresentado conteúdo sobre o Materiais de Desenho e seus Meios de Expressões e na sequência com a aula 3, fará um diálogo sobre os Elementos do Desenho: Forma e Estrutura, será apresentado na aula 4, o tema Noções Básicas de Perspectiva: Bidimensional e Tridimensional. Iniciando o conteúdo do 2º bimestre, foi preparada a aula 5 com a temática do Percepção Visual: Observação e Interpretação, já na aula 6 Linguagem Gráfica como referência visual. Dando continuidade a sequência de conteúdo na aula 7 será abordado o assunto sobre Técnicas de Expressão: o a Plástica e finalizando o bloco com a aula 8 com Desenvolvimento do Croqui.

Esperamos que, até o final da disciplina vocês

possam: - Desenvolver competências, habilidades e atitudes no processo de concepção dos temas transversais e emergentes da sociedade em suas mais diferentes formas de abordagens; - Capacitar o estudante para o alcance dos objetivos/metas estabelecidos com postura ética e proativa; - Desenvolver expressão e comunicação compatível com o exercício profissional Formado em Design de Interiores; - Estimular a visão analítica (entender problemas de forma abrangente) para poder avaliar diferentes meios alternativos para solucioná-los.

Para tanto, a metodologia das aulas serão transcorridas da seguinte maneira: - Atendimento personalizado individual, de orientação e esclarecimentos de dúvidas no acompanhamento das atividades por meio do acesso diário no Ambiente de Aprendizagem Virtual a serem encaminhadas via plataforma; - Aulas dialogadas, tendo como apoio a plataforma com a utilização de ferramentas como Fóruns, Chats, Quadro de avisos; - Pesquisas orientadas fazendo uso da biblioteca da UNIGRAN e virtuais; - Devolutiva das atividades corrigidas e devidamente avaliadas segundo os critérios de avaliação (notas).

No decorrer das aulas, se encontrarem alguma dificuldade no conteúdo, não hesitem de recorrer ao professor que estará sempre à disposição para esclarecê-las. Não se preocupem. Não queremos que vocês respondam, de imediato, todas essas questões. Mas, esperamos que, até o final, vocês tenham respostas e também formulem outras perguntas.

Vamos, então, à leitura das aulas?

Boa leitura!

Aula 1º

Contextualização histórica do desenho

Prezados(as) alunos(as),

O tema da aula, como o próprio título indica, apresentará a importância das informações históricas e contemporâneas que os futuros Designs de Interiores possam intervir no ambiente social, cultural, ambiental e econômico como profissionais com ampla capacidade intelectual e de análise crítico-social no ambiente em que atuam. Para tanto, serão evidenciados os elementos chaves relacionados aos princípios do cenário histórico sobre a representação do desenho. E qual a importância deste estudo? Responder a este questionamento será um de nossos desafios ao longo do estudo que ora se inicia!

Por se tratar de conteúdos reflexivos, é fundamental que insistam em seus estudos sempre com muita dedicação e motivação! Lembre-se de que em todo projeto de longo prazo é natural que haja momentos de ânimo e outros de cansaço. Assim, é preciso nos preparar para todas as ocasiões, procurando lidar com eles de uma forma positiva. Uma sugestão para isso é estabelecer planos adequados à sua rotina diária e procurar cumpri-los, outra é buscar frequentemente a ajuda de colegas de curso e do professor.

Afinal, vocês fazem parte de uma comunidade colaborativa de construção do saber! Pensem nisso...

Boa Aula!

Bons estudos!

Objetivos de aprendizagem

Esperamos que, ao término desta aula, vocês serão capazes de:

- desenvolver o entendimento da importância do desenho no uso diário da vida profissional do Design;
- identificar os principais fatos importantes e históricos no conceito de Desenho;
- entender o Desenho como um dos fatores principais para a criação de Projetos.

1 - O que é desenho?

Olá Turma!!! Na Seção 1 será possível perceber uma breve introdução sobre o que é desenho e qual sua importância para o Profissional de Design de Interiores. Muita gente se pergunta: Qual a importância de aprender a desenhar? Como resposta a esta pergunta, digo que aprender a desenhar é uma forma de explorar o lado criativo do profissional além de melhorar a habilidade manual e a percepção visual do sujeito e sem dúvida ampliar o conhecimento sobe a arte do desenho.

Para muitos, o desenho é apenas uma representação constituída de formas e linhas que tem como utilidade embelezar a aparência externa dos objetos. Porém, o desenho pode ter muito mais conceito do que isso. O desenho não é apenas ornamentação, é uma arte visual de representar algo através de diversos métodos e ferramentas.

Existem várias técnicas ligadas ao desenho, o desenho convencional, por exemplo, é realizado com materiais como lápis, caneta, grafite e até mesmo o carvão, ele pode ser representado em um meio bidimensional e tridimensional, do qual veremos mais para frente.

Se pudéssemos definir o desenho seria dito que: "O desenho é um processo de criação visual que tem propósito." (WONG, 2010 p. 41). Para Wong, o desenho é

Wong, Wucius. Princípios de forma e desenho. São Paulo: Editora WMF Martins Fontes, 2010.

diferente da pintura e da escultura, que são representações constituídas das visões e sonhos de um artista do qual preenche as necessidades práticas, como um trabalho de desenho gráfico que ao ser colocado diante do olhar público este deve transmitir uma mensagem predeterminada. Exemplo: um produto industrial tem a necessidade de atender as exigências dos consumidores, conforme as figuras 01 e 02.

Figura 1: A representação através do olhar do artista.

A pintura e a escultura do Romantismo

Disponível em: <https://pt.slideshare.net/abaj/pintura-e-escultura-do-romantismo>. Acesso em: 22 fev. 2018.

Figura 2: representação gráfica de uma cadeira.

Disponível em: <https://pt.pngtree.com/freepng/vector-vintage-hand-painted-chairs_2517157.html>. Acesso em: 2018.

Para Wong (2010), um desenho relativamente bom consiste na melhor expressão visual possível seja ela em mensagem ou em um produto. E para executar esta representação de forma acurada e efetiva o desenhista de ter a observação e o entendimento da natureza em que este "algo" possa ser definido, feito, distribuído, utilizado e relacionado com o ambiente. A criação não deve ser apenas estética como também deve ser funcional, onde ao mesmo tempo em que ela reflete ela orienta o seu propósito.

1.1 – Desenhos para o Profissional de Design de Interiores

FONTOURA, Antonio M. O Desenho e o Design. Revista ABC Design, 2009. Disponível em: <http://www.abcdesign.com.br/o-desenho-e-o-design/>. Acesso em 05/01/2018.

Para o profissional de Design de Interiores o desenho, objetiva a importância de desenvolver os primeiros estudos e um projeto, ou seja, através dos rabiscos iniciais a criação do espaço entra em andamento. Conforme diz FONTOURA (2009):

Para muitos designers, desenhar é um meio para exteriorizar pensamentos, expor conceitos e comunicar informações aos responsáveis pela fabricação de um determinado produto como, também, é um recurso para documentar e registrar suas próprias ideias e criações. Da criação de uma ideia até a elaboração dos detalhes necessários para a confecção de modelos, protótipos e cabeças de série, a capacidade de desenhar – seja manualmente ou através de computadores – o desenho representa um enorme benefício para transmitir com mais precisão as intenções do designer em cada etapa de seu trabalho.

Portanto, é visível entender a prática desta representação que de certa forma apresenta uma importância relevante para o desenvolvimento de um projeto. Seguindo o raciocínio de Fontoura (2009), o desenho, para o designer, consiste como uma forma de exteriorizar pensamentos assim como classificar um problema, além de ser utilizado como uma maneira de persuadir a venda de uma ideia ao cliente e um meio técnico para transmitir informações precisas para àqueles que fabricam, montam e comercializam um produto.

Na visão de Remontti, (2009), desenhar é uma das mais importantes habilidades fundamentais desenvolvidas pelo homem. Para os designers, deve ser visto como uma forma vital para comunicar as ideias. O significado de desenhar para o Design é muito diferente de desenhar para arte. O Desenho é uma forma de linguagem onde todos os designers profissionais entendem como falar e usar essa linguagem, vista na figura 03. O desenho de envolve em um conjunto de regras universais e fórmulas que foram desenvolvidas através da história para ajudar a comunicar ideias.

REMONTTI, Flavio. A importância do desenho por Feng Zhu. Blog de Design Gráfico, 2010. Disponível em:< http://www. theconceptartblog. com/2010/05/05/a-importancia-do-desenho-por-feng-zhu/>. Acesso em 05/01/2018.

Percebe-se que na figura abaixo, o Design utiliza o desenho como forma de evidenciar o espaço futuro, a linguagem utilizada no desenho é de retratar um possível cômodo, através dele o "cliente" visará uma primeira forma do projeto ainda em faze inicial, visto apenas como uma ideia.

Figura 3: Desenho como forma de linguagem "Croqui".

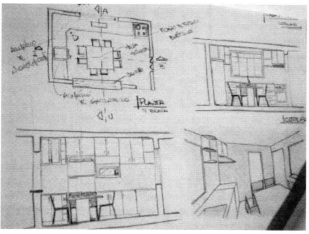

Disponível em: <http://evelluci.blogspot.com.br/p/croquis.html>. Acesso em: 23 fev. 2018.

No mesmo pensamento de Fontoura (2009) é importante ressaltar que o desenho visto como forma de exploração de ideias, de representação técnica, de apresentação e de ilustração, pode ser aprendido e ensinado. O caminho mais possível passa pela prática e pelo exercício orientado. Naturalmente, muitos aspirantes à profissão têm maior facilidade que outros nesse aprendizado. Porém, mesmo aqueles que não têm esta facilidade, podem alcançar um resultado significativo que lhes possibilitará expressar suas ideias e suas criações através do traço.

2 - Conceito Histórico sobre desenho

Bom, Turma!!! Na Seção 2, vamos fazer uma breve introdução histórica sobre esta representação, Desenho, que tem uma significativa importância para os Designers de Interiores. Os desenhos têm uma longa história, pode-se dizer que os primeiros foram encontrados nas cavernas das antigas populações. Desde essa época até hoje, os desenhos foram feitos com um propósito documental (para fazer registro do que aconteceu), técnico (análise, planejamento ou pesquisa) social (para fins de sinalização, por exemplo) ou estético (fins decorativos ou arte).

A história do desenho pode-se dizer, teve seu início juntamente com a história do ser humano. Os desenhos eram a forma mais precisa do homem poder se expressar. Nas cavernas ficaram gravadas desenhos denominados de pinturas rupestres, figura 04, que registram os hábitos e a forma de vida daquele período. Como suporte, o homem-primitivo utilizou paredes das cavernas ou superfície rochosas ao ar livre, com pigmentos feitos de forma natural desenhou como registro suas vivências. Dos contornos e a forma das linhas descritas, os desenhos revelam a criatividade, a dinâmica e a qualidade plástica.

Figura 4: Pinturas rupestres - Pintura do Paleolítico - Gruta de Lascaux Dordonha, França.

Disponível: <https://sites.google.com/site/perspetiva600/historia-do-desenho-e-da-perspetiva>. Acesso em: 2018.

Com o passar dos séculos houve um aprimoramento das formas do desenho, este passou a ser um precursor da linguagem escrita, da fotografia, das representações cartográficas entre muitas outras formas. Em algumas épocas, como no Antigo Egito os desenhos eram símbolos sagrados, usados para decorar templos e tumbas. Para essas civilizações os desenhos representavam a duplicidade de uma vida divina. Os desenhos egípcios eram representados na superfície de uma espécie de papel vegetal chamado de papiro, figura 05.

Figura 5: Pormenor do Livro dos Mortos por volta de 1300 a. C encontrado em um túmulo:

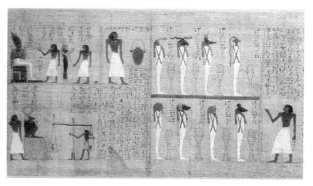

Na Mesopotâmia, o desenho foi utilizado para representar a superfície terrestre como forma de descrever as rotas descobertas. Foi neste período do qual houve o surgimento das primeiras representações cartográficas. Na figura 06, abaixo consta o mapa mais antigo do mundo, mapa de Ga-Shur, feito na Babilônia por volta de 2400 a 2200 a.C., num pedaço de argila cozida. O desenho, supostamente, representa as duas cadeias de montanha e no centro delas, um rio que provavelmente pode ser o Rio Eufrates.

Figura 6: Mapa de Ga-Shur, mais antigo do mundo.

Disponível: em: <https://sites.google.com/site/perspetiva600/historia-do-desenho-e-da-perspetiva>. Acesso em: 23 fev. 2018.

Os chineses tiveram um papel muito importante para evolução do desenho, porque foram eles que inventaram o papel, o qual é muito utilizado até os dias atuais. Os objetos que usamos para desenvolver o desenho também passaram por uma evolução. Os desenhos eram representados por vários utensílios em diferentes épocas, como dedos na época dos homens das cavernas, pedaços de madeiras e ossos em formato de cunha pelos babilônicos, egípcios entre outros povos. Por volta do início século XVI as penas se tornaram o principal objeto de retratação do desenho e da escrita, foi no século XVIII no ano de 1884 que o inventor Lewis E. Watterman criou e patenteou a caneta tinteiro, precursora das canetas estereográficas criadas no século XX.

Assim como os instrumentos utilizados para desenhar evoluíam, o desenho também evoluía. O nanquim, uma espécie de tinta preta inventada pelos chineses extraída de compostos de carbono queimados, foi muito utilizada por samurais que expressavam sua arte através do desenho. Todas as formas de arte daquele tempo foram difundidas através do desenho, por religiosos tanto no oriente como ocidente. Porém na época do Renascimento que o desenho se aprimora em perspectivas técnica, essa que retrata maior realidade e profundeza do desenho, principalmente no estudo arquitetônico, conforme na figura 07 abaixo:

Figura 7: Igreja de San Francisco, Florença.

Disponível em: <http://www.gutorequena.com.br/artigos_vitale.htm>. Acesso em: 24 fev. 2018.

No período da Revolução Industrial, o desenho passa por uma evolução, surge uma nova modalidade de desenho

voltado totalmente para projeção de máquinas e equipamentos, o chamado desenho industrial. Neste mesmo período, os designers dá época apresentavam seus mobiliários. Com o uso do desenho vários itens do mobiliário foi criado. A burguesia gostava de ostentar com uma decoração chamada de decoração Vitoriana (Período Vitoriano) figura 08.

Figura 8: Design de Interiores de 1884 para a revista Arts and Crafts de Munich, Alemanha.

Disponível em: <http://www.gutorequena.com.br/artigos_vitale.htm>. Acesso em: 24 fev. 2018.

Conforme Faria (2012) , da antiguidade até nos dias atuais as evoluções do desenho foram enormes. Centenas de periódicos no mundo todo tratam exclusivamente do assunto "desenho" em suas mais diversas modalidades: cartuns, charges, desenhos técnicos, desenho artístico, caricatura, animes, mangás, grafite e outros. Técnicas cada vez mais apuradas de desenho, arte final, diagramação, impressão e distribuição possibilitaram além da melhoria da técnica, a criação de estilos tão variados quanto é a variedade de público.

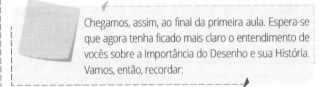

Retomando a aula

Chegamos, assim, ao final da primeira aula. Espera-se que agora tenha ficado mais claro o entendimento de vocês sobre a Importância do Desenho e sua História. Vamos, então, recordar:

1 – O que é desenho?

Nesta seção, estudamos sobre o que o desenho nos representa. Vimos que o desenho é uma forma de manifestação da arte, onde o artista transfere para o papel imagens e criações da sua imaginação. É basicamente uma composição bidimensional (algo que tem duas dimensões) constituída por linhas, pontos e forma. É diferente da pintura e da gravura em relação à técnica e o objetivo para o qual é criado. O desenho é utilizado nos mais diversos segmentos profissionais, tornando a arte diversificada a diferentes contextos.

2 – Conceito histórico sobre desenho

Na segunda seção, fizemos um breve estudo sobre a história do desenho, vimos que esse existe desde o período da Pré-história. O homem das cavernas expressava seu cotidiano. O desenho existe como uma forma de manifestação estética e linguagem expressiva, que obteve maior importância no Período da Idade Antiga e Média. O desenho possibilitou o homem poder se deslocar para outros lugares devido à criação da Cartografia e um estudo sobre a forma da Terra. As possibilidades técnicas e o aprimoramento da arte do desenho foram ampliados nas últimas décadas.

Vale a pena

Vale a pena **ler**

Princípios de Forma e Desenho – Wucius Wong, 2010.
Redesenhando o Desenho. Educadores, Política e História – Ana Mae Barbosa, 2014.

Vale a pena **acessar**

Título de Buscas:
- Conceito de Desenho;
- Os fundamentos Históricos do Desenho

Vale a pena **assistir**

- Renoir, 2012;
- O Falsificador, 2012;
- A Arte da Conquista.

Minhas anotações

Minhas anotações

Aula 2º

Princípios básicos do desenho e meios de expressão do desenho

Prezados(as) alunos(as),

Nesta segunda aula, conheceremos os princípios básicos do desenho, princípios que levam o desenhista a compreender todas as nuances do desenho e seus meios de expressão através dos materiais utilizados. Formatos e traços podem acontecer espontaneamente, conforme se explora instrumentos, substâncias ou meios, podemos obter resultados pitorescos e únicos, e é possível decidir pelo olhar o que é bonito e interessante. O processo pode ser carregado de emoção e sentimentos e revelar expressão artística, assim como a personalidade do artista. Delimitando-se limites e metas é possível escolher os elementos necessários para atingir os objetivos artísticos. Muita frustração pode ocorrer neste processo, por isso nesta aula tentamos elucidar um pouco do caminha a ser seguido.

Por isso leia atentamente cada seção e recorra sempre à ajuda de seu professor em caso de dúvidas.

Bons estudos!

Objetivos de aprendizagem

Ao término desta aula, vocês serão capazes de:

- compreender os princípios básicos do desenho;
- identificar os elementos do desenho.

Seções de estudo

1 – Materiais de desenho
2 – Meios de expressão do desenho

1 - Materiais de desenho

Olá, Turma!!! Na Seção 1 veremos um pouco sobre os princípios básicos do desenho e seus materiais de desenho. O desenhista tem um papel importante nesse processo, principalmente por ser a pessoa que resolve os problemas que ocorrem: mas será que ele consegue alterar esses problemas quando surgem? A resposta é não, no entanto, é possível encontrar soluções, utilizando-se da intuição e investigação das situações visuais que o problema exige.
Materiais diversos são utilizados para a representação de desenhos e agregam charme e perspectivas visuais sobre os mesmos.

Desde os primórdios da humanidade quando o ser humano (homem) começou a viver em sociedade, teve-se a necessidade de se comunicar com seu próximo. Então veio a busca por formas de comunicação, para isso foram usados diversos meios. (Gombrich, 1994 p.39) relata que apesar de ignorarmos, a arte teve início na linguagem, e por meio da necessidade de comunicação do homem pré-histórico com seu semelhante.

A busca não só por comunicação verbal, mas também como por escrito era clara, principalmente pelas necessidades de relatar suas vivências diárias como caçar, pescar, plantar. Gombrich (1994) observava nos desenhos primitivos muitas superstições e uma delas era a necessidade do homem pré-histórico de perpetuar sua existência, se eternizar na imagem representada. E foi precisamente na pré-história que o homem começou a deixar seus registros de comunicação na forma de desenho. Confeccionados em sítios arqueológicos como cavernas, paredes de montanhas, pedras gigantes, é possível compreender através dos desenhos rupestres um pouco da vida que se era levada naquele período.

Figura 1: Representação de desenho rupestre.

Disponível em: <http://novoshistoriadoresdobrasil.blogspot.com.br/2012/09/ >. Acesso em: 28 fev. 2018.

Figura 2: Representação de desenho em rocha.

Disponível em: <http://pesquisandobr.blogspot.com.br/2013/10/arte-rupestre. html>. Acesso em: 28 fev. 2018.

Para Hart-Davis (2009) o período de transição da pré-história para a história é um momento de evolução contínua do homem, pois a escrita passou a ganhar status de comunicação e a busca por suporte de materiais diversos que abrigasse esses tipos de representação foi incessante. Na busca por materiais que comportassem melhor suas representações gráficas (desenho e escrita), foram elaboradas placas de argila.

Figura 3: Representação de desenho placa de argila úmida.

Disponível em: <http://oridesmjr.blogspot.com.br/2013/01/>. Acesso em: 28 fev. 2018.

Caldeira (2002) observa que durante todo o processo de evolução humana os povos que haviam se espalhado pelo mundo foram testando e criando seus suportes para as representações de desenho e escrita, e durante muito tempo guardaram os segredos da confecção dos mesmos. Os povos Sumérios obtinham o conhecimento das placas de barro e tijolos, os Indianos usavam as folhas das palmeiras para fazer seus livros, os Maias e Astecas antes da descoberta das Américas usavam como suporte de representação as casacas das árvores e madeiras que fossem bem macias. Os Romanos também usavam madeira, no entanto as cobriam com uma fina película de cera de abelha.

Figura 4: Representação de desenho em bambu e palmeira.

Figura 5: Representação de desenho em cera.

Chegamos então ao ano de 2500 a.C., podemos perceber que os Egípcios desenvolveram a técnica do papiro, uma planta encontrada ás margens do rio Nilo na qual foram retiradas suas fibras unidas que serviam como suporte resistente para escrita e desenho, seus rolos chegavam até 20M de comprimento. Em conjunto surgiram os pergaminhos, suportes feitos de pele dos animais.

Figura 6: Representação de desenho em papiro.

Figura 7: Representação de escrita em pergaminho.

1.1 - Comunicação Visual

O termo Comunicação visual significa uma forma de transmitir visualmente uma mensagem. Em meio a essa comunicação usamos signos (símbolos visuais) que são munidos de significados, para representarmos a informação e constituir um diálogo visual. Os signos não verbais são dotados de um tipo de código para transmitir sua mensagem, dessa forma são usados desenhos, fotografias, cores, sinais sonoros e expressões corporais.

Para Oleques (2018) estamos diariamente rodeados de informações visuais, pois necessitamos delas para nos comunicarmos, estas estão representadas de forma gráfica em placas, semáforos, cartazes, cinema, outdoor, programações de televisão e computador. Estas representações gráficas muitas das vezes são mais eficientes do que a comunicação verbal ou escrita. Já se diz claramente o ditado informal brasileiro "Não entendeu? Quer que eu desenhe?".

O Design é a melhor forma de representação visual

que temos, ele transforma uma singela imagem em uma grande produção, transmitindo todo charme em um atrativo visual. Além de potencializar a veiculação de uma ideia ainda favorece o desenvolvimento financeiro pelo reconhecimento da imagem.

Figura 8: Comunicação através de designe imagem.

Disponível em: <https://www.smartencyclopedia.eu/index.php/arte/item/476-design>. Acesso em: 28 fev. 2018.

Figura 9: Transmissão de ideia através de designe de interior.

Disponível em: <http://www.socursosgratuitos.com.br/design-de-interiores>/. Acesso em: 28 fev. 2018.

Oleques (2018) observa que para um melhor entendimento da comunicação visual os elementos usados na representação da imagem tem que formar uma linguagem abscondida onde não se usa o texto gramatical, mas que o contexto fique claro aos olhos.

2 - Meios de expressão do desenho

Então turma, na Seção 2, aprenderemos sobre meios de expressão do desenho, os elementos compostos nesta seção estão associados entre si e dificilmente podem ser separados, já que os desenhos abstratos que os compõem, separadamente, tomam forma quando são trabalhados em conjunto. Os desenhos podem ser produzidos e executados de diversas formas e em múltiplos tipos de materiais. Os meios de expressão e suportes para desenhos serão estudados logo abaixo

A linguagem visual deve ser dominada para que o desenhista possa dominar problemas práticos do desenho. "O desenho é prático. O desenhista é uma pessoa prática." (WONG, 1998 p. 41). A linguagem visual nada mais é que a base da criação do desenho, o desenhista deve se preocupar com regras, conceitos e princípios relacionados à organização visual, entretanto, sua sensibilidade e gosto pessoal quanto às relações pessoais são muito mais importantes, mas entender todos os aspectos pode ampliar sua capacidade de organização visual.

A linguagem visual pode ser interpretada de várias maneiras, diferentemente da linguagem falada ou gramatical, a linguagem visual não tem limites pré-estabelecidos. Cada desenhista pode ter suas próprias descobertas. Ela pode se dar por imagens ou símbolos.

É importante compreender que o design trabalha com formas. Forma esta que vai de um ponto simples até uma complexa ilustração, e é de vital importância conhecer e compreender todos os elementos da forma para que possamos usá-los a nosso favor.

Para a representação de desenhos primeiramente usamos alguns suportes e materiais que podem ser papéis (canson, sulfite, 100% algodão, seda e outros), lápis, canetas esferográficas, carvão, giz de cera cremoso ou seco. Mas também podemos fazer os desenhos digitais usando uma mesa digitalizadora que se conecta à tablets, notebooks, computadores e televisores.

Figura 10: suportes de desenho.

Disponível em: <http://graficavallilo.com.br/tipos-de-papeis>. Acesso em: 28 fev. 2018.

Os papéis são determinados através de suas gramaturas, cores, texturas e tamanhos diversos. A escolha desse suporte inclui no modo de representação que se necessita. Também são muito usados na estampa de paredes, o qual agrega um charme imprescindível no ambiente colocado.

Figura 11: Aplicação de papel em ambiente.

Disponível em: <http://agendacapital.com.br/senado-aprova-reconhecimento-da-profissao-de-designer-de-interiores/>. Acesso em: 28 fev. 2018.

Existe uma gama enorme de papéis de parede, incluindo uma diversidade de estampas e texturas. É de extrema importância que o ambiente tenha uma harmonia, pois dependendo da disposição e quantidade de papel instalada junto à composição de luz natural e luz artificial o ambiente fique carregado, causando incômodo ao sensitivo humano.

2.1 Meios de expressão de desenho em 3D

Quando pensamos em materiais que podem ser utilizados em um projeto de interiores, temos que observar várias coisas e a principal é a matéria prima da qual ele é feito podendo ser derivado de cerâmica, madeira, resinas, vidro, ferro entre diversos. Existem também diversas marcas com características variadas onde o Designer de Interiores possa se sentir à vontade na escolha dos mesmos, facilitando a especificação no projeto para seus clientes.

Vosgueritchian (2006) afirma que foi a partir da segunda metade do século XIX - quando se desenvolveram meios de transporte capazes de transportar a produção para locais longínquos (ferrovias, canais e estradas) verificou-se a produção em massa de diversos insumos e componentes que se disseminaram técnicas construtivas e materiais e a globalização fez com que arquitetos e designers tivessem facilidades em buscar do outro lado do planeta os materiais que satisfizessem suas necessidades projetuais. Lima (2006), em sua definição divide os materiais em cinco grandes grupos, são eles: Cerâmicos, Metais, Naturais, Polímeros e Compósitos. Conforme a figura 12.

Figura 12: Definição de grupos de materiais construtivos.

Cerâmicos	Metais	Naturais	Polimeiros	Compósitos
Cerâmicas Avançadas	Ferrosos	Fibras	Termoplástico	Combinações
Cerâmicas Comuns	Não Ferrosos	Madeiras	Termofixos	
Vidros		Minerais	Elastômeros	
		Outros		

Fonte: Adaptado de Lima, (2006 p.4).

Existem vários meios de suporte para a representação de desenho e pode se usar diversos materiais, permitindo além da representação visual o tato.

Atualmente, os elementos de revestimento 3D são muito utilizados em ambientes internos e externos, e agregam valor incondicional aos ambientes instalados. Podem ser representadas em vários materiais como gesso, cerâmica, resina e madeira.

Figura 13: Elemento 3D em gesso.

Disponível em: <http://agendacapital.com.br/senado-aprova-reconhecimento-da-profissao-de-designer-de-interiores/>. Acesso em: 28 fev. 2018.

Figura 14: Elemento 3D em cerâmica.

Disponível em: <https://br.pinterest.com/pin/301811612506525368/>. Acesso em: 28 fev. 2018.

Figura 15: Elemento 3D em madeira.

Disponível em: <https://www.pinterest.pt/pin/571957221408898140/?autologin=true>. Acesso em: 28 fev. 2018.

Alguns materiais antigos também são muito ultilizados além de serem considerados sustentáveis. Eles transmitem uma elegância na sua rústicidade além da ideia de reaproveitamento, e conseguem harmonizar bem com vários materias de construção, cores e texturas. Barras de ferro forjados muito produzidos após a revolução industrial também são reutilizados de diversas formas, em guarda corpos de sacadas, corrimãos de escadas, portas e janelas.

Callister (2008) observa apesar da possibilidade de reciclagem os materiais precisam ser pensados no contexto de projeto e se o projeto de interior está extraindo novos recursos ou realmente reciclando algo que já foi produzido inicialmente.

Figura 16: Madeira de demolição.

Figura 17: Ferro de demolição.

Outros elementos em menor escala apresentam também materiais de reaproveitamento e são bem sucedidos no campo comercial, são eles mesas, cadeiras, armários em geral além de esculturas, armários e suportes diversos. O MDF e MDP muito utilizados como matéria para a produção de diversos objetos são sustentáveis, porém não tem a mesma resistência da madeira maciça de tombamento.

Figura 18: Móveis em MDF e MDP.

Outro ponto a ser destacado é a preocupação em utilizar materiais e técnicas locais, sendo a maioria dos insumos advindos do local de origem da franquia. Os biomas nos favorecem ricamente com uma grande diversidade de materiais e basta cada cultura saber explorar e utilizá-los corretamente.

Segundo Rodrigues (2017), ao finalizar analise e estudo a partir do memorial descritivo do projeto e coleta de dados in loco. Percebe-se que as indústrias de bens voltados à construção civil e design de interiores precisam evoluir de maneira que seus processos produtivos, extração de matéria-prima e formas de instalação visem a redução de materiais e aumentem a quantidade e a qualidade de informações técnicas disponibilizadas ao mercado. Entende-se que o primeiro passo para a geração de propostas de projetos que tenham o design de interiores com fundamentos sustentáveis é o acesso a informação, através de dados técnicos dos produtos.

Retomando a aula

Finalizamos aqui a segunda aula. Espera-se que tenham compreendido sobre o mundo bidimensional e tridimensional. Vamos, então, recordar:

1 – Materiais de desenho

Para um melhor entendimento da comunicação visual os elementos usados na representação da imagem tem que formar uma linguagem abscondida onde não se usa o texto gramatical, mas que o contexto fique claro aos olhos. O Designer é a melhor forma de representação visual que temos, ele transforma uma singela imagem em uma grande produção, transmitindo todo charme em um atrativo visual. Além de potencializar a veiculação de uma ideia ainda favorece o desenvolvimento financeiro pelo reconhecimento da imagem.

2 – Meios de expressão de desenhos

Para a representação e execução dos desenhos pensamos em materiais que podem ser utilizados em um projeto de interiores, e é necessário observar vários detalhes e o principal é a matéria prima da qual ele é feito podendo ser derivado de cerâmica, madeira, resinas, vidro, ferro entre diversos. Existem também diversas marcas com características variadas onde o Designer de Interiores possa se sentir à vontade na escolha dos mesmos, facilitando a especificação no projeto para seus clientes.

Por isso é de extrema importância o conhecimento dos materiais básicos e reaproveitáveis, dessa forma o designer consegue projetar e executar sua obra com êxito.

Vale a pena

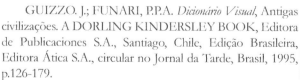

Vale a pena ler

GUIZZO, J.; FUNARI, P.P.A. *Dicionário Visual,* Antigas civilizações. A DORLING KINDERSLEY BOOK, Editora de Publicaciones S.A., Santiago, Chile, Edição Brasileira, Editora Ática S.A., circular no Jornal da Tarde, Brasil, 1995, p.126-179.

HART-DAVIS, A.; MARIN, L.C.P. *160 Séculos de Ciência.* São Paulo, Brasil. Duetto Editorial, 2010, p. 11-57. HART-DAVIS, A.; PAVAM, C.A. Coleção Enciclopédia Ilustrada de História, São Paulo, Brasil, Duetto Editorial, 2009, p. 11-144.

KARMAL, L.; NETO, FREITAS J.A. *A Escrita da Memória.* São Paulo, Brasil, Instituto Cultural Banco Santos, 2004, p. 13-119.

KARMAL, L.; NETO, FREITAS, J.A. *A Escrita da Memória:* Interpretação e Análises Documentais. São Paulo, Brasil, Instituto Cultural Banco Santos, 2004, p.63-91.

OLIVIERI, A.C. *Pré-História.* 9ª ed. São Paulo, Editora Ática, 1996, p. 27-35.

PARELLADA, C.I. *Arte Rupestre no Paraná.* Revista científica/ Fap, Curitiba, Paraná, Brasil, v.4, n.1, p.1-25, jan./jun. 2009.

POZZER, K.M.P. *A Palavra de Argila e a Memória da História,* em, A escrita da Memória: Interpretação e Análises Documentais. São Paulo, Brasil, Instituto Cultural Banco Santos, 2004, p.63-91.

Vale a pena acessar

Ministère de la Culture et de la Communication (MCC). Disponível em: <http://www.lascaux.culture.fr.> julho, Aujoulat, N.© MCC-CNP, Ministère de la Culture et de la Communication (MCC), 2012. Último acesso em 15/02/2018.

Museu Nacional e Centro de Pesquisa de Altamira. Disponível em: < http://museodealtamira.mcu.es/, Museu Nacional e Centro de Pesquisa de Altamira 2012. Último acesso em 15/02/2018.

Comunicação Visual. Disponível em: < http://www.artbrasil.com.br/comunicacao-visual.html >

Linguagem visual. Disponível em: < http://www.linguagemvisual.com.br/ >

Vale a pena assistir

Os Croods - 2015;
Grandes Esperanças - 1998

Minhas anotações

Minhas anotações

Aula 3º

Elementos básicos do desenho

Nesta aula, vamos falar sobre os Elementos básicos do Desenho, e como esses garantem uma melhor interpretação que o desenho possa passar. Através desses elementos o artista, design ou observador consegue focalizar e entender o objetivo proposto para o desenho. Os elementos do desenho consistem na percepção básica do qual temos, os sentidos, seja ele, visual ou tátil. A estrutura da obra determina quais elementos estão presentes no formato. A escolha desses elementos e sua manipulação só serão compreendidas através do olhar clínico do artista. Para analisar e entender toda estrutura da linguagem visual que o desenho transmite é necessário compreender os elementos e suas funções, pois dessa forma a representatividade do desenho obtém melhor resultado.

Para tanto e por se tratar de conteúdos reflexivos, é fundamental que insistam em seus estudos sempre com muita dedicação e motivação! Lembre-se de que em todo projeto de longo prazo é natural que haja momentos de ânimo e outros de cansaço. Assim, é preciso nos preparar para todas as ocasiões, procurando lidar com elas de uma forma positiva.

Uma sugestão para isso é estabelecer planos adequados à sua rotina diária e procurar cumpri-los, outra é buscar frequentemente a ajuda de colegas de curso e do professor.

Afinal, vocês fazem parte de uma comunidade colaborativa de construção do saber! Pensem nisso...

Bons estudos!

Objetivos de aprendizagem

Ao término desta aula, vocês serão capazes de:

- identificar os principais elementos para obter um desenho preciso;
- entender o Desenho como um conjunto de elementos e funções;
- ressaltar a importância do uso dos elementos para o desenho em Design de Interiores.

Seções de estudo

1 – Linguagem Visual: Elementos do Desenho
2 – Design e seus elementos: na visão de Mirian Gurgel

1 - Linguagem Visual: elementos do desenho

Olá, Turma!!! Na Seção 1, vamos falar sobre os quatro principais elementos do desenho elencados por Wucius Wong, um poeta, pintor, crítico e educador de arte, que proporciona um breve conhecimento sobre os fundamentos do desenho, tanto em sua estrutura como em sua forma.

O desenho é a representação mais exata da ideia que queremos expor. Pois, este retrata de uma forma mais realista a nossa realidade através de uma simples ideia ou pensamento. Para o Designer, a maneira de representar uma ideia ou explicitar a vontade de um cliente, é sempre com base de um desenho (croqui). Do qual o desenho se torna uma "linguagem" entre o cliente e o profissional. Para Wong (2010), o desenho é visto como uma representação prática e seu autor uma pessoa prática, porém antes que esta representação esteja pronta de fato, é necessário obter a linguagem visual para entender e solucionar uma questão ou ideia estabelecida.

A linguagem visual constitui a base da criação do desenho. (WONG, 2010, pg. 41).

A linguagem visual é a forma mais eficaz no processo de comunicação, é através do nosso conhecimento adquirido e a vivências do nosso mundo que adquirimos o aprendizado, onde a maior parte deste é feito pelo sentido visual.

É importante ressaltar a importância da conexão existente entre a linguagem visual com a linguagem verbal. Todo designer tem a prova de quando as duas linguagens se interagem, num determinado momento um cliente liga e solicita um projeto rápido de um escritório, o cliente passa todas as informações necessárias o designer toma nota da conversa e traduz o desejo do cliente em um desenho, ou seja, transforma a ideia verbal em ideia visual. Podemos pontuar que:

> A linguagem visual recorre a seus elementos, que funcionam como uma "tradução do verbal, o termo linguagem visual é uma metáfora comum nos manuais do design moderno: no vocabulário podemos dizer de elementos do design (pontos, linhas, formas, texturas, cores) é organizado por uma gramática de contrastes (instabilidade, balanço, assimetria, simetria, suave, rígido, pesado, leve). (LUPTON; MILLER, 1990:64)

Percebemos que a linguagem visual na visão de Lupton e Miller é formada por um conjunto de elementos correspondentes ao desenho. Na teorização de Wong (2010), os elementos do desenho são formados por uma lista que fundamentará todas as necessidades do desenho. Podem se distinguir em quatro grupos de elementos:

- Elementos Conceituais: são elementos que não são

visíveis, na realidade não existem. Como os pontos, as linhas, os planos e os volumes, conforme a figura 01.

Figura 1: Elementos Conceituais

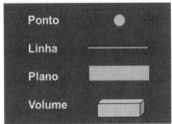

Disponível em: <http://slideplayer.com.br/slide/1741749>. Acesso em: 26 fev. 2018.

Vejamos:

Ponto: é o símbolo que indica uma posição, sem comprimento e largura, sem ocupar um espaço ou área, pode ser o início ou o fim de uma linha, como é o ponto em que duas linhas se cruzam;

Linha: conforme o ponto se arrasta este caminho se forma uma linha, a linha possui comprimento, porém não tem largura e é limitada por pontos, tem posição, direção e com ela forma a borda de um plano;

Plano: o percurso da linha quando está em movimento forma o plano, que tem comprimento e largura, mas não tem espessura, assim como a linha tem posição e direção, é limitado por linhas do qual os limites externos defini o volume.

Volume: o caminho do plano em movimento forma o volume que possui posição no espaço e limitados por planos.

Todos esses elementos formam o conjunto de elementos conceituais, do qual dá tanto a base quanto à forma do desenho, seja ele bidimensional ou tridimensional, como mostra a figura 02 abaixo:

Figura 2: Características dos elementos conceituais

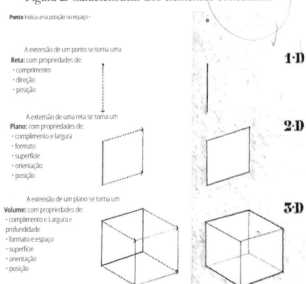

Fonte: Livro Arquitetura: forma, espaço e ordem (2018).

- Elementos Visuais: são quando os elementos conceituais se tornam visíveis, e se caracterizam em tamanho, formato, textura e cor, ou seja, quando desenhamos algo a representação da reta ou linha é conceitual, porém sua cor e textura serão determinados a maneira que desejamos, isso torna o objeto visual, visto na figura 03 abaixo:

Figura 3: Elementos Visuais

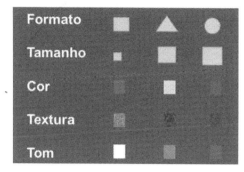

Disponível em: <http://slideplayer.com.br/slide/1741749>. Acesso em: 26 fev. 2018.

Tamanho: toda forma tem um tamanho que é relativo à grandeza ou pequenez, porém é mensurável a sua proporção.

Formato: qualquer objeto existente possui uma forma. É a forma que proporciona a identificação deste objeto.

Textura: é o elemento visual com qualidades de realçar outros sentidos além da visão, o tato. É a textura que caracteriza uma superfície do objeto, ao desenhar uma textura é importante que o artista reproduza o efeito tanto visual quanto tátil, figura 03:

Figura 4: Textura com sentido tátil e visual

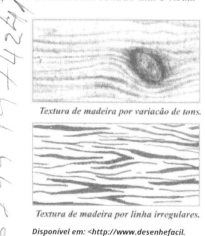

Textura de madeira por variação de tons.

Textura de madeira por linha irregulares.

Disponível em: <http://www.desenhefacil. com.br/aula-2-conhecendo-os-elementos-da-linguagem-visual/>. Acesso em: 26 fev. 2108.

Cor: é um elemento visual importante, pois elabora a comunicação visual do desenho. As cores se caracterizam em monocromáticas (preto e branco), cromáticas (cores quentes e frias) conforme a figura 04. Distinguimos um formato devido à cor utilizada, podemos dizer que ela tem profundas conexões com as emoções. No meio em que vivemos partilhamos dos conhecimentos e distinções devido à existência das cores. Exemplo: a representação da árvore, do céu, do mar, etc.. Vemos as cores como motivação e estímulos em comum com todos.

Figura 5: Paletas de Cores Cromáticas e Monocromáticas

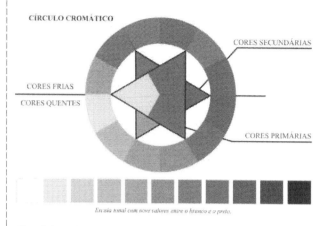

Disponível em: <http://www.desenhefacil.com.br/aula-2-conhecendo-os-elementos-da-linguagem-visual/>. Acesso em: 26 fev. 2018.

Elementos Relacionais: esses elementos representam a direção, a posição, a localização e a inter-relação da forma do desenho. Conforme a figura 06:

Figura 6: Elementos Relacionais

Disponível em: <http://slideplayer.com.br/slide/1741749>. Acesso em: 26 fev. 2018.

Elementos Práticos: são elementos que se encontram ocultos à extensão do desenho e referente seu conteúdo. Significa a representatividade que o desenho tem para o observador. São formados pela representação, significado e função, visto na figura 07 abaixo.

Figura 7: Elementos Práticos

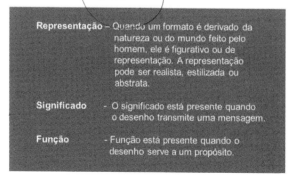

Disponível em: <http://slideplayer.com.br/slide/1741749>. Acesso em: 27 fev. 2018.

Os elementos mencionados acima marcam o limite externo de um desenho onde este também define a área do qual os elementos foram criados. E também marcam o espaço onde foram ocupados que pode ser chamado de moldura de referência, corresponde uma parte integrante do desenho. Esta moldura pode ser de qualquer formato, depende da vontade do artista. Dentro desta moldura encontra-se o plano de imagem que é o papel utilizado ou qualquer outro material onde o desenho é criado.

2 - Design e seus elementos: na visão de Mirian Gurgel

Olá Turma!! Na Seção 2, vamos falar sobre os principais elementos do desenho elencados por Miriam Gurgel, na perspectiva arquitetônica e design de interior. Elementos fundamentais para garantir um bom desenho e projeto.

Nas palavras de Gurgel:

> Design não é desenho, mas o desenho faz parte do design. O design relacionados a artes, podemos dizer, é um processo criativo que utiliza espaço, forma linhas texturas, padronagens, bem como luz e cor para solucionar problemas e atingir metas específicas. Nesse processo criativo devemos consideras princípios básicos como equilíbrio, ritmo, harmonia, unidade, escala e proporção, contraste, ênfase e variedade. (GURGEL, 2017 pg. 27)

Para Gurgel (2017), o desenho é visto como uma representação criativa da linguagem verbal (cliente + informação) do qual passa a ser retratada através do desenho (= ideia). O desenho é a informação do cliente transformada através de um conjunto de soluções criativas, necessidade e elementos que resultam na finalização de um projeto. Ela teoriza com seis elementos básicos que inter-relacionam um com o outro e suas necessidades, porém vamos ressaltar os mais necessários para compor o desenho de projeto.

Espaço: para garantir um bom desempenho no projeto é necessário levantar o máximo de informações físicas e emocionais do cliente, pois são elas que direcionam de forma certa a organização do espaço a ser construído ou estruturado. Nota-se na figura 08 abaixo, o espaço esboçado é a de um quarto junto com um ateliê, o desenho inicial do espaço consiste em várias linhas irregulares criando forma e estruturas que diferenciam uma das outras.

Figura 8: Estudo preliminar de um quarto

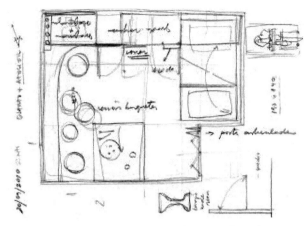

Forma e contorno: ambos estão interligados, porém a forma pode variar em bidimensional ou tridimensional, já o contorno ele é sempre de um modo apenas, bidimensional. Na figura 09, podemos perceber que na planta baixa o contorno é sempre seguido de linhas e pontos em uma forma bidimensional, já na perspectiva notamos além das linhas e pontos outros elementos que nos evidencia a forma, no modo tridimensional.

Figura 9: Forma Tridimensional e Bidimensional

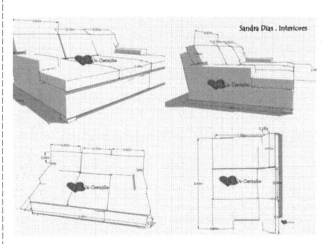

Linhas: a caracterização das linhas retas na horizontal proporciona a impressão de relaxamento, já uma linha na vertical pode sofisticar e alongar o clima da composição. A linha que dá quebra com outra linha está ligada ao movimento, a linha que dá a curvatura proporciona maior suavidade no desenho. Na figura 10, percebe-se as características mencionadas sobre as linhas, o desenho se torna mais leve e com estilo. As curvas do rebaixo do teto trazem mais feminilidade no projeto.

Figura 10: Linhas e suas nuances

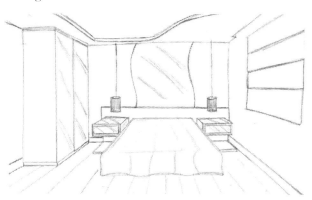

Disponível em: <http://pachulz.blogspot.com.br/>. Acesso em: 27 fev. 2018.

Os elementos do design estão sempre interconectados, um atua sobre o outro garantindo um resultado satisfatório no final. Cada elemento não deve ser separado um do outro, pois estes trabalham sempre em conjunto. Eles que dão o equilíbrio fundamental do desenho e passa as informações precisas que finaliza um excelente projeto.

Retomando a aula

Chegamos, assim, ao final da nossa terceira aula. Espera-se que agora tenha ficado mais claro o entendimento de vocês sobre a Importância do Uso dos Elementos do Desenho e suas funções gerais. Vamos, então, recordar:

1 – Linguagem Visual: elementos do Desenho

Nesta seção estudamos sobre a Linguagem Visual e os elementos fundamentais para obter um bom desenho, resultante de projeto. Lembrando que cada elemento se complementa, ou seja, um necessita do outro, assim garante um melhor aperfeiçoamento da forma e estrutura do Desenho.

2 – Design e seus elementos: na visão de Mirian Gurgel

Nesta seção fizemos um breve levantamento dos elementos principais para o profissional do Design de Interiores, na visão da arquiteta Miriam Gurgel. Vimos a importância dos elementos desde o momento da coleta de informações do cliente, até os primeiros esboços que dão forma a necessidade criativa do desenho.

Vale a pena

Vale a pena **ler**

Projetando Espaços - Mirian Gurgel, 2017.
Princípios de Forma e Desenho – Wucius Wong, 2010.

Vale a pena **acessar**

Conhecendo os Elementos da Linguagem Visual Disponível em: <www.desenhefacil.com.br>. Acesso em: 27 fev. 2018.

Vale a pena **assistir**

O Mistério de Picasso – 1956
Cidade de Cinza – 2016
Grandes Olhos - 2015

Minhas anotações

Minhas anotações

Aula 4º

Modalidades do desenho: noções básicas de perspectivas e o mundo bidimensional e tridimensional

Caros(as) estudantes,

Nesta quarta aula, vamos compreender as modalidades do desenho, suas noções básicas de perspectiva e o mundo bidimensional e tridimensional. Esse estudo visa apresentar quais as colaborações de uso das técnicas de desenho de perspectiva, bidimensionais e tridimensionais para o design, com enfoque no processo projetual e criativo, nas habilidades específicas de quem os manuseia e no uso da ferramenta digital como complemento ou substituto do traçado à mão livre.

Sugiro para conseguirem resultados favoráveis, persistam na prática de desenhos à mão livre, pois o mesmo requer habilidade.

⟩ Bons estudos!

Objetivos de aprendizagem

Ao término desta aula, vocês serão capazes de:
- analisar desenhos bidimensionais e tridimensionais;
- identificar as diferenças entre desenhos bidimensionais e tridimensionais.

Seções de estudo

1 - Noções básicas de Perspectiva
2 - Mundo Bidimensional e Tridimensional

1 - Noções básicas de perspectiva

Olá, Turma!!! Na Seção 1 veremos o quanto as noções básicas de perspectivas estão presentes em nosso dia a dia. O ser humano sempre buscou retratar sua existência e tudo ao seu redor por meio de desenhos, isso ocorre desde a pré-história. A perspectiva é um sistema matemático que permite criar ilusão de espaço e distância numa superfície plana. Nela podemos obter um ângulo amplo de visão, mas obtendo um ponto de referência.

A perspectiva se assemelha a como o ser humano capta visualmente seu ambiente e o transfere a outro suporte, seja aplicando a projetos técnicos ou artísticos. Na perspectiva se permite desenvolver um método, onde a representação de objetos tridimensionais (largura, altura e profundidade) em superfícies bidimensionais, através de determinadas regras geométricas de projeção. Não é somente usada na arte, mas também na arquitetura, engenharia e na computação, entre outras áreas.

Ching (1998) observa a perspectiva assim como um sistema matemático para o qual se permite a ilusão de espaço lhe proporcionando a distância de uma superfície plana. Ao observarmos o resultado de uma perspectiva mediante o funcionamento de uma projeção, percebe-se que nela se mostram os elementos que a definem (Plano de quadro, Linha do horizonte, Ponto de fuga, Observador). Conforme abaixo na figura 1:

Figura 1: Esquema de perspectiva

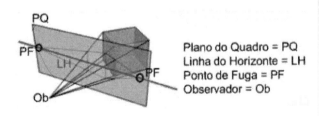

Plano do Quadro = PQ
Linha do Horizonte = LH
Ponto de Fuga = PF
Observador = Ob

Fonte: Ching (1998).

Em uma perspectiva podemos observar seus elementos básicos que são a linha do horizonte, ponto de vista, ponto de fuga e linhas de fuga. São eles que afinal vão determinar o nível e o ângulo visual que o espectador tem diante do contexto do desenho. Mesmo para uma finalidade de desenho básico é necessário um estudo preliminar em relação à perspectiva correta e os modos de sua aplicação. Por isso, além de identificar visualmente cada um deles, para cada elemento haverá uma descrição na qual decorre sobre seus significados e suas funções obrigatórias para com o desenho.

Figura 2: Esquema de linha do horizonte

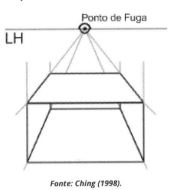

Fonte: Ching (1998).

Para uma perspectiva simples é comum fazer o uso de apenas um ponto de fuga, e nesse esquema de projeção da perspectiva todas as linhas de desenho do objeto vão em direção a um ponto que é colocado na linha do horizonte como referência. O observador pode estar posicionado acima da linha do horizonte quanto inferior a ela mudando a visão da sua perspectiva, mas não o ângulo.

Figura 3: Alteração da linha do horizonte

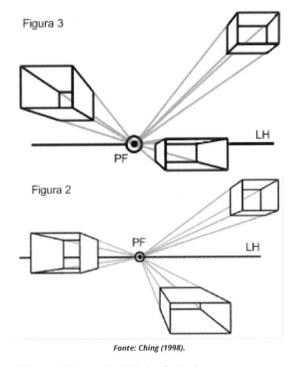

Fonte: Ching (1998).

Figura 4: Percepção da linha do horizonte

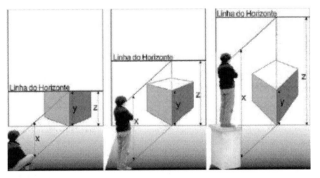

Disponível em: <https://historiaartearquitetura.com/2017/04/26/perspectiva/>. Acesso em: 20 fev. 2108.

A posição do observador diante do seu desenho é determinante para a representação da perspectiva. A linha do horizonte é uma linha imaginária que se estabelece ao nível dos nossos olhos sendo que, quanto mais alta ela se localizar, maior será o nosso espaço de projeção da visão.

1.1 - Perspectiva cônica

A respeito do assunto:

> Ao nos depararmos com uma estrada de ferro, se o posicionamento do observador for de frente para ela, olhando-a em direção longitudinal, podemos observar curiosamente que, diante de nossos olhos, sua imagem vai se transformando ao longo da distância, a partir de nossa visão até um ponto em que parece situar-se no infinito. Embora sejam paralelos, os trilhos parecem juntar-se no local a que denominamos de horizonte. O que ocorre, de fato, é que as formas são observadas através do nosso ponto de vista e conforme as regras que criamos. (PORTAL EDUCAÇÃO PROFISSIONAL DO CEARÁ)

Figura 5: Esquema de perspectiva

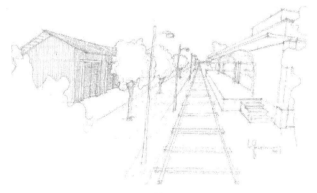

Fonte: Ching (1998).

Disponível em: <http://moisesbraz.com.br/>. Acesso em: 23 mar. 20189.

Qualquer forma, quanto mais afastada se encontra de nós, menor é o seu tamanho, dentro de uma coerência provocada pela distância. Assim, no desenho em perspectiva, são as linhas com inclinação diagonal é que promovem a ilusão de profundidade.

Ao contrário da escultura, que possui volume, no modelo de desenho à mão livre ou técnico, tem de transmitir, através da mensagem visual, a ilusão da terceira dimensão. Também denominada de profundidade, se transmite diretamente por meio do artista e público, por meio de regras geométricas da linguagem das projeções cônicas. O artista, que reconhece os "truques" de geometria descritiva, torna-se basicamente um "ilusionista", ao simular uma terceira dimensão de profundidade, num espaço que tem apenas duas dimensões, como o papel ou a tela.

Figura 6: Pintura de perspectiva cônica

Disponível em: <https://historiaartearquitetura.com/2017/04/26/perspectiva/>. Acesso em: 20 fev. 2018.

> Quando estudamos a paisagem na arte e a concepção de espaços arquitetônicos em desenhos artísticos e técnicos, nos deparamos com um conceito conhecido como perspectiva. Estudar a perspectiva é fundamental para compreendermos os vários estilos e épocas em que a paisagem foi concebida por artistas. Entretanto, a perspectiva não é só aplicada à paisagem, mas é um dos fundamentos do desenho em geral. (GOMBRICH, 1995, p, 271)

Para entender a perspectiva cônica, devemos nos ater ao ponto fundamental: a ordem que se sobrepõe proporciona a distância entre os objetos determinados através da perspectiva, e a proporção ao tamanho relativo entre eles.

Figura 7: Desenho em perspectiva cônica

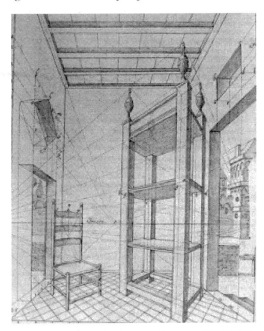

Quando dois ou mais objetos estão no mesmo plano, a proporção entre eles é a real. Por exemplo: Se tivermos um lápis e um pneu no mesmo plano, o pneu será realmente maior que o lápis. Porém, através da ideia da perspectiva, é possível imaginarmos um lápis aparentemente maior que um pneu. Para isto, é necessário que o lápis esteja em primeiro plano e o pneu se localize atrás o suficiente para o enxergarmos menor. No caso do pneu se sobrepor maior ao lápis, significa que a proporção está errada ou o pneu é apenas um chaveiro em miniatura.

1.2 Elementos da Perspectiva

A linha do horizonte é o elemento da construção em perspectiva que representa o nível dos olhos do observador. No cenário de paisagem (figura 08) a linha do horizonte é o que separa o Céu e a Terra, na imagem abaixo, pode notar que a linha do horizonte divide o limite entre as nuvens e o mar.

Figura 8: Linha do horizonte

O ponto de vista na representação gráfica da perspectiva é comum o ponto a ser identificado por uma linha vertical perpendicular a linha do horizonte (PV). O ponto de vista revela-se exatamente no cruzamento dessas duas linhas. Dependendo do ângulo visual de observação do motivo, a linha vertical que localiza o ponto de vista pode situar-se centralizada na cena

compositiva ou num de seus lados, esquerdo ou direito (JUVENIL,2017).

Figura 9: Ponto de vista

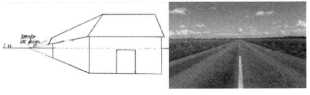

Continuando no conceito de Juvenil (2017), o ponto de fuga está localizado na linha do horizonte, para onde todas as linhas paralelas convergem, quando vistas em perspectiva. Em alguns tipos de perspectiva são necessários dois ou mais pontos de fuga. Em situações como estas poderão ter pontos tanto na linha do horizonte quanto na linha vertical do ponto de vista. Em alguns casos é possível que o ponto de fuga se localize fora da linha do horizonte e também do ponto de vista.

Figura 10: Ponto de fuga

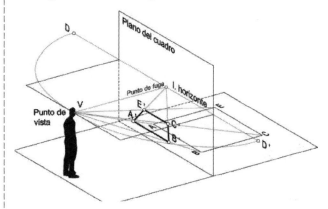

Em conjunto os usos dos elementos da perspectiva proporcionam ao observador a elaboração de alguns esquemas gráficos. Esses são necessários para que se possam produzir desenhos com objetos que contextualizam o ambiente ou as paisagens, sem que haja distorção da estrutura.

2 - Mundo bidimensional tridimensional

Então Turma, na Seção 2, veremos o quanto o mundo tridimensional é importante para o designer. Um desenho tridimensional varia conforme o expectador. Ele pode ser entendido de formas diferentes dependendo do ângulo que é visto. O mundo tridimensional se faz palpável. Para entendê-lo é necessário ver todas as suas perspectivas.

Desde os primórdios quando o ser humano começou a desenhar, necessitou representar em alguma superfície a realidade que ele vivia diariamente. Durante a pré-história os homens primitivos desenvolveram o costume de representar os objetos e animais que havia em seu entorno de forma bem simples chapada (plana).

O mundo bidimensional são as duas dimensões de largura

e comprimento, que juntas criam uma superfície plana, que podem ser usufruídas marcas visíveis planas sem profundidade alguma, apenas a ilusória. As marcas não têm espessura e podem ser abstratas ou figurativas, marcas e superfícies em conjunto mostram um mundo bidimensional que é diferencia de nosso mundo cotidiano, pode também utilizar várias formas geográfica (figura 1).

O mundo bidimensional é uma criação humana. É formado pela pintura, impressão, tingimento ou pela escrita. Com o progresso da tecnologia é possível transformar o que está em nossa frente imagens plana, como a câmera ou a televisão que transmite instantaneamente imagens em movimentos para uma determinada superfície. É pelo olhar humano que o mundo bidimensional ganha significado proporção real.

Figura 1: Imagem bidimensional

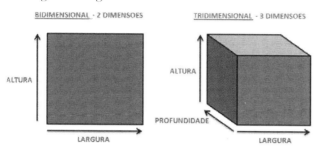

2.1 - Elementos Bidimencionais

Wong (1998) , enumera três conjuntos do desenho bidimensional, os elementos conceituais, elementos visuais e elementos relacionais, já vistos na aula 02.

A criação do mundo bidimensional é feita por meio de esforço consciente organizado por vários elementos.

Rabiscos acidentais e traços em superfície plana podem resultar em desenhos desconexos, dessa forma ele não condiz com um desenho bidimensional, pois o mesmo tem como objetivo harmonização e ordem visual ou mesmo gerar intencionalmente interesse visual.

Basicamente, o desenho bidimensional é formado por linhas, pontos e formas (figura 2).

Figura 2: desenho bidimensional

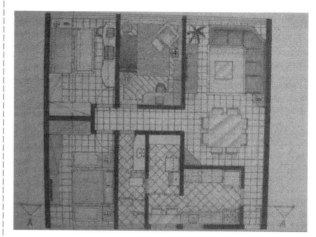

A representação de projetos sé dá por desenhos bidimensionais que são nominados planta baixa, eles reproduzem o ambiente estudado e projetado de maneira harmônica onde o cliente consegue delimitar sua localização espacial no projeto. É nele que conseguimos trabalhar com a escala, podendo determinar o tamanho que cada objeto ocupará dentro do espaço projetado e concluir como será a circulação no mesmo.

Figura 3: Croqui de planta bidimensional

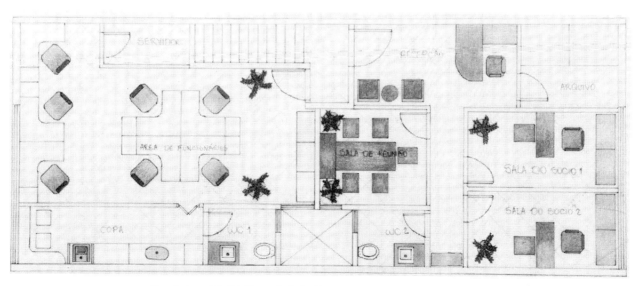

Figura 4: Planta bidimensional

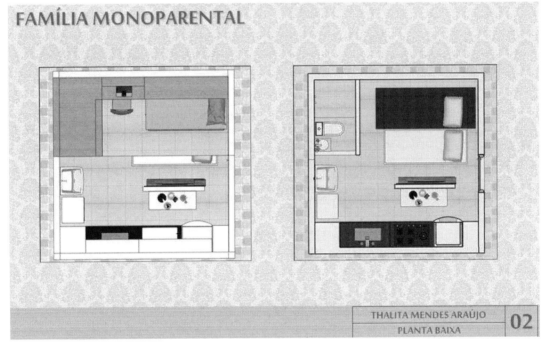

Disponível em: <http://thalitamendesdesign.blogspot.com.br/2012/>. Acesso em: 21 fev. 2018.

Vivemos em um mundo tridimensional, não vemos em nossa frente imagens planas com apenas largura e comprimento e sim um mundo com profundidade física, de terceira dimensão. Olhamos para todos os lados, nossos pés se estendem até o horizonte. Vemos espaços contínuos em nossa volta. Podemos tocar objetos perto, longe e girá-los nas mãos, reconhecer seu formato e modificá-lo, pois a relação com o objeto e nossos olhos foi modificado. Quando nos movemos em direção a uma cena, os objetos se tornarão maiores e seus formatos serão modificados, pois, veremos mais algumas superfícies que outras.

De relance nosso entendimento de objetos tridimensionais jamais poderá ser completo. Uma vista de ângulo fixo e distância determinada pode ser enganadora. Uma forma circular de certa distância pode de fato ser uma esfera, um cone, um cilindro ou outra forma, quando vista de certa distância. Para entendê-lo é preciso analisá-lo de vários ângulos e distâncias. Dessa forma, entendemos que o mundo tridimensional ganha significado na mente humana.

2.2 - Elementos tridimencionais

Para que se possa ter um melhor entendimento do processo de desenho, a partir dos elementos principais de desenho, desenho bidimensional e tridimensional. Segue figura 5.

Figura 5: Elementos de desenho

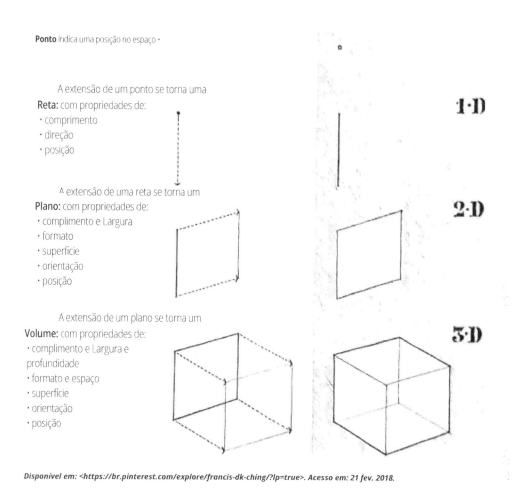

Ponto Indica uma posição no espaço ·

A extensão de um ponto se torna uma
Reta: com propriedades de:
· comprimento
· direção
· posição

A extensão de uma reta se torna um
Plano: com propriedades de:
· complimento e Largura
· formato
· superfície
· orientação
· posição

A extensão de um plano se torna um
Volume: com propriedades de:
· complimento e Largura e profundidade
· formato e espaço
· superfície
· orientação
· posição

1·D

2·D

3·D

Disponível em: <https://br.pinterest.com/explore/francis-dk-ching/?lp=true>. Acesso em: 21 fev. 2018.

O desenho tridimensional busca estabelecer harmonia e ordem visual ou gerar interesse visual intencional. Sua complicação está no fato que vista de ângulos diferentes tem de ser consideradas simultaneamente e muitas relações espaciais são complexas e no papel não pode ser vista facilmente.

Diferentemente do desenho bidimensional é menos complicado por lida com materiais tangíveis no espaço real e os problemas que podem ocorrer na representação ilusória no papel são evitadas. Muitos negligenciam outras vistas por se concentrarem apenas em uma vista do desenho.

A diferença de atitude entre o pensamento bidimensional e tridimensional é bem presente, para fazer uma representação tridimensional, o desenhista deve ser capaz de visualizar mentalmente a forma toda e girá-la mentalmente em todas as direções, como se fosse palpável. O desenhista deve explorar o jogo de profundidade e o fluxo do espaço, impacto de massa e a natureza dos diferentes materiais (figura 05 e 06).

Figura 5: Projeto tridimensional

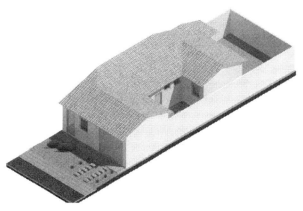

Disponível em: <https://fotos.habitissimo.com.br/foto/projeto-tridimensional-de-exposicao_1609937>. Acesso em: 22 fev. 2108.

Figura 6: Desenho tridimensional

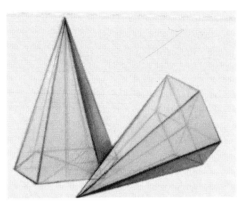

Disponível em: <https://pt.pngtree.com/freepng/three-dimensional-cone-geometry-gypsum_2039266.html>. Acesso em: 22 fev. 2018.

O Desenho ou projeto tridimensional faz com que o espectador obtenha uma visão de dentro do ambiente, como ele estivesse locado naquele instante no local. Há também uma melhor proporção do tamanho dos móveis e ambiente interno.

Figura 7: Projeto interno 3D

Disponível em: <http://www.designinteriores.com.br/design-de-interiores/projeto-de-interiores>. Acesso em: 22 fev. 2018.

Cada profissional trabalha da melhor forma de representação do projeto e entendimento pelo seu cliente, além do projeto em planta baixa (bidimensional), projeto 3D (tridimensional) é bom que se faça um detalhamento especificando todo o tipo de materiais que foi projetado para o ambiente. Esse detalhamento é necessário e se chama "Detalhamento descritivo" ou "Memorial descritivo", segue modelo na figura 8.

Figura 8: Memorial descritivo

- Nichos para livros livros e caixas de som superior a bancada em MDF branco 25mm com nicho central em MDF revestido com térmica Amarelo crono Real L123
- Papel de parede atrás do sofá modelo roma 36002 - Celina Dias: www.celinadias.com.br/produtos/roma w206-03

- 02 Poltronas em tecido amarelo. Qualquer modelo a escolha com no máximo 75cm de largura para caberem as duas na mesa. (optar por modelos com rodízia)

- Rack em MDF branco com 3 gavetas e nicho vazado para aparelhos eletronicos.
- Tubo giratório para TV
- Tapete com pêlo alto marrom ou bege escuro 3000x15000mm:

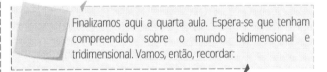

Quarto:

- Guarda-roupa 4 portas em MDF Branco com Tamponamento em volta em MDF25mm Noce Machiatto da marca Berneck.
- Painel de cabeceira engrossado em MDF Noce Machiatto com frisos brancos
- Criado mudo em MDF Branco com tampo de vidro apoiado em prolongadores de 8cm
- Adesivos de nota musical na parede ao lado da porta da varanda - 1600x880mm: www.odesx.com.br/adesivos-de-paredesongs.html
- Pendentes sobre o criado na cor branca ou outro tom neutro. Modelo de preferência sendo sugestões abaixo:

- Cortina/Persiana - Sugestão da marca Luxaflex: Vertical Luminette (parece uma cortina de tecido normal poém intercala lâminas de persiana com tecido) e a horizontal Pirouette (Lâminas transparentes intercaladas às outras para controle de luz)

Disponível em: <http://www.designinteriores.com.br/design-de-interiores/projeto-de-interiores>. Acesso em: 22 fev. 2018.

O memorial descritivo além de referenciar exatamente o produto usado no projeto ajuda o cliente na compra dos produtos, podendo até não adquirir o produto indicado, mas um similar seguindo o padrão projetado do ambiente.

Retomando a aula

Finalizamos aqui a quarta aula. Espera-se que tenham compreendido sobre o mundo bidimensional e tridimensional. Vamos, então, recordar:

1 – Noções básicas de perspectivas

A perspectiva corresponde como o ser humano aprende visualmente seu ambiente e o transfere a outro suporte, seja aplicando a projetos técnicos ou artísticos. A perspectiva é o método que permite a representação de objetos tridimensionais (altura, largura e profundidade) em superfícies bidimensionais, através de determinadas regras geométricas de projeção. Não é somente usada na arte, mas também na arquitetura, engenharia e na computação, entre outras áreas.

2 – Mundo bidimensional tridimensional

O mundo bidimensional é a representação gráfica do objeto em que o resultado final pode ser abstrato ou figurativo, cabendo a percepção do olhar humano firmar o objetivo do bidimensional que é de estabelecer uma harmonia e ordem visual ou gerar interesses intencional.

A tridimensionalidade do objeto, que possui as mesmas atribuições do bidimensional, deve proporcionar uma alavancada na atitude do desenhista. WONG (1998, p.236), afirma que a definição de "um objeto tridimensional deve ter início e fim na mente do observador", de forma que se observado de diferentes ângulos e distâncias terá uma compreensão completa de sua realidade tridimensional. Portanto, uma representação tridimensional é primordial que o designer seja capaz de manipular imaginariamente o objeto em estudo, girando-o em todas as direções e explorando as possibilidades da profundidade do espaço e a natureza dos diferentes materiais empregados, a fim de potencializar sua representação aos olhos do observador.

Vale a pena

Vale a pena **ler**

LEITURAS

CHING, Francis D. K. Arquitetura: forma, espaço e ordem. [4. tiragem]. São Paulo: Martins Fontes, 2005. ISBN.: 85-336-0874-8.

DONDIS, A Donis. Sintaxe da linguagem visual. 3. ed. São Paulo: Martins Fontes, 2007. ISBN.: 978-85-336-2382-8.

UNWIN, Simon. A análise da arquitetura. 3. ed. Porto Alegre: Bookman, 2013. ISBN.: 978-85-65837-76-7.

WONG, Wucius. Princípios de forma e desenho. 2. ed. São Paulo: Martins Fontes, 2010. ISBN.: 978-85-7827-258-6.

GOMES FILHO, João. Gestalt do objeto: sistema de leitura visual da forma. 7.ed. São Paulo: Escrituras, 2006. ISBN.: 85-86303-57-7.

MUNARI, Bruno. Design e comunicação visual. São Paulo: Martins Fontes, 1982. ISBN.: 85-336-0635-4.

SPANKIE, Ro. Drawing out the interior. Londres: AVA, 2009. ISBN.: 978-2-940373-88-8.

Minhas anotações

Minhas anotações

Aula 5º

Percepção visual: desenho de interpretação e observação

Nesta aula, vamos falar sobre a importância da percepção visual e dos desenhos de observação e interpretação, o primeiro consiste na interpretação das informações criadas através dos sentidos principalmente a o da visão, cada pessoa capta uma imagem com este sentido do qual pode ser interpretadas de muitas formas quando descritas em desenho. A criatividade é um dos elementos principais para interpretação do observador. Seguindo o conteúdo na próxima seção o tema abordado é Desenho de observação e interpretação que são duas técnicas utilizadas para o aprimoramento e perfeição do desenho, do qual o primeiro elenca a técnica de observar um objeto ou cenário com devida atenção principalmente em sua forma, já o segundo é de interpretação, o desenho é criado com base em uma ideia ou conjuntos de ideia, que são interpretadas pelo observador que finaliza com o desenho.

Portanto esta aula aborda assuntos de técnicas para o desenho, é necessário um grande empenho para que o resultado seja satisfatório para todos. Uma boa leitura no conteúdo e pesquisas em livros, sites, entre outros meios e treinamentos diários são atividades que garantem um bom aprimoramento do seu desenho.

Afinal, vocês fazem parte de uma comunidade colaborativa de construção do saber! Pensem nisso...

Bons estudos!

Objetivos de aprendizagem

Ao término desta aula, vocês serão capazes de:

- entender a importância da captação de imagem na percepção visual do objeto;
- compreender que através da observação/atenção se resulta no aperfeiçoamento do desenho;
- identificar ideias a partir da criatividade do qual tem como resultado um bom empenho no desenho de interpretação.

Seções de estudo

1 - Conceito básico de percepção visual
2 - Desenhos de observação e desenho de interpretação

1-Conceito básico de percepção visual

Olá, Turma!! Na Seção 1, vamos falar sobre os conceitos básicos da Percepção Visual que talvez seja o principal sentido da interação do homem com o meio em que vive. A visão funciona como uma câmera fotográfica que registra cenas, e essas podem ser representadas através de representações gráficas.

A percepção visual consiste na interpretação da informação captada através dos sentidos, ou seja, a interpretação que os olhos veem. A palavra percepção vem do latim "percépio", que corresponde a uma função psíquica que faz com que o organismo permita captar, elaborar e interpretar todas as informações que chegam do mundo.

Podemos dizer que a percepção visual é um fenômeno interior de conhecimento aparente, obtido de uma inspiração ou de uma criação registrada pela visão. Isto significa que as informações que a visão nos fornece são em geral captadas e interpretadas. Cada indivíduo possui a interpretação distinta do outro, pois a percepção depende da forma de vivência, conhecimento e das experiências e faixa etária de cada um.

É necessário entender como acontece a percepção visual através da captação das imagens. Os olhos são os responsáveis pela função da visão, um dos sentidos mais importante para a percepção do mundo. Portanto, a percepção acontece quando é provocada pela ação do foco/luz das células dos olhos, estes transmitem a mensagem para os nervos ópticos e para todo o sistema nervoso, com esse mecanismo gera a percepção visual. A percepção visual compreende, segundo Martins (2016):

- percepção de formas;
- percepção de relações espaciais, como profundidade;
- percepção de cores;
- percepção de intensidade luminosa;
- percepção de movimentos.

A figura 01 abaixo representa como realmente acontece a percepção visual no indivíduo.

Figura 1:Formação da percepção visual

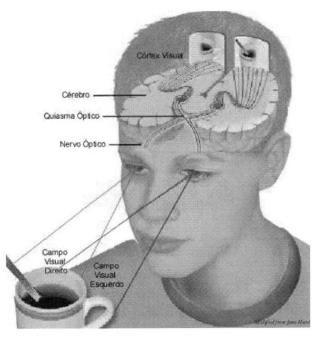

Disponível em: <https://motivosdaarte.blogspot.com.br/2016/03/teoria-da-cor-introducao-percepcao.html>. Acesso em: 27 fev. 2018.

No início do século XX, os psicólogos Max Wertheimer Wolfgang Kohler, Kurt Koffka e Kurt Lewin propuseram uma teoria filosófica da forma, denominada de Teoria de Gestalt. A teoria garantia que através da percepção o cérebro pode perceber, assimilar ou decodificar uma imagem ou um conceito. Ou seja, "não se pode ter conhecimento do todo através das partes e sim das partes através do todo".

1.1-Teoria Gestalt

Observe o desenho abaixo, é possível visualizar uma paisagem e a presença de imagens de animais?

Figura 2: Desenho Gestalt

Disponível em: <https://chocoladesign.com/o-que-%C3%A9-gestalt-f3beb4a6af4a>. Acesso em: 27 fev. 2018.

O que se entende pela palavra "Gestalt?" O substantivo alemão "Gestalt", desde a época de Goethe, apresenta dois significados algo diferentes: (1) a forma; (2) uma entidade concreta que possui entre seus vários atributos a forma. É o segundo significado que os gestaltistas do grupo, que posteriormente vai se chamar de Berlim, utilizam. É por isso que a tradução da palavra "Gestalt" não se acha nas outras línguas e a melhor maneira encontrada pelos próprios gestaltistas ao escrever em idiomas diferentes é simplesmente mantê-la. (ENGELMAN, 2002, pg. 02)

A palavra Gestalt é de origem alemã, e significa figura ou forma. A psicologia usa o termo na significância da percepção da unidade de vários elementos. A Teoria da Gestalt engloba uns conjuntos de princípios em que explica a organização da percepção, isto é, o modo como a mente organiza objetos pequenos para formar objetos maiores. Para isso, é necessário compreender as leis da teoria que regem a percepção humana da forma, facilitando assim, a compreensão das ideias e imagens.

As leis básicas da Gestalt são seis:

Semelhança: objetos similares se agruparão entre si, tanto em sua forma, tamanho ou cor são facilmente interpretados como um grupo. Na imagem abaixo se percebe colunas de quadrado e de círculo, poucos perceberão uma linha horizontal onde os quadrados e círculos se intercalam.

Figura 3: Lei da semelhança

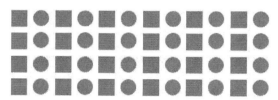

Disponível em: <https://chocoladesign.com/o-que-%C3%A9-gestalt-f3beb4a6af4a>. Acesso em: 27 fev. 2018.

Unidade: relaciona-se como uma imagem abstrata, e pode ser entendida pela mente humana. Certas formas podem ser compreendidas se a mente já obtiver conhecimento da sua existência, onde os espaços vazios são preenchidos institivamente. Na figura 03 abaixo a forma é facilmente conhecida e o cérebro é capaz de preencher os espaços vazios, notando um homem e um urso panda.

Figura 4: Lei da Unidade

Disponível em: <https://chocoladesign.com/o-que-%C3%A9-gestalt-f3beb4a6af4a>. Acesso em: 27 fev. 2018.

Proximidade: os elementos são agrupados de acordo com a distância que se encontram um dos outros. Na figura 04 abaixo nota-se que quanto mais próximos e unificados menor é a distância entre um do outro.

Figura 5: Lei da Proximidade

Disponível em: <https://chocoladesign.com/o-que-%C3%A9-gestalt-f3beb4a6af4a>. Acesso em: 27 fev. 2018.

Continuidade: Sao pontos seguidos de uma reta ou curva que tende um caminho contínuo, ou seja, agrupado entre si numa mesma direção, formando uma linha que não existe. Na figura 05, registra a forma real que a visão retrata para mente e a forma que ela realmente é.

Figura 6: Lei da Continuidade

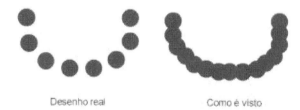

Desenho real   Como é visto

Disponível em: <https://www.significados.com.br/gestalt/>. Acesso em: 27 fev. 2018

Pregnância: os elementos tendem a ser percebidos pela sua forma mais simples também conhecida pela lei da simplicidade. Conforme a figura 06 abaixo, percebe-se que a forma mais simples é melhor entendida.

Figura 7: Lei da Simplicidade

Disponível em: <https://www.significados.com.br/gestalt/>. Acesso em: 27 fev. 2018.

Fechamento: são elementos que passam pela impressão de se completarem, porém forma uma figura delimitada, a lei é conhecida também como Lei de Clausura, visto na figura 07.

Figura 8: Lei do Fechamento

Disponível em: <https://www.significados.com.br/gestalt/>. Acesso em: 27 fev. 2018.

Segundo Elgemann (2002) "As leis da teoria de Gestalt, são as formas conclusivas das informações que nossa mente transcreve, ela possibilita a compressão do objeto pela sua forma, tamanho e cor". A fórmula dada para expressar a teoria da Gestalt é que o comportamento não é determinado por seus elementos individuais, mas onde os processos da parte são determinados pela natureza intrínseca do todo. Portanto o objetivo da Gestalt é determinar a natureza de tais conjuntos.

2 - Desenhos de Observação e Interpretação

Olá Turma!!! Na Seção 2, vamos falar sobre o Desenho de Observação e Interpretação. O primeiro é a representação gráfica de um objeto ou paisagem existente, que através da percepção da visão é retratado no desenho. Enquanto o segundo é a representação gráfica, que também pode ser de um objeto ou paisagem existente na memória, pensamento ou uma realidade não dita.

Os desenhos de Observação e Interpretação são representações gráficas constituídas por pontos, linhas e formas que buscam em seus traçados à mão livre retratar a realidade da vida do observador. São duas técnicas do desenho artístico que expressam a realidade através de seus componentes: traço, sombreamento, escala, percepção e tradução. Na imagem 08 abaixo o desenho utiliza as duas técnicas tanto o de observação quanto de interpretação, nota-se que foram inseridos mais objetos no espaço já construído.

Figura 9: Desenho que utiliza as duas técnicas

Disponível em: <http://eafritzalt.blogspot.com.br/2014/12/ceramica-na-casa-e-observacoes.html>. Acesso em: 27 fev. 2018.

2.1- Desenho de observação

A respeito do assunto:

> O desenho de observação é fundamental para arquitetos e designers ou formação nas áreas de arquitetura e design, não apenas pelo valor ou importância do desenho em si, mas também pelo despertar do olhar habilitando-o a ler de maneira consciente o espaço e o mundo em que vivemos. Dessa maneira, a proposta do desenho de observação é melhorar na percepção e representação de formas e espaços, juntamente com o entendimento propriedades de composição, qualidade do traço, proporção e perspectiva. (BARBOSA; CARVALHO E BRASIL, 2016.)

O desenho de observação é definido como a representação da vida real. O modelo utilizado para expressar o desenho é real, seja ela uma pessoa ou objeto. A imagem vinda não é de uma ideia do artista ou uma figura e sim de uma observação da vida real, exemplo: uma paisagem, um espaço construído e outros cenários reais.

É necessário nesta técnica de desenho atenção ao modelo desejado, a observação é o mais importante para seu aperfeiçoamento. A escolha das composições, a forma, a luz, a sombra são parte que o observador deve dar a devida atenção. Na figura 09 abaixo é visto a observação do espaço, os detalhes é que aperfeiçoa o desenho cujo resultado se deve a uma boa observação.

Figura 10: Desenho de observação do espaço

Disponível em: <http://www.exatas.ufpr.br/portal/cegraf/desenho-de-observacao/>. Acesso em: 27 fev. 2018.

O desenho de Observação consiste em quatro conceitos básicos:

- Enquadramento;
- Composição;
- Perspectiva;
- Proporções.

Através do desenho de observação há um aprimoramento quanto domínio sobre a perspectiva visual e sobre o espaço no qual se desenvolve seja ela bidimensional ou tridimensional. Ele atua também no desenvolvimento do pensamento analógico e concreto, o senso de proporção, espaço, volume e planos.

2.2 - Desenho de Interpletação

O desenho de interpretação ou também conhecido como desenho de criação é a técnica mais natural utilizada, pois parte de uma ideia que já existe na memória do artista. Em geral, pode ser o início de um projeto assim como também pode ser a arte final, pois é a representação de algo sem correspondência no mundo material.

O desenho de interpretação trata-se de um modelo referencial existente na mente, onde pode ser qualquer coisa como um objeto, texto, uma memória, uma paisagem entre outros. Assim, o que de fato conta nesta técnica de expressão são a capacidade de interpretação, o acabamento técnico e principalmente a criatividade, um papel muito importante para este tipo de desenho. Para Souza (2003), a criatividade é uma ferramental imprescindível para a perfeição do desenho. Nas palavras do autor:

> A criatividade, como a capacidade de criar soluções variadas para um problema, ou seja como capacidade de invenção e de criação de conceitos novos e originais, avançando para além do conhecimento comum e da mera inteligência associativa, torna o ser humano único e diferente, capaz de estabelecer uma mudança significativa. Torna-se assim uma ferramenta indispensável, não só para as artes, mas para todas as outras áreas.

A criatividade consiste, portanto, na capacidade que o artista tem de interpretar uma ideia ou cenário real. É através dela que o desenho toma forma, quanto mais criativo e observador o artista for, mais aperfeiçoado ficará o desenho.

Figura 11: Desenho de criação infantil

Disponível em: <http://cursosavante.com.br>. Acesso em: 27 fev. 2018.

Na figura acima podemos notar a capacidade criativa de uma criança ao descrever um cenário paisagístico, nota-se a criatividade em inserir as cores, a proporção do ambiente e profundidade, apesar de ser um desenho infantil não pode deixar de considerar a interpretação e a criatividade da criança na criação do desenho, desenvolvido através da sua percepção de um ambiente real.

 Retomando a aula

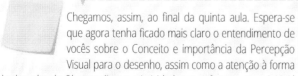 Chegamos, assim, ao final da quinta aula. Espera-se que agora tenha ficado mais claro o entendimento de vocês sobre o Conceito e importância da Percepção Visual para o desenho, assim como a atenção à forma do desenho de Observação e a criatividade como ferramenta principal para o Desenho de Interpretação. Vamos, então, recordar:

1 – Conceito básico de percepção visual

Nesta seção, estudamos sobre a Percepção Visual e seu conceito Básico, incluindo a Teoria de Gestalt que possibilita a compreensão de como os elementos se ordenam e se estruturam na nossa mente, criando a forma que conhecemos um determinado objeto.

2 – Desenho de observação e desenho de interpretação

Na segunda seção, fizemos um breve relato do uso dos desenhos de interpretação e observação, do qual o de interpretação está voltado na transposição de uma ideia para o papel resultando o desenho. Já o desenho de observação tem por resultado através do uso da atenção e da criatividade do observador.

 Vale a pena

Vale a pena ler

Ver pelo Desenho - Manfredo Massironi
Princípios de Forma e Desenho – Wucius Wong, 2010.

Vale a pena acessar

Percepção e Processamento Visual da Forma: Discutindo Modelos Teóricos Atuais
Disponível em: <http://www.scielo.br/pdf/prc/v14n1/5215.pdf>. Acesso em: 27 fev. 2018.

Vale a pena assistir

Cisne Negro – 2010
O Arquiteto – 2016

 Minhas anotações

Minhas anotações

Aula 6º

Linguagem gráfica como registro e comunicação dos espaços internos

Nesta sexta aula, compreenderemos sobre modalidades do desenho: na qual a linguagem gráfica é necessária para os registros dos espaços internos, tanto durante sua criação quanto após para o oferecimento, depois que já está concretizado para sua venda.

Este trabalho visa apresentar quais as colaborações de uso das técnicas de desenho de perspectivas, gráficas para o design, com enfoque no processo projetual e criativo, nas habilidades específicas de quem os manuseia e no uso da ferramenta digital como complemento ou substituto do traçado à mão livre.

Sugiro que para conseguir resultados favoráveis persistam na prática de desenhos à mão livre, pois o mesmo requer habilidade.

Bons estudos!

Objetivos de aprendizagem

Ao término desta aula, vocês serão capazes de:

- distinguir os planos e seus elementos com base do desenho;
- desenvolver registro gráfico de ambientes internos e externos.

1 - Plano e seus elementos

Olá, Turma!!! Na Seção 01, veremos a quanto às noções básicas de perspectivas estão presentes em nosso dia a dia. O ser humano sempre buscou retratar sua existência e tudo ao seu redor por meio de desenhos, isso ocorre desde a pré-história. A perspectiva relacionada aos planos de projeção de um ambiente tem base dentro de um sistema matemático, que permite limitar planos de uma superfície. A divisão de planos cria uma limitação diante o olhar do observador, mostrando um campo de visão mais objetivo.

Na Grécia por volta de 360 a.C., através de contato com o povo Egípcio, estudos começaram a explorar a Geometria Plana dita Geometria Euclidiana, o termo ganhou esse nome em homenagem a Euclides de Alexandria, estudioso da época.

Castro (2014), observou que a diferença entre os dois povos é que os Gregos procuravam obter um raciocínio baseado no instinto dedutivo, lógico. Enquanto os Egípcios se voltavam mais para o vértice da prática.

Platão e Pitágoras buscaram um significado mais metafísico e religioso na definição de alguns objetos espaciais. Mas o grande momento de definição da geometria se deu através dos Alexandrinos de Alexandria, foram eles Arquimedes e Euclides que aprofundaram estudos sobre os cilindros e esferas. Estudos diversos se perpetuaram ao longo da história da humanidade, trazendo novas definições e adequações à geometria, porém Euclides por ser o precedente de todos ainda continua levando o título de pai da geometria.

Segundo Gombrich (1995) a Geometria Euclidiana se baseou em 03 (três) elementos fundamentais, que são:

Ponto, elemento no qual para época não se tinha uma definição exata.

Reta, a qual é formada por uma sequência de pontos e pode se determinar elemento infinito.

Plano, que se forma através da disposição de retas interligadas entre si.

Por meio da Geometria Plana o observador só consegue ver um lado do elemento, de forma chapada ou 2D.

Figura 1: Geometria Plana- 2D

Fonte: Ching (2013).

Para Castro (2014), a parte da matemática que estuda espaços e formas de maneira mais complexa é a Geometria, e ela se divide inicialmente em três fontes que são determinadas plana, espacial e analítica. A diferença da espacial para a plana se baseia na definição da dimensão. Na indicação do tamanho do retângulo as medidas se distinguem em comprimento, largura e altura (sendo tridimensional), mas pode-se dividir somente em largura e altura (sendo bidimensional).

Figura 2: Geometria espacial -3D

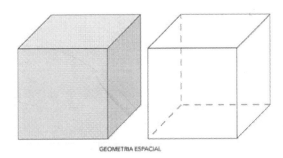

Fonte: Ching (2013).

Ching (2013) define o plano como nada mais que um objeto geométrico o qual se define em duas dimensões infinitas, mas tem como referência, uma superfície que visualmente é delimitada pelo olhar humano. Toda projeção de plano implica em uma composição equilibrada onde se deve haver uma harmonia visual entre os elementos que constituem o plano do ambiente.

O ambiente é composto por 03 planos que são: Plano de cobertura, Plano de Parede e Plano base.

Segundo Ching (2013), o plano de cobertura consiste no telhado ou cobertura plana, a qual fecha e completa os espaços internos de uma edificação. Ele forma o teto e forma a vedação horizontal superior do ambiente interno, a que fica sobre a cabeça do observador.

Figura 3: Plano de cobertura interna - Teto

Disponível em: <http://cialuz.com.br/portfolio_category/ambiente-interno/>. Acesso em: 27 fev. 2018.

Ching (2013) referencia o plano de paredes como dispostos em orientação vertical, que delimita lateralmente o campo de visão e é crucial para um fechamento lateral do espaço interno dentro da arquitetura.

Figura 4: Plano de paredes - fechamento vertical

Disponível em: <http://majerproducoes.com.br/ pesrpectivainterna.html>. Acesso em: 27 fev. 2018.

E por último Ching (2013) define o plano base como um plano de solo, que serve como fundação de ordem física e visual para o levantamento das formas edificadas que são as paredes.

Figura 5: Plano base - solo

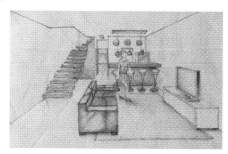

Disponível em: <http://arquitetura-unisinos.blogspot.com. br/2015/>. Acesso em: 27 fev. 2018.

1.1-Planos Externos

O plano de solo nada mais é que o plano que sustenta todas as obras da arquitetura. Ele se relaciona com os planos laterais podendo ser de ordem interna ou externa, formando o plano geral.

Ele pode ser manipulado formando um pódio para a arquitetura edificada, elevando a um patamar no nível mais alto. Para essa suspensão da edificação é usado pódios e escadas, criando uma plataforma adequada sobre a qual se possa construir. Machu Picchu a cidade do povo inca se formou em diversos planos de solo, podendo ser visíveis esses planos, conforme Figura 6.

Figura 6: Machu Picchu

Disponível em: <https://www.viajenaviagem.com/2016/04/machu-picchu-e-cusco>. Acesso em: 27 fev. 2018.

Nas palavras de Ching:

> O plano de solo em si também pode ser manipulado de modo a criar um pódio para a forma edificada. O prédio pode estar elevado, para honrar um lugar sagrado ou importante; estar contra um talude, para definir espaços externos ou se proteger de condições adversas; escavado ou com terraços, para criar uma plataforma adequada sobre a qual construir; ou escalonado, para permitir que as diferenças de elevação sejam facilmente transponíveis (CHING, 2013, p.20).

A escadaria de Piazza di Spagna que está localizada na Espanha, é uma escadaria que eleva a famosa igreja espanhola ao nível de solo mais alto. A elevação do solo permite a edificação um aspecto de imponência diante as demais, eleva a espiritualidade e o poder do povo local.

Figura 7: Escadaria de Piazza di Spagna

Disponível em: <http://oviajante.uol.com.br/piazza-di-spagna-em-roma-e-fechada-para-reformas/>. Acesso em: 28 fev. 2018.

Em ambientes internos também pode haver várias divisões, geralmente são usados como divisores de ambientes sem que haja uma parede o delimitando.

1.2 - Planos Internos

No interior de uma edificação também conseguimos fazer planos divisores de ambientes, eles são determinados pelo plano de solo, que nada mais é que o piso.

O plano de piso é o elemento horizontal que sustenta a força da gravidade à medida que nos movemos e distribuímos os objetos para o uso sobre ele. Ele pode ser um revestimento mais durável ou um plano elevado mais artificial, vencendo os vãos entre seus apoios (CHING, 2013, p. 21).

É comum encontrar desníveis como divisores de planos em salas de estar e jantar, assim como sala de tv e recepção. O plano rebaixado promove uma sensação de conforto e aconchego dentro do ambiente interno.

Figura 8: Sala com desnível de piso

Disponível em: <https://www.pinterest.pt/ pin/59532026304770464/>. Acesso em: 28 fev.2018.

O mezanino é um truque muito usado por arquitetos e engenheiros quando necessitam de um ambiente aberto, mas ao mesmo tempo integrado de forma que a circulação entre eles sejam agradáveis. Existem alguns tipos de materiais específicos para se fazer mezaninos como de concreto, madeira e metálico/aço.

O mezanino de concreto necessita do acompanhamento profissional de um engenheiro civil ou arquiteto, por necessitar de cálculo estrutural para sua construção e pode ser feito em balanço, onde a parte de baixo não apresenta colunas ou pilotis de sustentação. A alvenaria pode ser trabalhada com diversos tipos de revestimentos.

O mezanino de madeira apesar de parecer mais frágil ganha muito em elegância dependendo do estilo da edificação, proporciona conforto ambiental e acústico ao local instalado. Necessita também de um profissional da área de engenharia civil ou arquitetura e urbanismo, e bons marceneiros, pois a madeira é matéria viva.

Já o mezanino metálico de aço tem a aparência rígida e carrega um estilo industrial, é de fácil e rápida instalação sem muita bagunça. Necessita também de profissionais da área para sua instalação e manutenção.

Figura 9: sala com mezanino

Disponível em: <http://www.tudoconstrucao.com/70-modelos-de-mezaninos-incriveis-para-inspirar/>. Acesso em: 28 fev. 2018.

O mezanino além de dividir o ambiente proporciona um campo de visão amplo de um plano para o outro, independente da elevação. Seu planejamento se adequa bem a ambientes grandes, pequenos e cumpridos.

2 - Representação de ambientes através dos espaços de circulação

Então Turma, na Seção 2, veremos o quanto o mundo tridimensional é importante para o designer. Como acontece a representação de um ambiente e seus modos de circulação, pois ele deve ajudar na integração dos mesmos formando um fluxo contínuo e tranquilo. Na transição de um ambiente ao outro podemos observar os planos que foram estudados na seção 1. Os espaços de circulação variam em sua forma de acordo com os modos, e como são determinados. Isso entenderemos melhor na seção 2.

É através dos espaços de circulação que nos interligamos de um ambiente para o outro, esse processo deve acontecer de forma fluída e agradável. Quando transitamos de um ambiente para outro podemos observar vários planos tanto internos quanto externos, e é através deles que se pode montar um banco de imagens gráficas para sua representação.

Segundo Ching (2013), os espaços de circulação compõem uma parte fundamental da organização de qualquer prédio e ocupam uma quantidade significativa de seu volume. Se forem consideradas meramente como recursos funcionais de ligação dos espaços, as circulações podem se tornar infinitas e assumir o aspecto de meros corredores. Além disso, a forma e a escala de um espaço de circulação devem ser adequadas aos movimentos das pessoas que nele caminham, detêm-se, descansam ou observam a vista.

Os espaços de circulação variam em sua forma de acordo com os modos, e como são determinados. Se seu formato se relaciona com os demais espaços no qual estabelece suas conexões, quais suas características em termos de escala, proporções, iluminação e vistas que se destacam. Como suas entradas foram projetadas e articulam mudanças por meio dos níveis de escadas e rampas.

Figura 10: Espaço de circulação integrado - teatro de São Paulo

Disponível em: <http://turismo.ig.com.br/destinos-nacionais/theatro-municipal-de-sao-paulo/n1597248628966.html>. Acesso em: 28 fev. 2018.

1.1 - Modos de circulação

Os modos de circulação podem variar de diversas formas, podendo ser delimitados em espaços fechados e abertos. Através deles conseguimos obter visualmente o fechamento dos planos do observador.

Para Ching (2013) a determinação da circulação implica diretamente nas atividades que se desenvolvem no local, e interferem nos móveis e acessórios que são dispostos no mesmo determinando seu Layout .

O espaço de circulação fechado pode ser determinado por uma galeria pública ou um corredor privado, no qual os espaços se relacionam entre si através de um plano de parede que apresenta entradas para outros ambientes ou tipos de circulação.

Figura 2: Espaço fechado de circulação - corredor

Já os espaços abertos em um dos lados acabam formando um tipo de balcão que proporciona visualmente continuidade com o ambiente lateral os conectando espacialmente. Em sua maior parte necessita de detalhes estruturais como colunas e pilotis para sustentação, já que normalmente tem longas extensões.

Para Ching (2013), é comum encontrar as circulações abertas de um dos lados em hotéis, escolas, faculdades e comércios diversos. Pode estar interligado com um vazio ou jardins, permitindo que o observador tenha acesso visual do local em que se encontra para o lateral.

Figura 3: Circulação aberta em um dos lados

Figura 4: Circulação aberta em um dos lados - casa Savoye

As circulações abertas dos dois lados proporcionam ao observador uma sensação de profundidade e longitude, as passagens são estruturadas por colunas ou paredes. Devem ter pé direito e largura suficiente para o fluxo mediante ao plano de necessidades do local.

Uma circulação estreita e parcialmente fechada naturalmente encoraja um movimento para a frente. A fim de acomodar um transito maior ou de criar espaços para descanso, parada ou observação, partes da circulação podem ser alargadas, criando áreas de refúgio. A circulação também pode ser alargada por meio de sua fusão com os espaços pelo qual ela passa (CHING, 2013. P. 283).

Figura 5: Circulação aberta de ambos lados

Em espaços amplos, as circulações podem ser aleatórias, pois são determinadas pelo seu uso, e podem ser estruturadas em totalmente abertas ou semiabertas, desde que se permita o observador que transita pela circulação ver o ambiente oposto.

2.1 - Elementos de divição de circulação

Para que se possa ter um melhor entendimento da circulação, necessitamos observar quais são seus elementos divisórios, pois eles podem ser determinados de diversas formas e materiais.

Ching (2013) observa que o modo mais elegante de dividir e orientar uma circulação é através do uso de pilotis e colunas das diversas ordens, podendo ser Toscana, dórica, Jônica, Coríntia ou compósita.

Independente da coluna utilizada se deve ter uma proporcionalidade entre o vão de circulação, o pé direito do local e a largura. As colunas sugiram não só para sustentar e dividir como também para tornar a circulação mais leve e bonita.

Figura 5: Colunas em corredores de circulação de teatro

A palavra piloti é de origem francesa e surgiu para definir um elemento construtivo podendo ser uma coluna ou pilar de sustentação que se localiza no pavimento térreo. O piloti tem um aspecto simples liso e arredondado, foi muito utilizado no séc. XX e faz parte da proposta de Le Corbusier e Oscar Niemayer definidos como "cinco pontos da nova arquitetura". Esse elemento é característico tanto no trabalho de Le Corbusier quanto de no Niemayer, e sempre compostos com muito charme e elegância.

Figura 6: Pilotis em Palácio Gustavo Capanema - RJ

Disponível em: <http://mapadecultura.rj.gov.br/manchete/palacio-gustavo-capanema>. Acesso em: 28 fev. 2018.

As colunas são elementos arquitetônicos de sustentação desde os primórdios dos métodos construtivos, sua função é receber e sustentar cargas na vertical. Embora sua função seja a mesma do pilar elas se diferenciam pela beleza e ornamentos que são formados.

Ching (2013) observa que o que diferencia as colunas são suas ordens clássicas, pois são elas que definem os elementos, proporção e tamanho. Na descrição do autor:

Para os Gregos e Romanos da Antiguidade Clássica, as ordens representavam em sua proporcionalidade dos elementos, a expressão perfeita da beleza e harmonia. A unidade de dimensão era o diâmetro da coluna. Desse modo, derivavam as dimensões do fuste, do capitel, assim como do pedestal abaixo e do entablamento acima, até os mínimos detalhes. O intercolúnio- sistema de espaçamento entre colunas- também era baseado no diâmetro da coluna (CHING. 2013. p 308).

Elas são ordenadas de três componentes sendo eles: base, fuste e capitel. As bases inicialmente eram feitas de placas de pedra para impedir a humidade vinda do solo, e possuíam uma estética própria bem arrojada e em proporção maior que ao capitel.

Figura 7: Estrutura das colunas

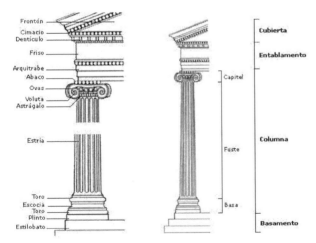

Disponível em: <https://estudiandoloartistico.wordpress.com/jonico_orden_esquema_jpg-2/>. Acesso em: 28 fev. 2018.

Já o fuste é composto por um só bloco e é dado o corpo da coluna, interligando a base e o capitel. O fuste pode ter uma ligeira curvatura ou engrossamento, sua volumetria é alongada e bem visível. O capitel é definido como a cabeça da coluna, é a parte que tem mais detalhes, além de disfarçar problemas estruturais. Seus diversos tipos de acabamentos são os elementos estéticos que produzem charme e elegância.

Figura 8: Utilização de colunas externas e internas

Disponível em: <https://br.pinterest.com/pin/493636809126617967/>. Acesso em: 28 fev. 2018.

Segundo Ching (2013), as colunas variam de acordo com a extensão do ambiente e tamanho, por isso as ordens não se baseiam em uma unidade de medida exata. A preocupação principal é de manter a harmonia e proporção do ambiente no qual são instaladas.

Retomando a aula

Finalizamos aqui a sexta aula. Espera-se que tenham compreendido sobre as noções básicas de perspectiva e a sua representação de ambientes através dos espaços de circulação. Vamos, então, recordar:

1 – Noções básicas de perspectivas

A perspectiva corresponde como o ser humano apreende visualmente seu ambiente e o transfere a outro suporte, seja aplicando a projetos técnicos ou artísticos. A perspectiva é o método que permite a representação de objetos tridimensionais (altura, largura e profundidade) em superfícies bidimensionais, através de determinadas regras geométricas de projeção. Não é somente usada na arte, mas também na arquitetura, engenharia e na computação, entre outras áreas.

2 – Representação de ambientes através dos espaços de circulação

É através dos espaços de circulação que nos interligamos de um ambiente para o outro, esse processo deve acontecer de forma fluída e agradável. Quando transitamos de um ambiente para outro podemos observar vários planos tanto internos quanto externos, e é através deles que se pode montar um banco de imagens gráficas para sua representação.

Os modos de circulação podem variar de diversas formas, podendo ser delimitados em espaços fechados e abertos. Através deles conseguimos obter visualmente o fechamento dos planos do observador. A determinação da circulação implica diretamente nas atividades que se desenvolvem no local, e interferem nos móveis e acessórios que são dispostos no mesmo determinando seu Layout. Entendendo melhor a circulação é necessário observar quais seus elementos divisórios, pois eles podem ser determinados de diversas formas e materiais. O modo mais usado e elegante de dividir e orientar uma circulação é através do uso de pilotis e colunas em suas ordens clássicas diversas.

Vale a pena

Vale a pena **ler**,

CHING, Francis D. K. Arquitetura: forma, espaço e ordem. [4. tiragem]. São Paulo: Martins Fontes, 2005. ISBN.: 85-336-0874-8.

WONG, Wucius. Princípios de forma e desenho. 2. ed. São Paulo: Martins Fontes, 2010. ISBN.: 978-85-7827-258-6.

GOMES FILHO, João. Gestalt do objeto: sistema de leitura visual da forma. 7.ed. São Paulo: Escrituras, 2006. ISBN.: 85-86303-57-7.

Minhas anotações

Minhas anotações

Aula 7º

Técnicas de expressão: a plástica

Chegamos a nossa aula 07, nela estudaremos a técnica de expressão plástica, procedimento esse que tem grande importância no desenvolvimento da percepção do espaço. De posse da técnica, o design desenvolverá a personalidade do ambiente, a capacidade de expressar a ideia, o conhecimentos de outras formas, elementos e composição, e a criatividade. Então, vamos em frente.

Bons estudos!

Objetivos de aprendizagem

Ao término desta aula, vocês serão capazes de:

- expressar o entendimento e a influência do movimento plástico;
- entender a contextualização do Neoplasticismo;
- identificar a importância da expressão plástica como Design de Interiores.

Seções de estudo

1 – Técnicas de Expressão: A Plástica

1 - Técnicas de Expressão: a Plástica

Olá, Turma!!! Na Seção 1, vamos falar sobre o conceito histórico que se deu a expressão plástica, quais as características deste movimento que evidenciou uma forma diferente de ver a forma da natureza.

A palavra plástica na Grécia Antiga "plastike" referia-se a modelagem em barro de figuras e objetos, no termo latino a plástica abrange outros tipos de materiais como o gesso, a madeira, o metal, a pedra, entre outros. O termo Expressão Plástica foi adotado pela educação em artes visuais na função de expressar a criação através de matérias que dão forma a algo.

A expressão plástica é uma atividade que atua de forma livre, natural e espontânea para o artista. A criatividade e os usos dos materiais certos proporcionam uma linguagem visual que retrata a performance da forma do objeto.

1.1 – Breve conceito histórico sobre a expressão plástica

Piet Mondrian foi um artista plástico nascido na Holanda no ano de 1872, e é um nome muito conhecido no cenário das Artes Visuais, foi o fundador do Neoplasticismo, um movimento que se organizava em volta da necessidade de clareza, certeza e ordem. O objetivo central desse movimento era encontrar uma nova forma de expressão que libertasse as sugestões representativas e compostas através de mínimos elementos, ou seja, a expressão plástica.

Figura 1: Árvore vermelha e árvore prateada (1908 e 1911)

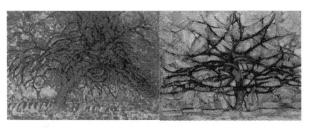

Disponível em: <http://aejssvb.blogspot.com.br/2015/02/vamos-conhecer-piet-mondrian.html>. Acesso em: 28 fev. 2018.

Na figura 01 acima, podemos notar que o estilo artístico de Mondrian se dá pelo traçado abstrato e geométrico, ele trabalha com formatos retangulares e com diversas cores, sejam elas primárias ou neutras. Para Mondrian as cores preto e branco eram cores que simbolizavam o Universo.

Outro personagem que elenca o movimento neoplasticismo é o também artista plástico, designer gráfico e arquiteto holandês Theo van Doesburg (1883-1931) associado ao Dadaísmo, ao Concretismo e ao Neoplasticismo. Foi um

dos fundadores do De Stijl e professor da Bauhaus, produziu poemas fonéticos em 1923.

O Neoplasticismo ou também conhecido como movimento De Stijl (O Estilo) tinha como proposito transparecer uma estética renovadora baseada na depuração formal, a característica básica desse movimento é definida através do pensamento de um de seus idealizadores, Theo Van Doesburg, que ressalta: "Despimos a natureza de todas as suas formas e só ficará o estilo".

Figura 2: Grande Composição, Piet Mondrian, 1920-21

Disponível em: <http://aejssvb.blogspot.com.br/2015/02/vamos-conhecer-piet-mondrian.html>. Acesso em: 28 fev. 2018.

Figura 3: Composição em Cinza, Theo van Doesburg, 1919, Solomon R. Guggenheim Museum, New York.

Disponível em: <http://aejssvb.blogspot.com.br/2015/02/vamos-conhecer-piet-mondrian.html>. Acesso em: 28 fev. 2018.

Conforme podemos perceber na figura 02 e 03 acima, as características principais do movimento neoplasticismo são as seguintes:

- Exclusão das formas até chegar a seus componentes fundamentais: linhas, planos e cubos;
- Racionalista;
- Estruturação feita a base de linhas e massas coloridas retangulares de diversas proporções, sempre verticais, horizontais e formando ângulos retos;

- Criação de ritmos assimétricos em equilíbrio;
- Cores planas e saturadas (primários: amarelo, azul e vermelho) ou tonal (branco, negro e cinza);
- O ângulo reto é símbolo do movimento, sendo rigorosamente aplicado à arquitetura.

O movimento neoplástico, foi baseado nos mesmos ideais dos movimentos cubista e naturalista, em que propunha uma nova expressão artística. Ou seja, uma nova "plasticidade" relacionada na abstração geométrica e redução da expressão plástica, expressas pela clareza, objetividade e ordem.

1.2 – A expressão plástica no design de interiores

Lidar com o design de interiores é estar em contato com design, artes plásticas, elementos arquitetônicos, decoração e como já se disse a princípio, com uma sociedade vinculada a determinado tempo, com uma economia e política específica e anseios particulares a ela (GURGEL, 2017).

A expressão plástica é onde o artista se expressa através de diversas técnicas de artes, ela colabora também no desenvolvimento da percepção dos sentidos, assim podem ser inseridos dentro da perspectiva do design de interiores. Essas técnicas podem ser:

O desenho gráfico: na figura abaixo podemos elencar um conjuntos de vários elementos que compõem a forma do desenho.

Figura 4: desenho livre

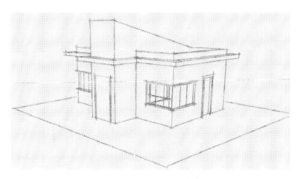

Arquivo Pessoal

- a estampagem: o uso do papelão como estampa de parede realça o contraste da luz e a forma que está embutida.

Figura 5: Revestimento com o uso de papelão

Disponível em: <https://www.reciclagemnomeioambiente.com.br/paredes-decoradas-com-materiais-reciclados/>. Acesso em: 28 fev. 2018.

- a pintura: a cores trazem a leveza do ambiente independente da forma como ela é vista.

Figura 6: Pintura desenhada em formas geométricas

Disponível em: < http://www.revistause.com.br/um-luxo-so/>. Acesso em: 28 fev. 2018.

- o recorte: o painel retrata a beleza do recorde da madeira em MDF como objeto de decoração.

Figura 7: Decoração com o uso de desenho em recorte em MDF

Disponível em: <https://br.pinterest.com/pin/312085449158857917//>. Acesso em: 28 fev. 2018.

- a colagem: o uso da criatividade e da disposição das figuras deixou o ambiente muito aconchegante.

Figura 8: Revestimento de parede elaborado com recorte e colagem

Disponível em: < http://www.viladoartesao.com.br/blog/preenchendo-paredes-com-revistas-gravuras-e-imagens/>. Acesso em: 28 fev. 2018.

- a colagem: o uso da criatividade e da disposição das figuras deixou o ambiente muito aconchegante.

Figura 9: Revestimento de parede elaborado com recorte e colagem

Disponível em: <https://www.reciclagemnomeioambiente.com.br/paredes-decoradas-com-materiais-reciclados/>. Acesso em: 28 fev. 2018.

A Expressão Plástica tem um código específico, através do qual é possível desenvolver competências, assim como potenciar o domínio sensorial e cognitivo. Pois defende que a arte enriquece os espaços utilizados. Enquanto ao design ela constrói posturas, pensamentos e vivências, seja a atividade concretizada com maior ou menor esforço.

No Design de Interiores e expressão plástica tem uma função um tanto importante, pois para o início de um projeto é necessário criar os primeiros esboços do ambiente, ou seja, o croqui. Em seguida é necessário identificar o principal conceito em consideração ao projeto, depois elencar os tipos de materiais que serão utilizados, através de um painel conceitual. E por fim, o projeto descrito em planta baixa e maquete eletrônica onde esta, consiste no conjunto de ideias vinda do profissional e do cliente. Como mostra na figura 10, o exemplo de um painel conceituação que evidencia toda proposta do ambiente a ser reformado.

Figura 10: Painel Conceitual - MoodBoard

Disponível em: <https://www.pinterest.pt/pin/581597739348083157>/. Acesso em: 28 fev. 2018.

Neste painel acima foram utilizados um plano que obteve recorte de figurar como sugestão para o espaço, cada figura foi organizada de forma aleatória, passando o ar de desordem, porém, com fácil interpretação. A plástica do painel consiste nos elementos que são as figuras utilizadas numa espécie de colagem e como a representação destas foi compreendida. Isso garante o quanto a expressão plástica interfere no meio, e evidencia a importância do seu uso.

Retomando a aula

Chegamos, assim, ao final da sétima aula. Espera-se que agora tenha ficado mais claro o entendimento de vocês sobre a Técnica de Expressão: a Plástica. Salientando também o uso dessa técnica como instrumento de criatividade no Design de Interiores. Vamos, recordar:

1 – Técnica de Expressão: a plástica

Nesta seção, estudamos sobre a Técnica de Expressão: a Plástica desde a sua contextualização histórica como o início de um movimento que instaurou uma nova percepção no universo das artes visuais e trouxe tendências que influenciaram até no Design de Interiores.

Vale a pena

Vale a pena ler

Projetando Espaços - Mirian Gurgel, 2017
Ensaio sobre Projeto – Alfonso Corona Martinez, 2000

Vale a pena assistir

Lixo Extraodinário - 2010
O despertar da Arte Proibida – 2010
Garota Dinarmaquesa - 2016

Minhas anotações

Aula 8º

Desenvolvimento do croqui: representação gráfica e seus instrumentos

Chegamos a nossa oitava e última aula, nela compreenderemos sobre modalidades do desenho iniciais e como suas representações gráficas devem ser.

Este trabalho visa apresentar quais as colaborações de uso das técnicas de desenho a mão livre, e suas representações através do uso de ferramentas que são fundamentais para o design. Com enfoque no processo projetual e criativo, nas habilidades específicas de quem os manuseia e no uso da ferramenta digital como complemento ou substituto do traçado à mão livre.

Sugiro que para conseguir resultados favoráveis persistam na prática de desenhos à mão livre, pois o mesmo requer habilidade.

Bons estudos!

Objetivos de aprendizagem

Ao término desta aula, vocês serão capazes de:

- estruturar ideias iniciais através do traçado a mão livre captando as necessidades do cliente;
- utilizar ferramentas digitais para finalizar o projeto.

Seções de estudo

1 – Desenvolvimento de croqui e plano de necessidades
2 – Materiais e instrumentos de desenho

1 - Desenvolvimento de croqui e plano de necessidades

Olá, Turma!! Na Seção 1 veremos a quanto ao desenvolvimento de croqui e plano que o desenho desde a pré-história é usado como a arte de representação estética, ou de criação de formas. Para desenvolvê-lo é necessário ferramentas de desenho básicas como lápis, carvão ou pincéis. Ele pode ser considerado dentro tanto quanto um processo, como resultado de produções artísticas. Atualmente, temos duas categorias distintas de desenho denominadas desenho artístico confeccionado a mão livre e desenho técnico produzido através de meios digitais.

O desenho desde a pré-história é usado como a arte de representação estética, ou de criação de formas. Para desenvolvê-lo é necessário ferramentas de desenho básicas como lápis, carvão ou pincéis. Ele pode ser considerado dentro tanto quanto um processo, como resultado de produções artísticas. É composto por três características principais linhas, pontos e formas e se distingue da pintura e gravura mesmo que o suporte para ambos sejam formas planas.

Para Ching (2017), o diferencial do desenho para a pintura e gravura é seu preparo, pois não necessita de mistura de cores antes mesmo da aplicação no suporte. As técnicas de desenho são diversas, podendo ser utilizado diversos materiais também, porém para cada tipo de aplicação e representação obtém-se um método mais apropriado não impedindo que outro seja usado.

Através do desenho cada pessoa consegue desenvolver sua característica própria criando sua linguagem expressiva. Essa característica é formada através do traço, intensidade, cores e materiais mais utilizados.

Com a chegada do século XX e as mídias digitais o desenho foi se aperfeiçoando e criando várias outras terminações. Nos dias de hoje estudos podem ser feitos à mão livre, mas sua representação gráfica final é ajustada através de programas digitais específicos.

Atualmente temos duas categorias distintas de desenho denominadas:

- Desenho Artístico;
- Desenho Técnico.

Figura 1: Modelo de desenho artístico e técnico

Disponível em: <http://iab-sc.org.br/2015/10/curso-representacao-grafica-de-projetos-e-croquis-23-e-2410-em-florianopolissc/>. Acesso em: 28 fev. 2018.

1.1 Desenhos artísticos - croqui

O ser humano desde sua infância tem o instinto que o leva a desenhar, e conforme vai se desenvolvendo vai aperfeiçoando suas habilidades. No início o traço é totalmente inexpressivo por não ter coordenação motora, após começar a ter melhor definição de suas percepções o traço muda e se caracteriza.

Conforme o famoso ditado "uma imagem fala por si só e vale mais que mil palavras", esse ditado deixa claro a importância da imagem e a mensagem que ela pode transpassar para seu expectador.

É de extrema importância que os profissionais de diversas áreas façam estudo de desenho, principalmente os artísticos, feitos à mão livre. É com eles que são expressadas as ideias iniciais de um trabalho. Esse tipo de desenho pode ser determinado esboço ou croqui.

Figura 2: Modelos de croqui

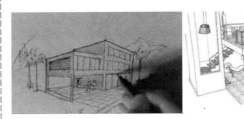

Disponível em: <https://www.pinterest.pt/pin/147422587785820461/>. Acesso em: 28 fev. 2018.

Diante tantas novidades na tecnologia e os recursos digitais que auxiliam os profissionais da área, certos questionamentos acabam acontecendo constantemente e o principal é se eles têm capacidade de desenhar a mão livre.

No Brasil, o arquiteto e urbanista Oscar Niemayer é um dos mais conhecidos e respeitados, que mesmo antes de partir para o desenho técnico desenvolvia suas ideias através de rabisco à mão livre. Suas representações eram incríveis, e por isso sempre defendeu a ideia do croqui junto ao cliente.

Niemayer não só via um elemento essencial no croqui para a criação do projeto, e sim um meio de captar a ideia do cliente instantaneamente enquanto ele passa seu plano de necessidades. Seus croquis são tão realistas que ele sempre fez questão de disponibilizá-los diante seus projetos e isso virou sua marca.

Figura 3: Croquis de Oscar Niemayer

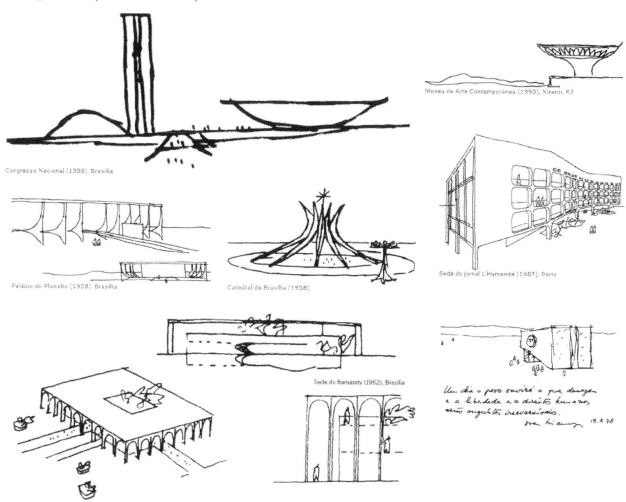

Para se desenhar bem a mão livre é necessário muito treino, pois só dessa forma o olho vai aprendendo a captar todos os elementos necessários de representação e a mão vai criando ritmos e coordenação motora. Para quem gosta de desenhos e cresce treinando e observando não tem dificuldade nenhuma diante da necessidade de passar por provas de habilidades específicas que são obrigatórias para os cursos de Artes Visuais e arquitetura e Urbanismo.

O croqui ou esboço surge inicialmente de forma desordenada transmitindo uma ideia superficial e só após consegue ser reproduzido em escalas exatas por um programa digital. A ideia de croqui traz traços mais simplificados no qual conseguimos absorver a ideia, mas não criamos o ambiente completo como no esboço pronto.

No esboço procuramos representar não só o objeto como também o ambiente ao redor todo.

Figura 4: Desenhos de observação

Figura 5: Croqui sem escala

1.2 - Representação gráfica de desenho

A representação gráfica através de meios digitais necessita de padrões para os objetos de representação.

Figura 5: Esquema de perspectiva

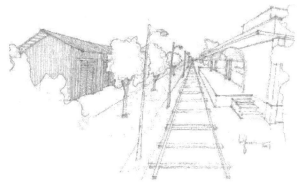

Fonte: Ching (1998).

2 – Materiais e instrumentos de desenho

Então Turma, na Seção 2, veremos os diversos tipos de materiais e instrumentos de suporte que nos auxiliam no desenho a mão livre ou técnico. Esses materiais são encontrados desde livrarias até lojas de materiais de desenhos especializadas, as quais oferecem cursos básicos e avançados. Há uma variedade diversa de materiais devido às múltiplas formas de desenhos que se pode desenvolver. Bons estudos

No escritório de desenho ou ateliê de arquitetura pode ter uma bonita placa e, lá dentro, deverá contar com equipamentos diversos, instrumentos e materiais de desenho e – o mais importante - gente que saiba usá-los bem!

No comércio encontram-se pranchetas mais sofisticadas tendo contrapesos e gavetas, abajur de iluminação, e também banco com encosto, que poupa toda a região da coluna vertebral (cervical, torácica, lombar e sacral). Há, ainda, quem prefira chamar de prancheta o tampo (ver figura 1), reservando o nome de mesa para o apoio (pés).

Para Gildo (2001), o tampo ou prancheta serve de apoio para a folha de desenho. Há quem diga que o tampo em posição vertical provoca menos cansaço no desenhista; seguramente, podemos informar que nos desenhos de formato grande esta é a posição mais cômoda. Quando o tampo é usado na posição vertical, torna-se necessário colocar ao lado do desenhista uma bancada ou mesa para depositar o material de desenho.

Figura 1: Modelo de Prancheta

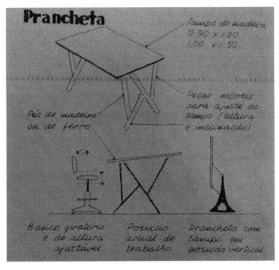

Fonte: Gildo A. Montenegro (2001).

Seguindo a esteira de Gildo (2201), a prancheta preparada para desenho deve ser forrada com plástico fosco, de cor verde ou creme sempre numa tonalidade clara. O plástico branco fosco pode ser usado, embora apresente o inconveniente de sujar-se com facilidade. O plástico deve ser aplicado bem estirado, sem deixar bolhas ou ondas, sendo grampeado na face inferior do tampo e nunca em suas bordas laterais ou na face superior.

De acordo com Gildo (2011), para trabalhos prolongados o tipo de iluminação mais indicada é a de tipo/marca "solar", incandescente e de vidro azulado. Na lâmpada incandescente comum predominam as radiações infravermelhas, uma das causas do cansaço visual. A lâmpada fluorescente comum, apesar de seus últimos aperfeiçoamentos, não é recomendada para trabalhos onde se exigem acuidade visual e atividade prolongada Gildo (2001).

Figura 2: Iluminação para Prancheta

Ainda nas palavras de Gildo (2001), o autor informa que a régua tê e a régua paralela servem como utensílios de auxílio para o desenho técnico (conforme figura 3). A régua tê serve, principalmente, para traçar as linhas horizontais, e é também usada como apoio dos esquadros no traçado de linhas verticais e obliquas. Em geral a cabeça da régua tê é fixa, mas em alguns casos você consegue uma desmontável, retirando a cabeça do tê.

Figura 3: Régua-tê

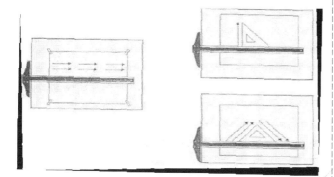

Gildo (2001), nos orienta que o substituto mais moderno da régua tê é a regua deslizante presa por fios paralelos nas bordas inferiores e superiores do tampo. Essas apresentam um inconveniente de não permitir a colocação de objetos sobre a prancheta, pois eles poderiam tocar num dos fios de náilon ou na régua tirando o paralelismo dos traços.

Figura 4: Régua paralela

2.1 Materiais manuais de desenho

Os esquadros são um dos materiais mais utilizados para desenho técnico, no par de esquadros a hipotenusa de 1 é igual ao cateto de 2:

1. Esquadro de 45°
2. Esquadro de 60° e de 30°

É necessário ter cuidado com estes materiais, a constante limpeza dos mesmos colabora para não manchar o papel ou sujar todo o projeto, assim como manter a limpeza da régua paralela.

Figura 5: Esquadros 45° e 60°

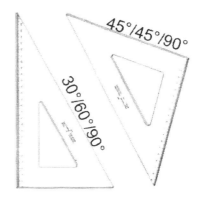

A escolha do lápis ou lapiseira também influencia muito na confecção do desenho. Gildo (2001) menciona que o desenhista deverá escolher entre três tipos de lápis, quais são:

A. Lápis para desenho técnico; prisma sextavado de madeira e com grafite no eixo.
B. Lapiseira ou portaminas: usando minas (grafites) permutáveis vendidos separadamente.
C. Lapiseira profissional: usa minas de plástico (polímeros) em substituição ao grafite.

Cada tipo de lápis apresenta uma rigidez de minas diferentes.

Figura 6: Tipos de lápis e lapiseiras

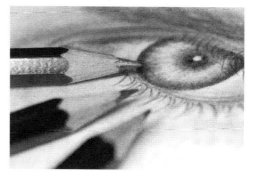

Em geral, encontramos variações de fabricante para fabricante. Assim um grafite tipo B poderá estar bem próximo de um tipo HB de outro fabricante e ambos se assemelharem ao traço do fabricante de lápis comum 1 ou 2. Os números 1,2 e 3 correspondem à graduação do lápis comum escolar, de dureza bem mais variável que a dos lápis técnicos; por este motivo os lápis comuns não devem ser usados em trabalhos profissionais.

O compasso é outro equipamento de desenho articulado, no qual se pode produzir diversos arcos. Ele serve para traçar circunferências, quando não possui articulações a agulha e o lápis encontra o papel em direções oblíquas: ao ser traçada a circunferência, o pequeno furo do centro vai se alargando.

Figura 7: Planta bidimensional

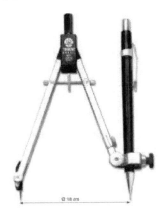

Disponível em: <http://thalitamendesdesign.blogspot.com.br/2012/>. Acesso em: 28 fev. 2001.

2.1 Como usar os instrumentos de desenho

No geral as pessoas acham difícil ser um bom desenhista. De fato, uma grande parte dos que começam algum curso de desenho desiste por julgar "não dar para a coisa". O desenhista que espera fazer-se da noite para o dia, como um bilhete premiado de loteria, está muito enganado.

Para ser um desenhista são necessárias doses elevadas de três coisas:

- Persistência;
- Treinamento;
- Observação.

As duas primeiras dependem exclusivamente da pessoa, já a terceira, a observação deve ser aliada a uma boa memória visual, e é tão importante quanto uma orientação segura.

Para Gildo (2001), são os pequenos detalhes que são relevantes. Para que se possa ter um melhor entendimento do processo de desenho, a partir dos elementos principais de desenho.

Figura 8: Uso do lápis

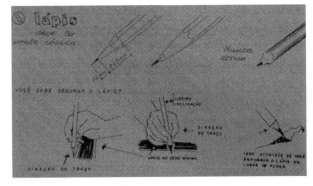

Fonte: Gildo A. Montenegro (2001).

O lápis deve ser segurado entre o polegar e o dedo indicador a cerca de 4 a 5 centímetros da ponta, de modo que a mão não fique apoiada no dedo mínimo e a ponta do lápis esteja bem visível, sem puxar o lápis e nunca empurrar.

O desenho busca estabelecer harmonia e ordem visual ou gerar interesse visual intencional. Sua complicação está no fato que visto de ângulos diferentes tem de ser consideradas simultaneamente e muitas relações espaciais são complexas e no papel não podem ser vistas facilmente.

Figura 9: Posição adequada do lápis

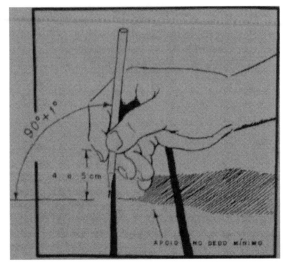

Fonte: Gildo A. Montenegro (2001).

A ponta do lápis deve estar aparente pelo menos 5 mm, um grafite duro pode ter uma ponta maior sem o perigo de quebrar com facilidade. A ponta cônica não deve ser feita com gilete ou lâmina afiada e sim usando lixa fina para madeira nº100 ou 150, colada sobre alguma superfície rígida.

Retomando a aula

Finalizamos aqui a nossa oitava aula. Espera-se que tenham compreendido sobre desenho croqui e seus materiais. Vamos, então, recordar:

1 – Noções básicas de perspectivas

O desenho desde a pré-história é usado como a arte de representação estética, ou de criação de formas. Para desenvolvê-lo é necessário ferramentas de desenho básicas como lápis, carvão ou pincéis. Ele pode ser considerado dentro tanto quanto um processo, como resultado de produções artísticas. É composto por três características principais linhas, pontos e formas e se distingue da pintura e gravura mesmo que o suporte para ambos sejam formas planas.

2 – Mundo bidimensional tridimensional

No geral, as pessoas acham difícil ser um bom desenhista. De fato, uma grande parte dos que começam algum curso de desenho desiste por julgar "não dar para a coisa". O desenhista que espera fazer-se da noite para o dia, como um bilhete premiado de loteria, está muito enganado.

Para ser um desenhista são necessárias doses elevadas de três coisas: persistência, treinamento e observação. As duas primeiras dependem exclusivamente da pessoa, já a terceira, a observação deve ser aliada a uma boa memória visual, e é tão importante quanto uma orientação segura.

Vale a pena

Vale a pena **ler,**

Croquis e Perspectivas de Fernando Domingues – 2011; Desenho à Mão Livre. Materiais e Anatomia – 2015.

Vale a pena **acessar,**

Disponível em: <https://www.archdaily.com.br/br>. Acesso em: 28 fev.2001.

Disponível em: <https://www.arcoweb.com.br>. Acesso em: 28 fev. 2001

Vale a pena **assistir,**

Como desenhar croqui com pose. Disponível em: <https://www.youtube.com/watch?v=nVHrLDWK8iA>.

Materiais para desenho. Disponível em: <https://www.youtube.com/watch?v=J-TvGzpZ6rI>.

Referências

Croquis E Perspectivas de Fernando Domingues – 2011; *Desenho à Mão Livre.* Materiais e Anatomia – 2015.

Projetando Espaços - Mirian Gurgel, 2017

Ensaio sobre Projeto – Alfonso Corona Martinez, 2000

CHING, Francis D. K. *Arquitetura: forma, espaço e ordem.* [4. tiragem]. São Paulo: Martins Fontes, 2005. ISBN.: 85-336-0874-8.

WONG, Wucius. *Princípios de forma e desenho.* 2. ed. São Paulo: Martins Fontes, 2010. ISBN.: 978-85-7827-258-6.

GOMES FILHO, João. *Gestalt do objeto: sistema de leitura visual da forma.* 7.ed. São Paulo: Escrituras, 2006. ISBN.: 85-86303-57-7.

Ver pelo Desenho - Manfredo Massironi

Princípios de Forma e Desenho – Wucius Wong, 2010.

CHING, Francis D. K. Arquitetura: forma, espaço e ordem. [4. tiragem]. São Paulo: Martins Fontes, 2005. ISBN.: 85-336-0874-8.

DONDIS, A Donis. *Sintaxe da linguagem visual.* 3. ed. São Paulo: Martins Fontes, 2007. ISBN.: 978-85-336-2382-8.

UNWIN, Simon. *A análise da arquitetura.* 3. ed. Porto Alegre: Bookman, 2013. ISBN.: 978-85-65837-76-7.

WONG, Wucius. *Princípios de forma e desenho.* 2. ed. São Paulo: Martins Fontes, 2010. ISBN.: 978-85-7827-258-6.

GOMES FILHO, João. *Gestalt do objeto:* sistema de leitura visual da forma. 7.ed. São Paulo: Escrituras, 2006. ISBN.: 85-86303-57-7.

MUNARI, Bruno. *Design e comunicação visual.* São Paulo: Martins Fontes, 1982. ISBN.: 85-336-0635-4.

SPANKIE, Ro. *Drawing out the interior.* Londres: AVA, 2009. ISBN.: 978-2-940373-88-8.

Projetando Espaços - Mirian Gurgel, 2017.

Princípios de Forma e Desenho – Wucius Wong, 2010.

GUIZZO. J.; FUNARI, P.P.A. Dicionário Visual, *Antigas civilizações.* A DORLING KINDERSLEY BOOK, Editora de Publicaciones S.A., Santiago, Chile, Edição Brasileira, Editora Ática S.A., circular no Jornal da Tarde, Brasil, 1995, p.126-179.

HART-DAVIS, A.; MARIN, L.C.P. *160 Séculos de Ciência.* São Paulo, Brasil. Duetto Editorial, 2010, p. 11-57.

HART-DAVIS, A.; PAVAM, C.A. *Coleção Enciclopédia Ilustrada de História,* São Paulo, Brasil, Duetto Editorial, 2009, p. 11-144.

KARMAL, L.; NETO, FREITAS J.A. *A Escrita da Memória.* São Paulo, Brasil, Instituto Cultural Banco Santos, 2004, p. 13-119.

KARMAL, L.; NETO, FREITAS, J.A. *A Escrita da Memória:* Interpretação e Análises Documentais. São Paulo, Brasil, Instituto Cultural Banco Santos, 2004, p.63-91.

OLIVIERI, A.C. *Pré-História.* 9ª ed. São Paulo, Editora Ática, 1996, p. 27-35.

PARELLADA, C.I. *Arte Rupestre no Paraná.* Revista científica/ Fap, Curitiba, Paraná, Brasil, v.4, n.1, p.1-25, jan./jun. 2009.

POZZER, K.M.P. *A Palavra de Argila e a Memória da História,* em, A escrita da Memória: Interpretação e Análises Documentais. São Paulo, Brasil, Instituto Cultural Banco Santos, 2004, p.63-91.

Princípios de Forma e Desenho – Wucius Wong, 2010.

Redesenhando o Desenho. Educadores, Política e História – Ana Mae Barbosa, 2014.

Minhas anotações

Minhas anotações

Graduação a Distância

2º SEMESTRE

Tecnologia em
Design de Interiores

PROJETO DE INTERIORES I

(RESIDENCIAL)

[anotações manuscritas: Briefing gosta - gosta, Levantamento arquitetônico, CROQUI]

UNIGRAN net

UNIGRAN - Centro Universitário da Grande Dourados

Rua Balbina de Matos, 2121 - CEP 79.824 - 9000
Jardim Universitário
Dourados - MS
Fone: (67) 3411-4141 / Fax: (67) 3411-4167

CEAD
Coordenadoria de Educação a Distância

Apresentação da Docente

Bem-vindo!

Nádia Mattos Melo é graduada em Design de Interiores pelo Centro Universitário Anhanguera de Campo Grande (UNAES) e pós-graduada em Metodologia para Educação a Distância EAD, pela UNIDERP. Possui registro de Designer de Interiores pela ABD – Associação Brasileira de Designers de Interiores. Há quatro anos desenvolve projetos residenciais, comerciais e coorporativos em seu escritório. Por dois anos ministrou aulas nos cursos técnicos da UNIDERP e Senac/MS, atualmente ministra aulas nos cursos tecnológicos em Design de Interiores da UNIGRAN – Centro Universitário da Grande Dourados. É coordenadora do curso de Design de Interiores da UNIGRAN Capital, e ocupa o cargo de Coordenadora Acadêmica da ABD/MS (Associação Brasileira de Designers de Interiores Regional – MS).

MELO, Nádia Mattos. Projeto de Interiores I (Residencial). Dourados: UNIGRAN, 2019.

54 p.: 23 cm.

1. Projeto. 2. Interiores.

Sumário

Conversa Inicial

Prezados(as) alunos(as):

Bem-vindos(as) à disciplina de Projetos de Interiores I residencial. Esta é uma disciplina projetual, onde você vai aprender a elaborar um projeto de interiores em todas as suas etapas para a área residencial. Para aprofundar seus conhecimentos sobre a elaboração de projetos e a profissão de designer de interiores, a disciplina integra o curso de Design de Interiores da UNIGRAN Net.

A profissão de Design de Interiores ainda gera dúvidas, por falta de conhecimento ou, muitas vezes, por ser confundida com outras que também recebem a nomenclatura de DESIGN. O Designer de Interiores projeta e desenvolve projetos de vários segmentos, sejam eles: residenciais, comerciais ou efêmeros. O profissional leva em consideração o conforto, a funcionalidade e a beleza nos projetos de interiores.

Para que seu estudo se torne proveitoso e prazeroso, esta disciplina foi organizada em oito aulas, com temas e subtemas que, por sua vez, são subdivididos em seções (tópicos), atendendo aos objetivos do processo de ensino-aprendizagem. Na aula 01, vamos aprofundar sobre o estudo preliminar dos projetos residenciais. Na aula 02, vamos falar de anteprojeto, etapa essencial para que seu cliente conheça sua proposta. Na aula 03, vamos falar sobre sua proposta e como você vai desenvolver e projetar para seu cliente. Na aula 04, vamos falar da elaboração de contratos para projetos residenciais. Na aula 05, falaremos sobre os contratos terceirizados que vamos utilizar para executar o projeto de interiores. Na aula 06, falaremos sobre o projeto executivo, de suma importância para você e seu cliente. Na aula 07, estudaremos os projetos complementares do projeto executivo. Na última aula, vamos falar sobre a finalização dos projetos de interiores, como executá-los e quais as formas de trabalhar.

Esperamos que, até o final da disciplina, vocês possam desenvolver e elaborar projetos de interiores residenciais e compreender as etapas necessárias para se projetar interiores, além de identificar os aspectos relevantes e importantes de um bom projeto. Com uma formação sólida, alcançarão grande sucesso profissional.

Para tanto, a metodologia das aulas se dará a partir de aulas dissertativas, procurando estabelecer relações com temas práticos e desenvolvendo a prática. Porém, antes de iniciar a leitura, gostaríamos que vocês parassem um instante para refletir sobre algumas questões que envolvam a elaboração de projetos, Como começar a trabalhar? Como proceder com o primeiro cliente? Posso assinar meus projetos? Posso trabalhar sozinho ou é necessário ser com outro profissional? Esses questionamentos eu vejo com frequência no decorrer da minha carreira e peço a você que leia mais sobre como ser um designer de interiores e como levar a carreira com ética e, principalmente, com responsabilidade, afinal, estamos cuidando da vida dos habitantes de um espaço interno.

Não se preocupem. Não queremos que vocês respondam de imediato, todas essas questões. Mas esperamos que, até o final, vocês tenham respostas e também formulem outras perguntas.

Vamos, então, à leitura das aulas?

Boa leitura!
Prof.ª Nádia

Aula 1º

Estudo preliminar

Prezados(as) alunos(as):

Nesta aula, vamos falar sobre as etapas para elaborar um projeto de interiores residencial. No primeiro semestre vocês já viram e conheceram essas etapas, porém, aqui vamos nos aprofundar e elaborar projetos para você aprender o início e o fim de um projeto. O estudo preliminar, ou seja, o estudo com o cliente e com o ambiente a ser projetado é de suma importância para iniciarmos nossos projetos.

Para você entender e compreender sobre a profissão, julgamos ser de fundamental importância uma apreciação de boas-vindas, ou seja, uma visão geral do conteúdo e do contexto em que se inscreve o design de interiores. Pode parecer complexo, mas não se preocupem, logo vão estar familiarizados com esses conhecimentos. Portanto, reservamos como conteúdo inicial os seguintes itens que se constituem em objetivos para o aprendizado de vocês, conforme segue.

Boa aula!

Bons estudos!

Objetivos de aprendizagem

Ao término desta aula, vocês serão capazes de:

- compreender o que é um projeto de interiores na sua primeira etapa e numa visão mais ampla;
- identificar quais as necessidades de uma primeira abordagem com o cliente.

O que é projeto de interiores?
"Numa acepção mais ampla, significa o planejamento, a organização, a decoração e a composição do layout espacial de mobiliário, equipamentos, acessórios, objetos de arte, etc..., dispostos em espaços internos habitacionais, de trabalho, cultura, lazer e outros semelhantes, como veículos aéreos, marítimos e terrestres – aviões, navios, trens, ônibus e automóveis, por exemplo". (Gomes filho, 2006).

1 - Entrevista para a construção do *briefing*

Quando um cliente te procura, ele tem uma necessidade, e você, como profissional, deve aprender a identificar essa necessidade e adequá-la da melhor maneira possível, pois nem sempre o que o cliente quer é o melhor para ele. É trabalho do Designer de Interiores aprender a identificar o "problema" e dar as melhores soluções. O primeiro contato com o cliente ocorrerá em uma reunião preliminar. Nessa reunião você mostrará ao seu cliente o seu portfólio, para que ele conheça o seu trabalho e possa avaliar a qualidade dos projetos que você já fez. Essa etapa é como um namoro. Vocês terão o primeiro contato, no qual ele irá avaliar você, e você tentará conhecer melhor esse cliente. Essa reunião poderá ser marcada em seu escritório, na casa do cliente, no trabalho dele, em um café ou até mesmo em um restaurante. Aqui você irá aproveitar para saber o que ele deseja realizar, como ele gostaria de realizar, do que se trata o projeto em si, qual o espaço que você irá trabalhar e suas medidas aproximadas. Você irá aproveitar essa etapa para apresentar seu trabalho, sua forma de trabalhar e suas limitações técnicas como Designer de Interiores como projetos elétricos, projetos estruturais, construções de qualquer forma e modelo. Nessas áreas você vai precisar de um engenheiro ou arquiteto para te ajudar em possíveis complicações que poderão ocorrer durante a futura execução do projeto.

Após a primeira conversa, é hora de coletar informações para criar o *Briefing* do seu cliente. Faça uma entrevista para que você obtenha informações que lhe permitam conhecer seu cliente. Pergunte sobre o projeto, o que ele deseja, quais suas cores favoritas, qual seu estilo; se tem preferência por algum tipo de mobiliário; o que mais o agrada; quais as cores e estilos que ele não gosta (pergunta importante a ser feita), sua idade, sua profissão, quais seus *hobbys* preferidos, qual sua expectativa para o projeto, quais suas ideias e que tipo de materiais ele gostaria que fosse utilizado no projeto. Sinta-se livre para obter quantas informações julgar necessário para realizar seu projeto de forma que seu cliente fique satisfeito. Tente fazer isso de maneira agradável e descontraída, pois todo mundo gosta de uma boa conversa e as pessoas tendem a ficar mais confortáveis quando estão descontraídas. A sugestão é não fazer um questionário para o cliente responder, pois quando fazemos isso, ele vai responder sozinho e, geralmente, surgirão dúvidas. Mas quando você está por perto, conversando, as chances do cliente não gostar ou responder de forma errônea são mínimas.

Conforme você for perguntando ao seu cliente sobre o que ele quer no projeto, tente identificar os problemas inerentes a sua vontade, pois quando temos o desejo de mudar algo ou não nos sentimos satisfeitos, isso nos gera problemas e ficamos infelizes. Um cliente que queira mais espaço em um ambiente, por exemplo, não o deseja apenas porque ele acha bonito, mas porque tem um problema, ou seja, o espaço que hoje dispõe está pequeno ou está incômodo, está desconfortável ou não atende mais suas necessidades. Dessa forma ele não se sente mais feliz com esse espaço. Lembre-se: não há uma regra para elaborar o *Briefing*, geralmente, conforme a conversa segue é que vamos extraindo as informações.

Quando nós identificamos o porquê que se esconde por trás do "eu preciso" fica muito mais simples apresentar soluções inteligentes que irão poupar seu tempo e o tempo do cliente.

Durante a entrevista preliminar, não se esqueça de perguntar ao cliente o que ele quer, porém, o mais importante, antes de tudo, é saber qual o orçamento que ele dispõe para realizar o que deseja. Afinal, isso vai influenciar diretamente em todo o projeto e em algumas situações pode já inviabilizar uma ideia antes mesmo de pensarmos nela com mais carinho. Pergunte sobre o orçamento que ele dispõe para todo o projeto, não se esqueça de que nesse valor deverá estar incluso seus serviços. Procure saber se seu cliente possui um fundo de reserva que ele possa dispor, caso algum imprevisto ocorra, pois quando executamos um projeto, existe sempre a possibilidade de surgirem gastos que estavam ocultos como, por exemplo, a troca de uma fiação muito antiga, a impermeabilização de uma parede que se encontra com infiltração oculta. Caso esse fundo de reserva não exista, você terá que pensar nessas surpresas e extrair uma parte do orçamento que seu cliente dispõe para o projeto e guardá-la para alguns percalços.

2 - Diagnóstico do local

Como já vimos anteriormente, é muito importante saber a função do ambiente e diagnosticar suas necessidades: Para que ele vai ser utilizado? Como? Quando? É para toda família usufruir ou não? É somente para dormir? Gosta de assistir TV no quarto? É para área de banho? E, assim, sucessivamente, as perguntas devem ser respondidas, pois devemos saber para qual função vai ser utilizado o ambiente, e somente o cliente pode lhe responder. Logo de cara você precisa saber se o ambiente é para uma família grande ou para um solteiro que acabou de comprar sua casa ou apartamento. Identificar qual é a função de um determinado espaço é essencial para elaborar sua proposta inicial. Uma situação que sempre acontece é o cliente ser solteiro e ter uma sala de jantar que ele não utiliza e quer transformá-la em home office, e fazer da cozinha um local para preparar sua refeição e degustá-la no mesmo ambiente. Por isso, é importante saber o que o cliente deseja. Não podemos chegar à sala de jantar e continuar a projetar uma sala de jantar se não é isso que o cliente quer, correto? Se o ambiente é utilizado por mais de um usuário, devemos entrevistar a todos, pois precisamos levar em consideração a utilidade do espaço para cada um.

Durante sua vida profissional você vai se deparar com inúmeras situações inusitadas como, por exemplo, se seu cliente é uma mãe com filhos adolescentes e pede modificações nos quartos dos jovens. Por mais que ela queira palpitar em tudo, você deve ouvir a opinião dos jovens, afinal, eles serão os usuários desses ambientes. Sendo assim, cabe ao profissional mediar as melhores soluções para o caso. Outra situação é quando seu cliente é a mulher ou o marido, que tenham filhos e todos vão utilizar os ambientes comuns como salas, cozinha, área externa etc. O ideal é conversar com todos e saber a opinião de cada um, isso vai lhe ajudar na hora de projetar e, ao mesmo tempo, livrá-lo de inúmeras situações desagradáveis com a família. Outra coisa que devemos cuidar é com o quarto de bebê. Projete quartos que possam vir a ser de adolescentes futuramente, sem que os pais gastem muito para isso ou necessitem fazer uma grande reforma depois que o bebê crescer. A maioria dos pais prefere assim. Isso facilita seu trabalho e deixa o cliente feliz. Lembre-se de que toda criança cresce e ela não vai mais querer um quarto rosa, por exemplo, quando for adolescente.

3 - Levantamento Arquitetônico

O próximo passo é marcar uma visita ao local, a fim de conhecer o ambiente que irá modificar. Aproveite essa visita para fazer um reconhecimento de todos os ambientes. Não se esqueça de realizar as medidas necessárias para a execução do projeto. Então, fique atento às medidas, pois discrepâncias nessa etapa podem gerar uma enorme dor de cabeça. Exemplo: se uma parede mede 3 metros e 56 centímetros, você não deve arredondar essa medida, pois futuramente pode gerar muitos problemas. Se a medida foi 3,56 m, mantenha-a assim sempre. Isso vai ajudar na hora de projetar, uma vez que você pode vir a precisar de mais, ou menos espaço. Lembre-se de que papel aceita tudo. Na dúvida, confira as medidas sempre que achar necessário. As medidas serão utilizadas para calcular os valores do seu orçamento. Informações como área são de extrema importância para realizar orçamentos de pisos, já as medidas de área de paredes são utilizadas para orçamentos de tintas, revestimentos e papel de parede.

Quando for orçar itens como tinta, tenha em mente as opções de marcas que você irá oferecer ao seu cliente. Nos sites dos fabricantes encontramos dados dos produtos como a área de cobertura, assim fica mais fácil calcular o orçamento. Aqui também entram as medidas de todos os ambientes. Avalie as estruturas já existentes e demarque nas suas anotações todas as medidas (colunas, pilares, vigas etc.). Faça o levantamento das instalações elétrica, hidráulica, gás, ar, telefonia e TV. Não se esqueça das esquadrias (portas e janelas). Olhe com calma a situação geral da edificação. Veja se ela vai necessitar de reparos (pinturas, estufamento das paredes, descascados etc.). Não se esqueça também das áreas permeáveis internas e externas (jardins internos ou externos, gramado ou qualquer local onde se possa ver grama ou terra). Enfim, tudo aqui é necessário para projetar espaços muito mais eficientes, práticos e funcionais. Abaixo segue a imagem de um modelo de croqui que utilizamos para levantamento arquitetônico. Esse croqui pode ser feito no próprio local. Uma dica é fazer por ambiente, mesmo que esteja tudo integrado, como na imagem. Isso vai facilitar na hora de coletar os dados e informações do local a ser projetado.

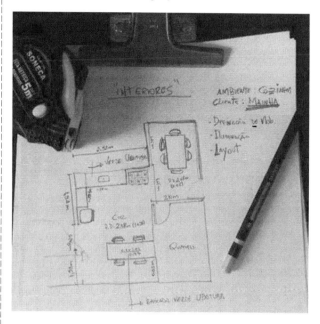

3.1 Primeira proposta (croqui)

De posse desses dados, é hora de elaborar o croqui para mostrar sua primeira proposta de espaço a ser projetado. Faça por ambiente. Isso ajuda na hora de marcar algumas modificações dos clientes ou qualquer outra anotação pertinente ao projeto. Então, mãos à obra, é hora de transformar o *briefing* em um croqui. Nessa etapa, cruzamos os dados do levantamento arquitetônico com o *briefing*. É quando começa a selecionar os materiais para criar seu projeto e fazer as modificações pedidas pelo cliente. Sua criatividade é sua arma, pois todos os problemas detectados no *briefing* deverão ser solucionados de acordo com as possibilidades do projeto e a vontade do cliente. Porém, não se martirize ou se culpe por não conseguir elaborar um croqui logo de cara, pesquise, busque as novidades do mercado, projetos já executados a partir das informações que você tem em mãos, isso facilitará muito na hora de colocar tudo no papel. Só não copie projetos, pois isso é crime e você pode vir a responder criminalmente pelos direitos autorais. Use somente para inspiração. Com o croqui em mãos, você pode apresentá-lo ao cliente informando-lhe tratar-se somente de um protótipo ou de um conceito. Dependendo da reação dele você saberá se está no rumo certo ou se precisa melhorar alguma coisa. As modificações feitas pelos clientes são necessárias, pois é ele que vai morar ali. Então, leve em consideração tudo que ele te falar, não devemos colocar nossos gostos no projeto, pois não somos nós que vamos usufruir daquele ambiente.

Abaixo seguem duas imagens para você entender como é o croqui com a primeira proposta. Pode ser tanto em planta baixa como em perspectiva para melhor compreensão do cliente. O profissional é quem decide qual deles irá apresentar ao cliente. Tudo depende de como você desenha e se se sente confortável para mostrar sua proposta.

Croqui em Perspectiva

Disponível em: <https://www.instagram.com/interart_interiores/>. Acesso em: 03 de Jan. de 2018.

Croqui em Planta Baixa

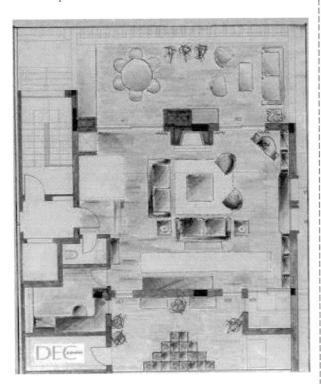

Disponível em: <http://dec-a-porter.blogspot.com.br/2012/01/assembling-your-design-scheme-mood.html>. Acesso em: 03 de Jan. de 2018.

Retomando a aula

Chegamos ao final da nossa primeira aula. Espero que agora tenha ficado mais claro o entendimento de vocês sobre o que é o Projeto de Interiores. Vamos, então, recordar:

1 - Entrevista para a construção do briefing

Nessa primeira seção estudamos o primeiro contato com o cliente: apresentação do portfólio, entrevista, conhecimento do cliente, suas necessidades, seus desejos. Aprendemos a fazer o *Briefing*, parte muito importante, para não dizer de extrema necessidade para desenvolver um projeto de interiores.

2 - Diagnóstico do local

Nessa seção falamos sobre as funções do ambiente e sua utilização, parte também importante para um projeto, pois é a partir daqui que conseguimos visualizar e já obter a primeira proposta para um projeto de interiores.

3 - Levantamento Arquitetônico

Nessa seção falamos sobre o levantamento arquitetônico. Nessa etapa o profissional visita o local da obra, a reforma ou até mesmo se estiver na planta. Visita o terreno e onde vai ser a futura residência. Assim terá em mãos todos os dados e medidas para elaborar sua primeira proposta de interiores.

Na próxima aula vamos nos aprofundar mais sobre projetos de interiores residenciais. Falaremos sobre o Anteprojeto, as etapas que desenvolvemos nessa fase e que nos ajudam a chegar num senso comum com o cliente, ou seja, a desvendar seus desejos para colocar tudo no papel e começar a transformar o sonho do cliente em realidade.
Vamos lá!

Vale a pena

Vale a pena **ler**

GURGEL, Mirian. *Organizando Espaços:* Guia de Decoração e reforma de Residências. São Paulo. Editora SENAC, 2009.

MANCUSO, Clarice. *Arquitetura de interiores e decoração:* a arte de viver bem. São Paulo. 6º Ed. Sulina, 2007.

LAWSON, Bryan. *Como os arquitetos e designers pensam.* São Paulo: Oficina de Textos, 2011.

GIBBS, Jenny. *Design de interiores:* guia útil para estudantes e profissionais. México: G. Gili, 2013.

Vale a pena **acessar**

Associação Brasileira de Designers de Interiores (ABD). <http://www.abd.org.br/novo/>. Acesso em: 25 de Jun. de 2017.

Interart Interiores coordenado pela Designer Bianka Mugnatto , escritório consolidado no mercado de trabalhao e o único a ter o selo ISSO 9001.<http://www.biankamugnatto.com.br/2/index.php>. Acesso em: 25 de Jun. de 2017 http://www.biankamugnatto.com.br/2/perfil/ .

Um dos blogs mais conhecidos quando o assunto é Decoração, coordenado por Lucila Turqueto. <http://www.casadevalentina.com.br/>. Acesso em: 25 de Jun. de 2017.

Vale a pena **assistir**

Tempo de Recomeçar – 2001
Sob o Sol de Toscana – 2009
Meia Noite em Paris – 2011

Minhas anotações

Minhas anotações

Aula 2°

Anteprojeto

Prezados(as) alunos(as):

Nesta aula, vamos falar sobre mais uma etapa para a elaboração de projeto de interiores residencial. Na aula 1você viu e aprendeu a primeira dessas etapas. Agora vamos nos aprofundar, esclarecendo que antes de iniciar o projeto propriamente dito, é necessário elaborar um anteprojeto. Vamos ver como fazer um projeto conceitual, definir estilo, materiais, revestimentos, mobiliários, ou seja, tudo que você quer e o cliente pediu no projeto. Ainda não é o projeto final, mas já estamos caminhando nesse sentido.

Para você entender e compreender sobre a profissão, julgamos ser de fundamental importância uma apreciação de boas-vindas, ou seja, uma visão geral do conteúdo e do contexto em que se inscreve o design de interiores. Pode parecer complexo, mas não se preocupem, logo vão estar familiarizados com esses conhecimentos.

Boa aula!

➤ Bons estudos!

Objetivos de aprendizagem

Ao término desta aula, vocês serão capazes de:

- compreender o que é um projeto de interiores na sua segunda etapa e numa visão mais ampla;
- identificar quais as necessidades do cliente para o projeto de interiores;
- aprender a apresentar um projeto.

Seções de estudo

1 - Anteprojeto
2 - Identificação do Estilo
3 - Projeto Conceitual
4 - Materiais de acabamento
5 - Apresentação do projeto para aprovação do cliente

O que é projeto de interiores?

"Numa acepção mais ampla, significa o planejamento, a organização, a decoração e a composição do layout espacial de mobiliário, equipamentos, acessórios, objetos de arte, etc..., dispostos em espaços internos habitacionais, de trabalho, cultura, lazer e outros semelhantes, como veículos aéreos, marítimos e terrestres – aviões, navios, trens, ônibus e automóveis, por exemplo" (Gomes Filho, 2006).

1 - Anteprojeto

Entramos na fase do anteprojeto, etapa em que vamos nos preparar para apresentar o conceito ao cliente. Devemos prestar atenção aos detalhes, desde o modo de apresentação até os materiais escolhidos por você. Quando estiver apresentando seu projeto-conceito para o cliente, ele vai ter dúvidas e questionar sobre suas escolhas. Por isso, é sempre bom estar preparado, estude sobre os materiais que você pretende utilizar, sobre os móveis, as esquadrias, caso haja no projeto. Procure sempre sanar as dúvidas do seu cliente com informações técnicas, de modo preciso e sem deixar dúvidas nas entrelinhas. Tenha paciência com seu cliente, ele não é um perito em designer. Às vezes ele repete perguntas. Esclareça-as com calma, para que tudo fique bem claro. Uma boa dica é sempre ter mais de uma opção de conceito, porém, apresente a que você acredita ser a melhor. Não deixe muitas opções abertas. Isso evita o excesso de dúvidas por parte do cliente. Você pode lançar mão de um *moodboard* ou *concept board* para ilustrar melhor sua apresentação. Utilizamos esse painel conceitual para ilustrar os materiais, revestimentos, tecidos, mobiliários etc., onde podem ser colocados desenhos, figuras recortadas de revistas ou amostras do próprio material. Tudo ao gosto do cliente e de acordo com as informações colhidas durante a elaboração do *Briefing*. Recebendo o "ok" do cliente, siga para a próxima fase. Lembrando que antes de fazer seu projeto-conceito você precisa definir o estilo do cliente. Isso ajuda na hora de apresentar e de montar seus painéis.

2 - Identificação do estilo

Aqui vamos aprender a identificar as necessidades,

o estilo, o gosto e saber como programar o que o cliente deseja. Tais informações facilitam na hora de projetar e de apresentar o projeto ao cliente. Para melhor compreender seus gostos, o designer pode pedir ao cliente que apresente na reunião da primeira entrevista e elaboração do programa de necessidades, imagens de revistas que ele aprecie. Cada profissional desenvolve seu próprio método ou forma criativa de trabalhar e atender todas as necessidades e sonhos dos clientes. Alguns designers se baseiam em fatos concretos ou imaginários. Exemplo: o profissional pode pedir ao cliente que pronuncie três palavras que expressem suas características mais desejadas, ou cite três peças de roupas que ele mais gosta, para assim identifica o estilo do cliente como leveza, elegância e conforto. Outros designers buscam inspirações nos elementos naturais encontrados no próprio local do imóvel, ou nos dados obtidos no programa de necessidades, ou no *briefing*. Objetos do cliente como tapetes, pinturas, enfeites, também servem como inspiração para o conceito do projeto, o que possibilita obter determinadas cores ou formas para os acabamentos de um cômodo. Lembre-se, porém, que ao estabelecer o conceito de seu projeto, o profissional deve levar sempre em consideração fatores como o orçamento e o estilo de vida que o cliente leva e tem.

3 - Projeto conceitual

De posse do croqui, é hora de transformar o *briefing* em um projeto conceitual. Começamos, então, a selecionar os materiais para iniciar a criação do projeto e fazer as modificações solicitadas pelo cliente. Nessa etapa, sua criatividade será sua arma, pois todos os problemas detectados no *briefing* deverão ser solucionados de acordo com as possibilidades do projeto e a vontade do cliente. Aqui você utilizará sua imaginação para mostrar ao cliente sua ideia. É um conceito do projeto em si, um protótipo. Utilize o *moodboard* ou *concept board* para ilustrar melhor a apresentação dos materiais, revestimentos, tecidos, mobiliários etc. Podem ser incluídos também desenhos, figuras recortadas de revistas ou amostras do próprio material.

O *moodboard* ou *concept board*, como você já viu, é uma ferramenta que auxilia muito na hora de apresentar seu trabalho ao cliente. Mas não confunda um com o outro, pois são painéis diferentes e servem para diferentes situações. Isso não significa que você deva utilizar os dois ao mesmo tempo. Escolha um tipo de painel conceitual por vez e adote cada um na sua etapa. Vejamos, então, como empregar cada painel. O *moodboard* você utiliza para apresentar ao cliente sua primeira proposta para o ambiente. É onde são colocadas imagens de revistas ou da internet como referência a sua ideia, ou até mesmo amostras de tecidos e revestimentos, se você os tiver em mãos ou no seu escritório. É um painel bem conceitual, onde você não tem a obrigatoriedade de seguir medidas, etc., mas somente seu lado criativo. Para fazer o painel você irá apenas munir-se do *briefing*. Esse tipo de painel é utilizado nas áreas de publicidade, moda e tudo mais que necessite de um conceito antes de finalizar um projeto. Veja na imagem a seguir como é um *moodboard*.

Disponível em: <http://www.jennaburger.com/2015/12/creating-an-interior-design-plan-mood-board/>. Acesso em 06 de Jan. 2018.

O *concept board* é utilizado após o *moodboard*. Após apresentar ao cliente como estão caminhando suas ideias, conforme a aprovação dele, você vai para o *concept board*, onde será elaborada a planta baixa do ambiente e definido no painel mobiliário, tecidos, tapetes, peças decorativas entre outras coisas que você planeja colocar no ambiente. Mas lembre-se de que tudo isso você irá sempre utilizar no *briefing*. As dicas do seu cliente já foram apresentadas no *moodboard*. Agora, o que ele gostou e aprovou você vai passar para o *concept board* e fazer as devidas mudanças que seu cliente provavelmente pediu, se não pediu nada ou não fez nenhuma alteração, ótimo, você fez um belo trabalho com o *briefing* e está seguindo-o perfeitamente. Mas, se fez, não se preocupe, logo você pega o jeito. Olhe a imagem abaixo de como fazer um *concept board*.

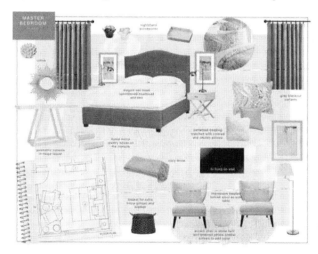

Disponível em: <http://www.savwi.com/interior-design-board/best-online-interior-design-services-decorilla-with-board-2017/>. Acesso em 06 de Jan. 2018.

Uma dica: evite usar ambientes já decorados de revistas ou da internet, tanto no *moodboard* como no *concept board*. Isso pode confundir na apresentação e seu cliente sequer falar ou perguntar para você, o que pode gerar uma dor de cabeça tremenda para o profissional. Depois de pronto o cliente pode alegar que não está do jeito que ele havia visto, e que se mostra diferente do que você apresentou. A mesma coisa vale para as marcas. Evite usar marcas nas imagens ou nos mostruários de tecidos, tintas, papel de parede, madeiras, mobiliários e decoração, pelo menos por agora. O profissional sim deve saber que fornecedor ou marca vai usar, mas sem passar isso para o seu cliente, pois pode parecer que você está induzindo a compra. Seu cliente tem o livre direito de comprar onde quiser. Seu trabalho é orientá-lo e, se necessário, informá-lo sobre qualquer problema que possa vir a ocorrer no futuro se ele chegar a usar determinada marca.

4 - Materiais de acabamento

Observamos ao longo do tempo que os materiais de acabamento e padronagem entram como elementos compositivos e necessários para o ambiente, pois não são compreendidos e sentidos somente pelos sentidos, mas também pelo intelecto, por meio de mensagens que provocam muitas interpretações e sentimentos. Os materiais podem se referir a um estilo ou época. E, a partir do momento em que passam a fazer parte de uma decoração, geram uma complexa rede de relações de identidade que fazem referência às características muito específicas de um período e/ou de um lugar ao qual podemos associar. Rodemann (1999) diz que a seleção da padronagem é pessoal. Os padrões são simbólicos e imbuídos de significados culturais. Estão intrinsecamente ligados com estilo e cor, com textura e com memória. O reconhecimento de uma padronagem é uma hierarquia cognitiva de significados, definições, momentos e detalhes. Como um quebra-cabeça, no design de interiores a padronagem deve fazer parte do projeto. Savoir (2007) diz que os padrões têm ocorrido dentro e fora dos estilos ao longo de séculos e, provavelmente, nunca irão desaparecer. O fascínio que exercem sobre os seres humanos, seja místico, psicológico ou sensorial, nunca realmente vacilou, simplesmente existem momentos em que é mais aceitável do em que outros.

A forma como o designer de interiores trabalha para organizar e para selecionar os revestimentos, os móveis, a iluminação, as cores, as padronagens etc., resulta numa mensagem clara para os usuários do ambiente e seus visitantes. Por isso, deve-se cuidar dessa escolha sempre com carinho, porque geralmente o que agrada uns não agrada outros. Para analisarmos essa mensagem a ser passada aos usuários e visitantes do ambiente, é preciso examinar todos os seus elementos. Munari (1997) propõe dividir a mensagem em duas partes, mesmo que seja difícil estabelecer uma fronteira entre elas.

> [...] uma é a informação propriamente dita, transportada pela mensagem e a outra é o suporte visual. Suporte visual é o conjunto de elementos que tornam visíveis a mensagem, todas aquelas partes que devem ser consideradas e aprofundadas para poderem ser utilizadas com a máxima coerência em relação à informação. São elas: Textura, Forma, Estrutura, Módulo, Movimento (MUNARI, 1997, p. 69).

Os padrões utilizados em um determinado papel de parede podem garantir uma grande satisfação de prazer para quem o contempla, porém, projetos mais complexos, com a decoração presente nos ambientes, podem permitir vários níveis de sensações e compreensão, sem fazer perder o sentimento de variedade. A mensagem que materiais e padronagens passam em um determinado local ou ambiente está além do objeto em si ou da superfície que foi utilizada, uma vez que traduzem um referencial cultural e único aos usuários. Os materiais e as padronagens misturam cores, formas, texturas e aspectos diferentes que possuem, além da função decorativa. Passam uma sensação de conforto e satisfação ao se olhar para o local onde se encontram. Para escolher os materiais de um determinado ambiente ou local, é importante você visitar os fornecedores e lojas a fim de conhecer e também se apresentar como profissional. Já vimos que essa é uma parte delicada a ser tratada com o cliente. Escolher um papel de parede ou cortina não é fácil como muitos pensam. Não tenha preguiça de sair de casa e conhecer suas futuras empresas parceiras. Depois da primeira visita você pode pedir para receber ou ganhar as amostras do produto vendido na loja ou na empresa. Mostruários de papéis de parede, tintas, tecidos, madeiras, revestimentos, pisos etc. são atualizados e enviados aos profissionais pelas empresas, basta você entrar no site ou ir até a loja e se cadastrar. Alguns consideram isso um erro. Eu, particularmente não concordo, tendo em vista que essa prática facilita na hora de você criar um projeto e de apresentar ao seu cliente. Caso não goste do que você escolheu, na mesma hora, junto com você, ele pode escolher e definir outro revestimento. Se você não tiver o material em mãos, terá que se deslocar até uma loja, com seu cliente. Não chega a ser uma má ideia, pois os vendedores são treinados pelas empresas para saber especificar cada produto e isso ajuda muito na hora de decidir qual utilizar. Afinal, não temos como saber de tudo, pois esses materiais são atualizados todos os anos. A todo momento são lançadas novas tendências de cores, tecidos, revestimentos etc. Confesso que você vai enlouquecer com tanta opção disponível no mercado, sendo assim, como saber o que é melhor para seu cliente?

Bom, quando vamos iniciar um projeto devemos ter em mãos o *briefing* e o programa de necessidades do cliente, que servirão de base para definir qual material é o mais recomendado para aquele ambiente. Se seus clientes são um casal, por exemplo, e que tem um filho pequeno que é alérgico a poeira etc., você deve escolher ou optar por tecidos antialérgicos e de fácil lavagem, tapetes antialérgicos, tintas antialérgicas, e por aí vai. Veja bem, o ambiente deve ser projetado de forma que o cliente não tenha mais reação alérgica em todos os locais de convívio da residência. Você foi contratado para isso, ou seja, decorar e também solucionar os problemas dessa família, correto? Lembre-se de que nós, designers de interiores, somos especificadores de materiais. Sendo assim, precisamos fazer isso sempre, não apenas de vez em quando. Outro cuidado que devemos ter é saber se a família possui animais de estimação e se eles convivem com a família dentro de casa. Nesse caso, devemos escolher tintas laváveis para as paredes, tecidos impermeáveis ou que você possa mandar impermeabilizar, para os estofados, tapetes de fácil manutenção e colocar as peças decorativas longe das patinhas, enfim, pense em tudo, em todos os detalhes antes de escolher os materiais. Outro ponto importante é saber que em residências com crianças, todo cuidado é pouco. Então, a escolha dos materiais deve respeitar a finalidade do espaço, ou seja, se é para o convívio familiar de todos ou se é o quarto da criança. Hoje existem muitos materiais próprios para as crianças e para os bebês, como paredes de quadro negro e painéis que permitem pinturas e depois saem com água, que são uma ótima pedida. Lembre-se de que tudo depende do que o seu cliente pediu, mas também não é proibido que você faça sugestões, pois seu cliente não conhece tudo, por isso o contratou, certo?

5 - Apresentação do projeto para aprovação do cliente

Primeiro, deve-se fazer uma introdução, apresentando seu planejamento, definir um conceito para cada projeto garante unidade ao trabalho apresentado, após a apresentação do breve conceito, damos início à apresentação do projeto de interiores.

- apresente diferentes soluções estéticas e funcionais para atender às necessidades do cliente.
- procure destacar os aspectos mais relevantes que você anotou no programa de necessidades e descreva como tais aspectos foram pensados para o projeto.
- apresente imagens do projeto que podem ser feitas por softwares específicos da área ou à mão, com croquis, plantas, elevações e o *concept board*.
- fique atento às informações e às reações dos seus cliente, eles podem não falar, mas vão expressar alguma reação.
- não utilize todo o seu tempo para a apresentação, aproveite para discutir sobre o projeto após sua apresentação, aqui sim você vai precisar de mais tempo.
- saiba sempre o valor dos produtos que você escolheu e que serão utilizados no projeto.
- acompanhe as tendências do mercado da decoração, assim, você concilia qualidade, novidades e preço justo.
- esse também é um ótimo momento de obter informações com seus fornecedores para analisar as opções que eles podem te oferecer, uma das informações é saber se há possíveis descontos que podem ser oferecidos ao seu cliente, os prazos para executar os trabalhos etc.
- não se esqueça de levar os mostruários de pisos, revestimentos, tecidos, tintas etc., que você tem e que utilizou para compor sua ideia. Você vai precisar dele caso o cliente peça alguma alteração.
- nessa etapa você deverá conhecer melhor sobre os investimentos que seu cliente pretende ou tem para o projeto de interiores. Com isso chegará mais preparado para fazer as sugestões pensadas para o projeto.
- anote todas as informações que precisa repassar para seu cliente durante a apresentação.
- defina um único conceito para o projeto e esteja apto para explicá-lo. É importante mostrar ao seu cliente por que você escolheu um determinado objeto para o projeto, a cor ou o estilo. Ele, provavelmente, fará várias perguntas sobre isso para entender melhor as suas ideias.
- conquiste seu cliente com boas argumentações,

ressalte sempre os aspectos mais relevantes do seu projeto, como a solução para aquele lavabo esquecido, por exemplo. Justifique sua ideia e mostre como ela pode ser uma ótima solução para aquele ambiente.

- mostre as imagens que você colheu para sua ideia, as perspectivas e, por último, apresente o valor do projeto.

- esteja aberto para ouvir os questionamentos e as sugestões de alterações feitas pelo seu cliente, afinal, é ele que vai morar ali, então, a palavra final é sempre dele. Não se frustre com isso, com o tempo você vai adquirir experiência e as chances de seus projetos precisarem de alterações vão diminuir.

- os pedidos geralmente surgem porque o cliente notou ou observou uma nova necessidade para aquele ambiente ou apenas quer alterar pequenos detalhes. Caso seus clientes façam mesmo alterações, marque um novo prazo para refazer o projeto com as devidas alterações e uma nova data para apresentar sua proposta.

Retomando a aula

Chegamos ao final da nossa segunda aula. Espero que agora tenha ficado mais claro o entendimento de vocês sobre como iniciar e apresentar um projeto de interiores. Vamos, então, recordar:

1 - Anteprojeto

Nessa seção, vimos que o anteprojeto é a etapa em que nos preparamos para apresentar o conceito ao cliente.

2 - Identificação do Estilo

Nessa seção aprendemos sobre como identificar o estilo do cliente, ou o que ele tem em mente para o projeto. Cada designer de interiores tem seu próprio método criativo para atender às necessidades do cliente. Devemos desvendar o que ele gosta e o que ele não gosta. Não é uma tarefa fácil, mas é muito prazerosa.

3 - Projeto Conceitual

Nessa seção aprendemos que é a fase de transformar o *briefing* em um projeto conceitual. Começamos a selecionar os materiais para iniciar a criação do projeto e fazer as modificações pedidas pelo cliente. Nessa etapa, sua criatividade é sua arma, pois todos os problemas detectados no *briefing* deverão ser solucionados de acordo com as possibilidades do projeto e as vontades do cliente. Aqui você utilizará muita imaginação para mostrar ao cliente sua ideia. É um conceito do projeto em si, um protótipo.

4 - Materiais de acabamento

Nessa seção aprendemos como escolher os materiais de um determinado ambiente ou local. É importante você visitar os fornecedores e lojas para conhecer e se apresentar como profissional. Vimos que essa é uma parte delicada a ser tratada com o cliente. Escolher um papel de parede ou cortina não é fácil, como muitos pensam. Quando vamos iniciar um projeto já devemos ter em mãos o *briefing* e o programa de necessidades do cliente. Com isso você vai definir qual material é o mais recomendado para aquele ambiente.

5 - Apresentação do projeto para aprovação do cliente

Nessa seção aprendemos como apresentar um projeto de interiores. Com o passar do tempo, vamos aprimorando nossas táticas para apresentar mais e melhor. Passamos dicas que irão ajudar muito, porém, lembre-se de que cada cliente é único e cada caso é um caso. Aprenda a respeitar opiniões e convergências sobre seus projetos, absorva o que lhe foi passado e reflita sobre o assunto sempre. O cliente é quem vai viver ali e os gostos e desejos dele devem ser respeitados, isso não impede que você dê suas ideias e palpites.

Na próxima aula vamos falar mais sobre os projetos de interiores residenciais. Abordaremos sobre os contratos de trabalho, etapas da construção da proposta e do orçamento preliminar para apresentar ao cliente visando à execução do projeto.
Vamos lá!

Vale a pena

Vale a pena **ler**

MANCUSO, Clarice. *Guia Prático do Design de Interiores.* São Paulo. 4° Ed. Sulina, 2014.

MANCUSO, Clarice. *Gestão de Arquitetura e Interiores.* São Paulo. 1° Ed. Sulina, 2016.

FRANCIS D. K. Ching. *Arquitetura de Interiores Ilustrada.* 2.Ed. Bookman, 2015.

HIPOLITO, Ealine. *Pequeno Livro de Decoração.* Guia para toda hora. Editora Verus. 2012.

MOUTINHO, Stella; PRADO, Rubia B.; LONDRES, Ruth. *Dicionário de Artes Decorativas e Decoração de Interiores.* 9° ed. Lexicon, 2011.

Vale a pena **acessar**

Associação Brasileira de Designers de Interiores (ABD). <http://www.abd.org.br/novo/>. Acesso em: 25 de Jun. de 2017.

Minhas anotações

Aula 3º

Proposta de design de interiores residencial

Prezados(as) alunos(as):

Nesta aula, vamos falar sobre mais uma etapa para elaborar um projeto de interiores residencial. Abordaremos sobre a proposta de trabalho de um designer de interiores e o orçamento preliminar. Por que fazer um orçamento? Porque é uma proposta antes do contrato. Vamos ver as diferenças entre um e outro e o motivo de sua necessidade. Muitos profissionais não utilizam a proposta de trabalho, mas vale destacar que isso ajuda e facilita na hora de elaborar contrato de projeto e de execução da obra.

Para você entender e compreender sobre a profissão, julgamos ser de fundamental importância uma apreciação de boas-vindas, ou seja, uma visão geral do conteúdo e do contexto em que se inscreve o design de interiores Pode parecer complexo, mas não se preocupem, logo vão estar familiarizados com esses conhecimentos. Portanto, reservamos como conteúdo inicial os seguintes itens que se constituem em objetivos para o aprendizado de vocês, conforme segue.

Boa aula!

Bons estudos!

Objetivos de aprendizagem

Ao término desta aula, vocês serão capazes de:

- compreender a necessidade de uma proposta de trabalho;
- identificar quais são as necessidades da proposta e dos orçamentos;
- aprender a elaborar uma proposta de trabalho.

Seções de estudo

1 - Proposta de Design de Interiores Residencial

Proposta comercial não é contrato. Ela vem antes do contrato e é enviada ao cliente como uma proposta comercial, seja ele pessoa física ou jurídica. Você pode e deve pedir que o cliente lhe devolva a proposta assinada como um aceite ou de acordo. Depois disso é assinado o contrato de prestação de serviços, que será bem mais completo e esclarecedor que a proposta comercial. No contrato deve ser exigida a assinatura das partes, com uma data para devolução e uma data de validade, que vai de dez a vinte dias, tendo em vista que nesse contrato ficam definidos os valores a serem cobrados pela prestação de serviço. Pode-se solicitar também a assinatura de duas testemunhas. A ABD (Associação Brasileira de Designers de Interiores) fornece aos seus associados um modelo de proposta de prestação de serviço. Basta entrar no site, baixar o arquivo e atualizar sempre que for necessário. Para o desenvolvimento de qualquer projeto é fundamental assegurar os direitos e responsabilidades das partes envolvidas, por isso, acordos, propostas e contratos devem ser formalizados antes do início dos trabalhos (ABD).

A seguir, apresentaremos um modelo de proposta. Atente-se para os itens principais de uma proposta bem elaborada. Você perceberá que a proposta e o contrato são bem parecidos, o que muda é a forma de elaborar, que passa a ser cláusulas e tem peso legal. Isso não significa que a proposta não tenha peso legal, tem sim, tanto para você como para seu cliente. A proposta é só o início do processo em que você vai esclarecer como trabalha.

Vamos ao modelo de uma proposta completa, elaborada pelo designer de interiores, Paulo Oliveira LD (s/d).

Disponível em: <https://paulooliveira.wordpress.com/tag/estudo-preliminar/>. Acesso em 28 de Jan. de 2018.

Cabeçalho da proposta

- o seu logotipo ou nome do escritório/profissional
- número da proposta – essencial para arquivo e fácil localização posterior
- data
- quem é você
- a quem é dirigida a proposta (nome, endereço, telefone, e-mail, etc.)

Por exemplo:

PROPOSTA N° xxxx – Data xx/xx/xxxx

CONTRATANTE: (o cliente)
Inscrito no CPF/CNPJ sob número xxx.xxx.xxx-xx
Com endereço à Rua xxxxxxxxxxxxxxxxxxx – Campo Grande – MS.
　Telefone (xx)　xxxxx-xxxx
　E-mail: xxxx@xxxx.xx.xxx

CONTRATADO: (você)
Inscrito no CPF/CNPJ sob número xxx.xxx.xxx-xx
Com endereço à Avenida xxxxxxxxxxxxxxxxxxx – Campo Grande - MS.
　Telefone (xx) xxxxx-xxxx, e-mail: xxxx@xxxx.xx.xxx

1 - Referência da proposta:

Aqui deve ser deixado bem claro, de maneira resumida, quem é quem e sobre o que se trata a proposta. Como especificar o que se trata a proposta? Simples. Aqui você não deve estender-se demasiadamente, pois na etapa seguinte sim é que você irá esmiuçar e detalhar a proposta. Por exemplo:

Proposta para execução de projeto de Design de Interiores e Ambientes para uma residência em alvenaria contendo três quartos, sendo 1 suíte, duas salas, varanda, cozinha, área de serviço, 3 banheiros, garagem e quintal – já construída (ou em fase de construção) localizada na Rua XXXX, n° XX, Bairro XXX, na cidade de XXXX, Estado XX.

2 - Metodologia de trabalho:

Aqui vem a parte chata e demorada de uma proposta, afinal é aqui que você deverá especificar todo o seu trabalho a ser executado. É através dessa parte que o cliente irá compreender o todo que engloba o que será feito. A melhor opção, sem sombra de dúvidas, é apresentar a edificação por cômodo indicando o que será feito em cada um.

- Suíte: layout, troca de piso, pintura de paredes, iluminação, desenvolvimento de cama, cômoda e bancada banheiro, especificação de cortinas/persianas, mobiliários, acessórios, box, louças e metais.
- Quarto 1: layout, troca de piso, pintura de paredes, iluminação, desenvolvimento de bancada de estudos, especificação de cortinas/persianas, mobiliário e acessórios.
- Quarto 2: layout, troca de piso, pintura de paredes, iluminação, desenvolvimento de bancada de estudos, especificação de cortinas/persianas, mobiliário e acessórios.
- Sala 1: layout, troca de piso, pintura de paredes, iluminação, desenvolvimento de estante para home theater, especificação de cortinas/persianas, mobiliário e acessórios.
- Sala 2: layout, troca de piso, pintura de paredes, iluminação, desenvolvimento de 01 mesa de centro, 02 mesas laterais e 01 aparador, especificação de cortinas/persianas, mobiliário e acessórios.
- Cozinha: layout, troca de piso, pintura de paredes, iluminação, desenvolvimento de 01 mesa de jantar para 8 pessoas, especificação de cortinas/persianas, mobiliário e acessórios.
- Varanda: layout, troca de piso, pintura de paredes, iluminação, especificação de cortinas/persianas, mobiliário e acessórios.
- Área de serviços: layout, troca de piso, pintura de

paredes, iluminação, especificação de cortinas/persianas, mobiliário e acessórios.
- Garagem: layout, troca de piso, pintura de paredes, iluminação, especificação de mobiliário e acessórios.
- Isso fica bem mais claro se colocado em uma tabela. Facilita a leitura e delimitação.

Um fator importante aqui é especificar se haverá ou não desenho e detalhamento de mobiliário específico ou se será tudo adquirido em lojas. Esse detalhe pode entrar no final desta apresentação/parte ou juntamente com a descrição do item Projeto Executivo. Mas saiba que havendo a contratação desse serviço, o mesmo deverá ser feito por você mesmo e não por lojas de modulados ou marceneiros. Outra questão importante para a formação de seu preço é a quantidade de móveis que você terá de criar especificamente para esse projeto. Um projeto com mobiliário comprado em lojas nos toma relativamente pouco tempo, mesmo os comprados em lojas de planejados. Já aqueles que você tem de criar, desenhar, detalhar e especificar toma bastante tempo. Portanto, cuidado para não deixar a tua proposta aberta o suficiente para que o cliente possa vir a exigir uma quantidade enorme de móveis específicos quando você não levou isso em consideração no momento do fechamento do preço da proposta. Agindo assim, você estará se garantindo e assegurando que não haverá abusos por parte do cliente, pois qualquer tentativa dele de "ganhar" algum prêmio extra estará fechada por esta cláusula contratual informando-o de que ele terá de pagar por cada item extra.

3 - Apresentação dos trabalhos:

Nessa parte você deverá especificar cada etapa do trabalho:

01. Estudo Preliminar - *Briefing*, estudos preparatórios, relatórios, desenhos esquemáticos, e demais documentos em que se demonstra a compreensão do problema e a definição dos critérios e diretrizes conceituais para o desenvolvimento do trabalho.

02. Projeto Conceitual - Desenhos de lançamento das propostas anunciadas no Estudo Preliminar, acompanhadas de cálculos e demais instrumentos de demonstração das propostas apresentadas no projeto; inclui-se instruções a serem encaminhadas aos responsáveis pelos projetos de instalação elétrica, ar condicionado e automação, como a indicação da composição dos comandos e modo de operação dos mesmos, que evidenciem as diferentes possibilidades de uso dos sistemas propostos; compreende também a compatibilização, atividade em que se justapõem as informações técnicas e as necessidades físicas relativas às determinações do projeto de Design de Ambientes e as decorrentes dos demais projetos integrantes do trabalho global (arquitetura, estrutura, instalações elétricas e telefônicas, hidráulicas, de ar condicionado, de sonorização e sprinklers, interiores e exteriores, paisagismo, etc.), com a finalidade de garantir a coexistência física e técnica indispensável ao perfeito andamento da execução do projeto.

03. Projeto Executivo - Concretização das ideias propostas no Projeto Conceitual devidamente compatibilizadas a partir da integração do projeto de Ambientes com todos os sistemas prediais envolvidos no trabalho. Inclui-se as informações técnicas pertinentes à correta integração dos ambientes e demais equipamentos aos detalhes da arquitetura, bem como os dados do equipamento especificado, para a concretização dos conceitos estabelecidos no projeto. Os desenhos referentes móveis (desenho e detalhamento), equipamentos, revestimentos, materiais e acabamentos deverão ser inseridos no Projeto Executivo ou complemento deste (Memorial Descritivo), para que haja perfeita compreensão das dimensões físicas e da forma de instalação dos mesmos no edifício.

Parágrafo único: os desenhos serão apresentados em escala 1/50.

04. Supervisão Técnica - atividade de acompanhamento da execução das obras do edifício ou empreendimento, para constatação da correta execução de suas determinações e apresentação de modificações ou adaptações tecnicamente convenientes, quando necessário e pertinente. Ficam acordadas 3 visitas técnicas semanais à obra durante o andamento da execução da mesma.

Na prática, lembre-se e avise ao seu cliente também que só se passa de uma fase para a outra após o "de acordo", que sinaliza por parte do cliente a compreensão do projeto e autorização para dar sequência à próxima etapa.

4 – Prazo de entrega:

Nessa fase entra a sua capacidade de organizar-se. A planilha (cronograma) deve ser ampla o bastante pra que você possa trabalhar sem atropelos, mas também curta o bastante para que o cliente não comece a te ligar cobrando o projeto. É importante deixar claro que não devemos prescrever datas fechadas e sim usar dias corridos após o "de acordo". Isso se deve ao fato de que o cliente pode segurar e demorar para assinar o "de acordo" por dia. Você tendo colocado uma data específica certamente terá de correr contra o tempo para dar conta de finalizar a etapa.

A – Com data fechada:

O cliente assinou a proposta no dia 01/01/2009. Nessa proposta temos as seguintes datas de entrega:

Estudo Preliminar (EP): 25/01/2009

Projeto Conceitual (PC): 01/03/2009

Projeto Executivo(PE): 01/04/2009

Digamos que seu cliente demore mais que a data prevista para a assinatura da proposta. Enquanto isso você fica no aguardo para dar continuidade ao projeto e ao contrato. Se passar dos 20 dias estipulados por você, lembre-se de atualizar a data de entrega do projeto. Isso evitará muita dor de cabeça no futuro, pois seu cliente vai seguir as datas estipuladas por você. Caso não atualize, seus prazos ficarão mais apertados.

B – Com prazo corrido:

O cliente assinou a proposta no dia 01/02/2017. Nessa proposta temos as seguintes datas de entrega:

Estudo Preliminar (EP): 25 dias após a assinatura desta proposta.

Projeto Conceitual (PC): 35 dias após do "de acordo" no Estudo Preliminar.

Projeto Executivo(PE): 30 dias após o "de acordo" no Projeto Conceitual.

5 – Preço e condições de trabalho

Nessa fase é onde o seu cliente geralmente vai correr para olhar: o preço da proposta. Portanto, essa parte tem de ser muito bem elaborada e você deverá ficar atento às reações dele nesse momento. Você pode ser maleável na negociação dos prazos estendendo-os em mais parcelas, porém, cuidado com os "descontos".

Geralmente, usa-se a fórmula 40+30+30, assim sendo:

40% na assinatura da proposta
30% no "de acordo" do Projeto Conceitual
30 % no "de acordo" do Projeto executivo.

Outros preferem a fórmula 20+30+50:

20% na assinatura da proposta
30% no "de acordo" do Projeto Conceitual
50 % no "de acordo" do Projeto executivo.

Existem ainda outras fórmulas, porém vale ressaltar que cada caso é um caso e, como já coloquei acima, você pode aumentar as parcelas a serem pagas pelo cliente, dependendo da necessidade ou realidade dele. Algumas pessoas caíram no erro de colocar uma das parcelas para o final da obra (confesso que no início fiz isso), ato da entrega da obra pronta, finalizada. Porém, existe um sério risco de a obra atrasar, ser interrompida e você ficar no prejuizo. Um ponto muito importante a destacar aqui é que valor de projeto é uma coisa e valor de acompanhamento e execução é outra. Valor de projeto diz respeito ao seu trabalho de gestação, criação, lançamentos e fechamentos do projeto. Ele não cobre a execução e acompanhamento. É o valor pago pelo trabalho intelectual.

Valor de execução e acompanhamento é aquele que você deve receber por acompanhar os trabalhos durante a execução da obra. É o pagamento de "peão de obra" mesmo, o trabalho braçal. Este valor gira em torno de 10% do valor total da obra que está sendo realizada e é realizado mensalmente após o início da execução encerrando-se ao final da mesma. Portanto, o valor de projeto deve ser pago até antes da finalização da obra e tome cuidado para não deixar o seu cliente levar dois pagando um. Mais um ponto que deve ser destacado nessa parte da proposta diz respeito aos retrabalhos de etapas já superadas e inserções/alterações de coisas. A partir do momento que o cliente assina o "de acordo" qualquer alteração por ele proposta deverá ser tratada em documento à parte desta proposta.

6 – Prazo de validade:

Sim, assim como um produto tem seu prazo de validade, esta proposta também deve ter o seu. Caso contrário, o cliente poderá pegar a sua proposta e um ano depois vir solicitar a execução do projeto com os valores escritos ali na proposta.

7 – Despesas reembolsáveis:

Tudo o que você tiver de despesas relativas ao projeto em questão são passíveis de serem reembolsadas pelo cliente. Quem já pegou algum cliente numa cidade que não é a sua sabe bem do que estou falando. Não se trata apenas das cópias e plotagens, mas de várias outras coisas:

- plotagens e cópias xérox
- correios
- outros levantamentos e projetos complementares
- taxas públicas quando necessário
- despesas com transporte, hospedagem, alimentação, pedágios, etc.

Como podem observar, essa proposta irá ajudá-los na sua relação com os clientes, deixando tudo documentado.

2 - Orçamento Preliminar

O orçamento preliminar é utilizado para termos uma base do que será gasto no seu projeto. Aqui entram todas as prestações de serviços de terceiros como: marceneiros, montadores, eletricistas, assentador de pisos e revestimentos, pintor, instalador etc., ou seja, tudo que você colocou no projeto. Devemos pensar já nos serviços terceirizados, além de cotar o preço de tudo que você colocou no projeto, tintas, revestimentos, pisos, iluminação, marcenaria, móveis, decoração, tapeçaria, tapetes e etc. Ou seja, tudo, tudo que você projetou para aquele ambiente. Uma dica é você separar por ambiente e fazer a cotação, não precisa ser um valor exato por agora, esse orçamento e só preliminar, é só para você mostrar ao seu cliente o que mais ou menos ele vai gastar para executar seu projeto. Separe tudo por ambiente, peça no mínimo três orçamentos, no geral, já temos uma ideia de valores.

Você precisa saber quanto seu cliente quer gastar no *briefing*, certo? Então, não é correto você escolher uma poltrona que custa 5 mil reais se o seu cliente não pode pagar. Você pode escolher algo mais em conta, procure por algo mais parecido e de menor valor agregado. Ou são grandes as chances do seu cliente recusar devido ao valor. Então, lembre-se disso já quando estiver no projeto para não chegar agora e apresentar um orçamento preliminar fora dos padrões e dos gastos do seu cliente. Não podemos deixá-lo desistir do projeto por culpa dos valores, não é mesmo? Caso aconteça de você não saber o valor de um mobiliário, por exemplo, e na hora de cotar perceber que está fora do valor estipulado pelo cliente, troque e mostre o novo modelo para ele, explicando o porquê da mudança.

Com o passar do tempo de profissão, você deve ir galgando profissionais na sua agenda como: o eletricista seja o mesmo de sempre, assim você já sabe o quanto ele cobra e se é de confiança. Além disso, ele já está acostumado a trabalhar com você. E não só o eletricista, aqui também entram o pintor, o assentador de piso, o marceneiro, a loja de planejados que você confia etc. Já os valores dos mobiliários e da decoração você terá que ver nas lojas, pois muda bastante. Se você já tem aquela loja de confiança e compra sempre, basta um telefonema para checar os valores, assim segue para os demais itens do seu projeto.

Vamos ver um exemplo de orçamento preliminar. Aqui é só uma imagem ilustrativa, mas mostra como podemos fazer o orçamento.

Tabela da Proposta

Nome da Empresa:
Nome do Projeto: Projeto No.:
Localização:
Arquiteto:
Dia da Proposta:

Quant idade	Bid Item #	Item Description	Quantidade	Unidade	Estimativa do Engenheiro Valor Unitário	Estimativa do Engenheiro Proposta	Construtor A Valor Unitário	Construtor A Proposta	Construtor B Valor Unitário	Construtor B Proposta
22	4.003	Contra Piso			$	$ -	$	$ -	$	$ -
23	5.001	Pedra da parede exterior			$	$ -	$	$ -	$	$ -
24	5.002	Ferragem			$	$ -	$	$ -	$	$ -
25	6.001	Portas - exterior			$	$ -	$	$ -	$	$ -
26	6.002	Batentes - Exterior			$	$ -	$	$ -	$	$ -
27	7.001	Ventilação			$	$ -	$	$ -	$	$ -
28	7.002	Encanamento da rua			$	$ -	$	$ -	$	$ -
29	7.003	Encanamento do gás			$	$ -	$	$ -	$	$ -
30	8.001	Serviços degesso			$	$ -	$	$ -	$	$ -
31	8.002	Fiação			$	$ -	$	$ -	$	$ -
32	8.003	Telefone, cabo, internet			$	$ -	$	$ -	$	$ -
33	9.001	Bomba d'água			$	$ -	$	$ -	$	$ -
34	9.002	Ar condicionado			$	$ -	$	$ -	$	$ -
35	9.003	Filtro de ar			$	$ -	$	$ -	$	$ -
36	10.001	Telhado - estrutura			$	$ -	$	$ -	$	$ -
37	10.002	Telhas			$	$ -	$	$ -	$	$ -
38	10.003	Isolação do porão			$	$ -	$	$ -	$	$ -
		TOTAL DA PROPOSTA BASE			$	4,185.00	$	4,310.00	$	-
		TAXAS	9.9 %		$	426.69	$	426.69		
		VALOR FINAL DA PROPOSTA			$	4,611.69	$	4,736.69	$	-

Retomando a aula

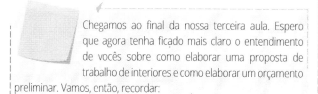

Chegamos ao final da nossa terceira aula. Espero que agora tenha ficado mais claro o entendimento de vocês sobre como elaborar uma proposta de trabalho de interiores e como elaborar um orçamento preliminar. Vamos, então, recordar:

1 - Proposta de trabalho

Nessa seção aprendemos a elaborar uma proposta de trabalho. Essa parte é essencial para que seu cliente já saiba o que será acordado no contrato, como as formas de pagamento, qual será o seu trabalho e as formas de entrega do projeto. Não se limite a escrever o que acha necessário, isso vai te ajudar muito na elaboração do contrato.

2 - Orçamento Preliminar

Nessa seção aprendemos sobre o orçamento preliminar e por que ele é necessário. É uma estimativa de custos do que você projetou para um determinado ambiente ou para a residência toda. Tudo depende do que você projetou. O orçamento facilita na hora de você apresentar para o cliente uma estimativa de valores que ele vai gastar para executar o projeto. Ajuda muito também na hora de você brigar por valores com os prestadores de serviços e fornecedores de itens de decoração.

Na próxima aula vamos falar mais sobre os projetos de interiores residenciais. Abordaremos sobre os contratos de trabalho, etapas da construção da proposta e do contrato legal entre as partes, tanto do projeto como da execução.
Vamos lá!

Vale a pena

Vale a pena ler

MANCUSO, Clarice. *Guia Prático do Design de Interiores.* São Paulo. 4º Ed. Sulina, 2014.

MANCUSO, Clarice. *Gestão de Arquitetura e Interiores.* São Paulo. 1º Ed. Sulina, 2016.

FRANCIS D. K. Ching. *Arquitetura de Interiores Ilustrada.* 2.Ed. Bookman, 2015.

HIPOLITO, Ealine. *Pequeno Livro de Decoração.* Guia para toda hora. Editora Verus. 2012.

MOUTINHO, Stella; PRADO, Rubia B.; LONDRES, Ruth. *Dicionário de Artes Decorativas e Decoração de Interiores.* 9º ed. Lexicon, 2011.

Vale a pena acessar

Associação Brasileira de Designers de Interiores (ABD). <http://www.abd.org.br/novo/>. Acesso em: 25 de Jun. de 2017.

Minhas anotações

Minhas anotações

Aula 4º

Elaboração contratual de projetos de Interiores

Prezados(as) alunos(as):

Nesta aula, abordaremos mais uma etapa do projeto de interiores. Vamos aprender a elaborar o contrato de trabalho, tanto para projeto de interiores como para de execução. Sim, são contratos separados. Pode até parecer estranho, mas é a melhor forma de se trabalhar. Veremos as cláusulas necessárias para cada contrato e proposta, e quanto cobrar pelo projeto de interiores e pela execução da obra.

Boa aula!

— Bons estudos!

Objetivos de aprendizagem

Ao término desta aula, vocês serão capazes de:

- compreender a diferença entre projeto e execução;
- identificar a importância de um contrato de prestação de serviço;
- aprender como cobrar pelo seu projeto.

Seções de estudo

1 - Elaboração Contratual de Projetos de interiores

Por mais que pareça estranho, ainda existe muita resistência da parte dos profissionais da área de design de interiores para utilizarem as propostas e/ou os contratos de projetos e execução que basicamente são o que chamamos de contrato de prestação de serviços. Quando vamos fechar um negócio, seja ele compra ou venda, o contrato faz parte do processo, então, por que não fazer também da prestação de serviço? Muito dessa resistência dos profissionais vem da ideia equivocada de que "a linguagem é muito complicada" ou "envolver advogado sempre atrasa o processo". Isso fora as outras várias lendas que ouvimos por aí. Por isso, aqui você vai aprender a fazer sua própria proposta de contrato de prestação de serviço. Lembre-se de que é diferente da proposta de contrato.

Vamos ver mais adiante a diferença de cada um. Não é ousadia dizer que utilizar contratos escritos é necessário, porque, na verdade, o contrato de prestação de serviços é como qualquer outro. Nele será expressa a vontade das partes, ou seja, o que foi acordado entre o profissional e o cliente, aqui chamado de Contratante, e o profissional ou empresa chamado de Contratado(a) para executar o serviço. Mas por que é necessário o contrato? Quando surgirem as dúvidas, acredite, elas vão surgir, basta que qualquer uma das partes consulte o contrato e confirme o que foi combinado. Principalmente quando falamos de obra, toda e qualquer cláusula deve estar descrita ali, mesmo que você ache boba, é ela que vai fazer falta no futuro. No contrato você vai descrever os seus direitos e as suas obrigações, os prazos, as etapas, os valores, as penalidades, as modalidades de rescisão etc. Assim também o contratante, ou seja, o cliente. Se tais dúvidas acabarem em um impasse, o correto é acionar o Poder Judiciário para assim ser resolvido.

A existência de um contrato com estipulações bem definidas também permitirá que um juiz decida com maior agilidade e clareza. Mas, fato é que se o contrato for elaborado por profissional competente e resultar em um instrumento que retrate a real vontade das partes, muito dificilmente as eventuais dúvidas que existirem resultarão em processos judiciais. O que você pode fazer é consultar um advogado para que ele elabore um contrato para você ou sua empresa e depois você só atualiza. Na verdade, os advogados não gostam muito disso, mas é uma maneira de você evitar consultá-lo toda vez que for fechar um novo contrato.

2 - Contrato para projeto de interiores

O contrato de prestação de serviço é mais simples, porém deve conter dados mais significativos para não haver dúvidas durante seu trabalho. Caso seja necessário acrescentar alguma cláusula depois de assinado, e só redigir o que você ou o cliente quiser assinar e colocar como anexo do contrato. Vamos ver aqui um modelo bem simples de contrato que você pode mudar ou acrescentar o que achar necessário, pois cada cliente é único e cada projeto é diferente do outro e merece nossa atenção. Veja abaixo um modelo de contrato, elaborado por Paulo Oliveira LD (2008)

CONTRATO DE PROJETO DE DESIGN DE AMBIENTES

REFERÊNCIA: Projeto de Design de Ambientes completo do imóvel
Localizado à Rua xxxxxxxxxxxxxx – xxxxxxxxxxxxxx – Campo Grande - MS.
CONTRATANTE: xxxxxxxxxxxxxxxxxxxxxxx Inscrito no CPF sob número xxx.xxx.xxx-xx Com endereço à Rua xxxxxxxxxxxxxxxxxxx – Campo Grande – MS.
CONTRATADO: xxxxxxxxxxxxxxxxxxxxxxxx Inscrito no CPF sob número XXX.XXX.XXX-XX Com endereço à Avenida xxxxxxxxxxxxxxxxxxx – Campo Grande – MS.

01. OBJETO DO CONTRATO:

O presente contrato tem por objetivo a execução, pelo CONTRATADO, dos serviços contidos na Cláusula 02, subsequente, relacionados com a referência do presente contrato.

02. DESCRIÇÃO DOS SERVIÇOS:

Os serviços a serem executados pelo CONTRATADO, consistem no desenvolvimento completo do projeto de DESIGN DE INTERIORES/AMBIENTES composto de dados concepcionais apresentados em escala adequada à perfeita compreensão dos elementos nele contidos:

02.01 Estudo Preliminar – *Briefing*, estudos preparatórios, relatórios, desenhos esquemáticos, e demais documentos em que se demonstra a compreensão do problema e a definição dos critérios e diretrizes conceituais para o desenvolvimento do trabalho;

02.02 Projeto Conceitual – Desenhos de lançamento das propostas anunciadas no Estudo Preliminar, acompanhadas de cálculos e demais instrumentos de demonstração das propostas apresentadas no projeto: incluem-se instruções a serem encaminhadas aos responsáveis pelos projetos de instalação elétrica, ar condicionado e automação, como a indicação da composição dos comandos e dos respectivos modos de operação, que evidenciem as diferentes possibilidades de uso dos sistemas propostos; compreende também a compatibilização, atividade em que se justapõem as informações técnicas e as necessidades físicas relativas às determinações do projeto de Design de Ambientes e às decorrentes dos demais projetos integrantes do trabalho global (arquitetura, estrutura, instalações elétricas e telefônicas, hidráulicas, de ar condicionado, de sonorização e sprinklers, interiores e exteriores, paisagismo, etc.), com a finalidade de garantir a coexistência física e técnica indispensável ao perfeito andamento da execução do projeto.

02.03 Projeto Executivo – Concretização das

ideias propostas no Projeto Conceitual devidamente compatibilizadas a partir da integração do projeto de Ambientes com todos os sistemas prediais envolvidos no trabalho. Incluem-se as informações técnicas pertinentes à correta integração dos ambientes e demais equipamentos aos detalhes da arquitetura, bem como os dados do equipamento especificado, para a concretização dos conceitos estabelecidos no projeto. Os desenhos referentes a móveis, equipamentos, revestimentos, materiais e acabamentos deverão ser inseridos no Projeto Executivo ou como complemento deste (Memorial Descritivo), para que haja perfeita compreensão das dimensões físicas e da forma de instalação no edifício. O detalhamento de móveis e acessórios especiais serão considerados serviços extraordinários.

Parágrafo único: os desenhos serão apresentados em escala.

02.04 Supervisão Técnica – atividade de acompanhamento da execução das obras do edifício ou empreendimento, para constatação da correta execução de suas determinações e apresentação de modificações ou adaptações tecnicamente convenientes, quando necessário e pertinente. Não ficam acordadas visitas técnicas à obra durante o andamento da construção do edifício. As visitas necessárias durante a fase de acabamento serão acordadas em instrumento à parte posteriormente.

03. DOS PRAZOS:

03.01 Os serviços ora contratados serão executados nos prazos abaixo especificados:

03.01.01 ESTUDO PRELIMINAR: 30 (trinta) dias após a assinatura deste contrato;

03.01.03 PROJETO CONCEITUAL: 60 (sessenta) dias após a entrega do Estudo Preliminar;

03.01.04 PROJETO EXECUTIVO: 120 (cento e vinte) dias após a entrega do Projeto Conceitual.

03.02 Os prazos acima constituem os mínimos necessários para o desenvolvimento técnico dos serviços, podendo, no entanto, serem dilatados a pedido do CONTRATANTE.

03.03 Não serão contados os dias em que o projeto ficar retido pelo CONTRATANTE, para apreciação.

03.04 Os prazos acima não se vinculam aos prazos necessários para aprovação junto aos órgãos competentes, podendo, entretanto, a CONTRATADA desenvolver, paralelamente a estes trâmites, as etapas posteriores.

03.05 Os prazos acima serão contados a partir da entrega dos elementos necessários ao desenvolvimento do projeto pelo CONTRATANTE, ou seja, levantamento planialtimétrico, sondagens, plantas arquitetônicas, escrituras e civis, etc.

04. DOS HONORÁRIOS:

04.01. Para uma área bruta aproximadamente de XXX metros quadrados de área a ser trabalhada, o valor do Projeto será de R$ X.XXX,XX.

Pelos serviços previstos no presente contrato o CONTRATANTE pagará ao CONTRATADO, os honorários calculados em R$ X.XXX,XX (XXXXXXXXXXXX) que serão pagos da seguinte forma:

04.01.01 20% – na assinatura do contrato;

04.01.04 30% – na entrega do Projeto Conceitual;

04.01.05 50% – na entrega do Projeto Executivo.

04.02 Não constam do preço do projeto;

04.02.01 Impostos, taxas, emolumentos;

04.02.02 Sondagens e levantamentos de patologias prediais;

04.02.03 Cópias heliográficas, xerográficas e fotografias;

04.02.04 Maquetes, perspectivas e plantas de comercialização;

04.02.05 Alterações introduzidas pelo CONTRATANTE nas etapas subsequentes que já foram previamente analisadas e aprovadas;

04.02.06 Projetos complementares de instalações hidráulicas, sanitários, elétricas, movelarias exclusivas, intervenções arquitetônicas, etc.

04.03 O pagamento de cada etapa deverá ser efetuado até 5 (cinco) dias úteis após a aprovação (de acordo) dos serviços correspondentes, contra emissão dos respectivos recibos de honorários profissionais. 04.03.01 O CONTRATANTE terá 5 (cinco) dias úteis para a aprovação ou solicitação de eventuais alterações a contar da data de cada etapa.

04.03.02 Os pagamentos efetuados após seu vencimento sofrerão multa de 30% (trinta).

04.04. Todas as alterações introduzidas no projeto pelo CONTRATANTE, visitas à obra e sua fiscalização serão cobradas por hora técnica, de acordo com os valores a seguir convencionados.

– Designer de Ambientes................. R$ XX,XX / hora
– Desenhista .... R$ XX,XX / hora

05. DAS OBRIGAÇÕES DO CONTRATADO:

05.01 Indicar e mediar a contratação de todo o pessoal necessário à execução dos serviços objeto deste contrato: pedreiros, instaladores, gesseiros, marceneiros, serralheiros e fornecedores.

05.02 Responder perante o CONTRATANTE, pela execução e entrega dos objetos da Cláusula 02.

05.03 Assumir, na qualidade de autoria, a responsabilidade técnica pelas especificações feitas, atendendo prontamente às exigências, modificações e esclarecimentos que forem necessários bem como intermediar as partes fornecedor/cliente quando houver algum problema.

05.04 Fornecer um CD com as plantas, detalhes relativos ao desenvolvimento do projeto e memorial descritivo ao CONTRATANTE.

05.05 Coordenar e dar orientação geral nos projetos complementares ao projeto de Design de Ambientes, tais como indicações de alterações nas instalações elétricas e telefônicas, arquitetura, instalações hidráulicas e outros, podendo, a pedido do CONTRATANTE, indicar profissionais legalmente habilitados para sua execução.

05.06 O CONTRATADO deve elaborar os projetos objetivados no presente contrato, em obediência às normas e especificações técnicas vigentes, responsabilizando-se pelos serviços prestados, na forma da legislação em vigor.

06. DAS OBRIGAÇÕES DO CONTRATANTE:

06.01 Ressarcir as despesas havidas pelo CONTRATADO, tais como decorrentes de projetos técnicos complementares, memoriais e tabelas técnicas de incorporação, cópias heliográficas, xerográficas e outras não especificadas, desde que autorizadas pelo CONTRATANTE.

06.02 Fornecer ao CONTRATADO todos os documentos como cópias de escrituras, levantamentos planialtimétricos, sondagens, plantas arquitetônicas e civis e profissionais para a elaboração dos projetos complementares, etc.

06.03 Pagar as despesas relativas a fotografias, mapas, maquetes e plantas de comercialização necessários à representação dos projetos.

06.04 Pagar os honorários do CONTRATADO e projetos complementares, referentes a projetos modificativos e alterações de projetos das fases já executadas, decorrentes das solicitações feitas pelo CONTRATANTE, independentemente das razões que o motivaram. Esses honorários serão cobrados conforme 04.04 do presente contrato.

07. CONDIÇÕES GERAIS:

07.01 Este contrato não criará qualquer vínculo empregatício entre o CONTRATANTE e o CONTRATADO.

07.02 A cada etapa entregue, deverá o CONTRATANTE analisar todos os desenhos entregues e autorizar (de acordo) o início da etapa seguinte.

07.03 É defeso de qualquer das partes ceder ou transferir total ou parcial, os direitos e obrigações decorrentes deste contrato.

07.04 O CONTRATANTE poderá interromper os trabalhos a qualquer momento desde que assegure ao CONTRATADO o término da etapa em andamento e sua consequente remuneração.

07.05 Se o objeto deste contrato se limitar ao Estudo Preliminar e ao Projeto Conceitual, e se estes forem utilizados para a execução da obra, tal utilização será suscetível da aplicação das disposições legais da obrigatoriedade do pagamento da indenização a três vezes o valor estipulado na Cláusula 04.01.

07.06 O CONTRATADO não se responsabiliza por alterações ocorridas durante a obra que estiverem em desacordo com os serviços por ele executados ou alterações solicitadas pelo CONTRATANTE que estiverem em desacordo com a legislação em vigor.

07.07 Se, a partir da data deste contrato, forem criados novos tributos taxas, encargos e contribuições fiscais e parafiscais ou modificadas as alíquotas atuais, de forma a majorar os ônus do CONTRATADO, os valores da remuneração constante do presente contrato, serão revisados de modo a refletir tais modificações.

07.08 O contrato será rescindido caso ocorram as seguintes hipóteses:

07.08.01 Infração de qualquer das Cláusulas e Condições;

07.08.02 Insolvência de qualquer das partes;

07.09 A parte que der causa ao rompimento deste ajuste, incidirá na multa contratual 20% (vinte por cento) sobre o valor total dos serviços contratados.

8. DO FORO

As partes elegem a comarca de Campo Grande - MS como órgão do INSTITUTO JURÍDICO EMPRESARIAL, com sede na xxxxxxxxxxx, xxx, Campo Grande, Mato Grosso do Sul, CEP: xxxxx - xxx, para solução de toda e qualquer dúvida ou controvérsia resultante do presente contrato ou a ele

relacionado, de acordo com as normas de seus regulamentos, renunciando expressamente a qualquer outro foro por mais privilegiado ou especial que seja.

E por estarem justo e contratados, assinam o presente em 2 (duas) vias com 6 (seis) páginas cada de igual teor, na presença das testemunhas, abaixo:

Campo Grande, xx de xxxxxxxxxxxx de 2018.

_____
CONTRATADO
CPF:

_____
CONTRATANTE
CPF:

TESTEMUNHAS

_____   _____
Nome: Nome:
CPF: CPF:

****

Algumas partes devem ser alteradas de acordo com a realidade local e necessidades do projeto.

Caso faça uso de RTs como forma de baixar o valor total do projeto, é ético informar isso ao cliente e fazer constar deste contrato o seguinte parágrafo único logo após os valores:

Parágrafo único: O valor baixo cobrado pelo projeto é referente ao acordo entre as partes, onde o CONTRATANTE compromete-se a efetuar as compras sempre na presença do CONTRATADO para que este último possa receber dos fornecedores as RT's como complementação do valor global do projeto.

3 - Contrato de execução de obra

No contrato de execução de obra você pode utilizar o mesmo cabeçalho do contrato de projeto de interiores e alterar alguns itens se referindo especificamente sobre a execução e não sobre o projeto em si. Vamos ver aqui um modelo de contrato de execução de obra.

Exemplo:

1. OBJETO

1.1 A CONTRATADA obriga-se a executar os projetos de interiores da Residência xxxxxx, localizada xxxxxxxxxxxx, xxxxxxxxx, no Município xxxxxxxxx, Estado de xxxxxxxxx, todos de sua autoria, bem como a realizar o gerenciamento dos projetos complementares e o acompanhamento técnico da obra.

2. GERENCIAMENTO DOS PROJETOS

2.1 A CONTRATADA será responsável por analisar e aprovar o cronograma detalhado do projeto, verificando se os prazos de execução de cada um dos projetos são suficientes e compatíveis com a execução do projeto arquitetônico como um todo, bem como se foram previstas as especificações/

projetos/informações ou outros elementos necessários para a execução de cada uma das etapas dos projetos complementares envolvidos, nas ocasiões necessárias para atendimento dos prazos estabelecidos.

2.2 A CONTRATADA será responsável ainda por todo o período de execução dos projetos, pelo acompanhamento e verificação de atendimento dos prazos e do cumprimento de cada uma das etapas previstas, providenciando, sempre que necessário, os ajustes que deverão ser comunicados aos envolvidos. Nas ocasiões previstas nas respectivas contratações deverá também apresentar sua análise e considerações quanto ao preenchimento do check-list do projeto. Os pagamentos relativos aos serviços objeto destes projetos serão feitos pelo cliente após a manifestação, por escrito, da CONTRATADA a respeito, justificando sua liberação.

3. ACOMPANHAMENTO TÉCNICO DA OBRA

3.1 Esta etapa compreende os serviços de fiscalização e consultoria necessários à execução da obra. Durante a realização dessas visitas técnicas de fiscalização, poderão ser feitas consultas, pelos clientes, sobre quaisquer outros serviços necessários, a critério destes, para o adequado andamento da obra. O acompanhamento da obra (visitas técnicas), será realizado a partir do início efetivo da obra até a sua conclusão.

3.2 A CONTRATADA deverá realizar até 2 (duas) visitas técnicas mensais de fiscalização da correta execução da obra, em dias a serem estabelecidos e solicitadas pelo cliente e sempre acompanhadas pelos seus engenheiros e arquitetos caso haja. As visitas técnicas serão apresentadas ao cliente sob a forma de relatórios, contendo detalhes das interferências encontradas "in loco" e detalhes de soluções necessárias à obra. As horas de acompanhamento serão consideradas do momento da chegada da CONTRATADA à obra até o fim de sua permanência.

3.3 A CONTRATADA deverá realizar e participar em conjunto com o cliente 3 (três) dias semanais e/ou mensais para definição e escolha dos mobiliários, planejados, compra de decoração e demais compras necessárias estipuladas no memorial descritivo e no projeto de interiores para finalização e conclusão do projeto, conforme assinado e acordado entre as partes. Fica o cliente responsável por qualquer compra sem o acompanhamento do designer de interiores, não podendo o responsabilizar por quaisquer quebra, alteração de cor, ou algo que não esteja em conformidade com o projeto elaborado pelo profissional.

3.4 A CONTRATADA fornecerá ao cliente todas as plantas e desenhos plotados em papel sulfite de boa qualidade e em escala conveniente ou conforme solicitada, apresentando os projetos completos, plantas e detalhes da execução de interiores, memorial descritivo e tudo o mais que tenha sido elaborado para dar execução ao serviço contratado. Todos os projetos deverão ser entregues ao cliente em suas vias originais e assinadas por ambos e também por meio de mídia eletrônica, caso haja necessidade de esclarecimentos de detalhes apresentados nos desenhos.

3.5 Alterações, caso ocorram durante a execução do projeto, ficam por conta do cliente todas as despesas com cópias e plotagens, inclusive as necessárias em função dos

serviços de coordenação dos vários projetos envolvidos e de todas as despesas decorrentes das aprovações dos projetos junto aos Órgãos Públicos competentes, tais como emolumentos, taxas, dentre outros.

4. PRAZOS

4.1. Para a execução dos projetos de interiores, bem como para o gerenciamento dos projetos complementares e o acompanhamento técnico da obra, que se constituem no objeto do presente contrato, a CONTRATADA obedecerá aos prazos de entrega estabelecidos no anexo Cronograma Geral (Anexo I), que rubricado pelas partes, também passa a integrar o presente contrato.

4.2. Havendo necessidade de modificar o Estudo Preliminar, o Anteprojeto e/ou o Projeto Executivo solicitados em função deste contrato, a CONTRATADA terá para tanto um prazo de 30 (trinta) dias corridos, para cada reformulação do trabalho apresentado.

4.3. O prazo total de vigência deste contrato será de xxxx (xxxxxxxxxx) dias, a contar da data de assinatura do presente contrato, observando-se, que os projetos já foram aprovados e entregues e acordados entre as partes, conforme o Cronograma Geral (Anexo I).

5. MULTA MORATÓRIA

5.1. Fica estabelecida a multa de 0,1% (um por cento) do valor total da etapa não entregue, por dia corrido de atraso em relação aos prazos fixados para sua execução, nos termos da cláusula 3 (três) deste contrato e do Cronograma Geral (Anexo I), cujo montante será deduzido do valor das parcelas previstas nos subitens 6.1.1 a 6.1.5, respectivamente, da cláusula 6 (seis) abaixo, no ato do pagamento destas ou, ainda, nos pagamentos seguintes, se for o caso.

6. PREÇO

6.1 O CLIENTE pagará à CONTRATADA, pela execução do objeto deste contrato, bem como pela cessão dos direitos autorais correspondentes aos projetos de sua autoria, a importância total de R$ XX.XXX,XX (xxxxxxxxxxxxxxxxxx).

7. FORMA DE PAGAMENTO E RETENÇÕES

6.1. O pagamento do valor total deste contrato será realizado nas parcelas a seguir descritas, mediante apresentação dos respectivos produtos e notas fiscais/faturas correspondentes.

6.2. O Acompanhamento da Obra, no valor total máximo de R$ XX.XXX,XX (xxxxxxxxx), referente à xxx horas técnicas, ao valor unitário de R$ xxx,xx hora, cujo pagamento se dará da seguinte forma:

Mensalmente, mediante entrega de relatório de visitas técnicas conforme acordado.

OBS: aqui você vai decidir como cobrar e como quer receber, como você já fez o cronograma da obra e já estipulou quantas visitas à obra vai fazer, você pode pedir o pagamento por mês na entrega dos relatórios ou simplesmente estipular um dia fixo do mês para receber. Exemplo: se você vai cobrar R$ 10.000,00 (Dez Mil Reais) na execução da obra, você pode pedir à vista ou parcelar nos meses que aconteceram a obra. Suponhamos que vá durar 4 meses. Você parcela em

4 pagamentos para todo dia 05 de cada mês. Não se esqueça do valor a ser cobrado na execução. Você deve pensar em tudo, até na distância que irá percorrer. Se for em outra cidade, incluir os gastos com carro, pedágio, alimentação, hotel etc., se for na mesma cidade, calcule o valor dos seus gastos com combustível e demais despesas que possa vir a ter. Não se esqueça também de estipular os dias certos e horários para fazer as compras.

8. MULTAS COMPENSATÓRIAS

8.1. Caso a CONTRATADA, por motivo de força maior, não preste os serviços objeto do presente contrato, relativos à execução dos projetos de interiores, gerenciamento administrativo e acompanhamento técnico da obra, que se constituem em seu objeto, ficará a critério do cliente, rescindido de pleno direito, perdendo a CONTRATADA o direito aos pagamentos vincendos, além de ficar obrigada a efetuar ao cliente o pagamento de multa igual a 10% (dez por cento) do valor total deste contrato. Os Projetos, seja qual for a fase em que se encontrarem, bem como os direitos a ele relativos, passarão a ser de propriedade do cliente, que ficará com o direito de contratar com outrem a execução do restante dos trabalhos.

8.2. Na hipótese do cliente, sem justa causa, deixar de cumprir quaisquer das cláusulas deste instrumento, o contrato ficará rescindido, a critério da CONTRATADA, sujeitando-se o cliente à multa de 10% (dez por cento) do valor do contrato e ao pagamento correspondente aos trabalhos que estiverem em execução.

Aqui você finaliza como o contrato anterior, elegendo o foro e a comarca escolhida, em seguida, os nomes do contratante e da contratada e duas testemunhas para legalizar seu contrato. Claro que você não é obrigado a fazer. Como este contrato e só um modelo, você tem total liberdade de pedir a ajuda de um advogado e seguir conforme sua região. Os sistemas de contratos podem variar de uma região para outra e entre os países.

Retomando a aula

Chegamos ao final da nossa quarta aula. Espero que agora tenha ficado mais claro o entendimento de vocês sobre como elaborar um contrato de prestação de serviço de interiores e o contrato de execução do seu projeto de interiores. Vamos, então, recordar:

1 - Elaboração contratual de projetos de interiores

Nesta seção, aprendemos mais sobre as formas para se elaborar um contrato de interiores e qual a necessidade de firmá-lo com o cliente, pois, por mais que você confie, é importante manter documentado tudo que foi combinado entre as partes.

2 - Contrato para projeto de interiores

Nesta seção, apresentamos um exemplo de elaboração de contrato de prestação de serviço de um profissional em design de interiores. Não fique só nesse exemplo, procure um advogado caso considere necessário e adapte o contrato a sua região e às formas como você trabalha. A única coisa que não podemos mudar são as etapas de elaboração do projeto que devem seguir no contrato.

3 - Contrato de execução de obra

Nesta seção, aprendemos a elaborar um contrato de execução de obras, onde estipulamos visitas à obra, cronograma, compras e demais obrigações que devemos ter para cuidar e executar uma obra de interiores. Lembre-se de que, caso seja necessário o acompanhamento de um engenheiro ou arquiteto, também devem constar no contrato os honorários e as visitas técnicas deles, cujos valores são pagos pelo cliente.

Na próxima aula falaremos mais sobre projetos de interiores residenciais. Abordaremos sobre os contratos de prestação de serviço relacionados à mão de obra terceirizada, outro detalhe que exige bastante cuidado. Vamos lá!

Vale a pena

Vale a pena **ler**

MANCUSO, Clarice. *Guia Prático do Design de Interiores.* São Paulo. 4º Ed. Sulina, 2014.

MANCUSO, Clarice. *Gestão de Arquitetura e Interiores.* São Paulo. 1º Ed. Sulina, 2016.

FRANCIS D. K. Ching. *Arquitetura de Interiores Ilustrada.* 2.Ed. Bookman, 2015.

HIPOLITO, Ealine. *Pequeno Livro de Decoração. Guia para toda hora.* Editora Verus. 2012.

MOUTINHO, Stella; PRADO, Rubia B.; LONDRES, Ruth. *Dicionário de Artes Decorativas e Decoração de Interiores.* 9º ed. Lexicon, 2011.

Vale a pena **acessar**

Associação Brasileira de Designers de Interiores (ABD). <http://www.abd.org.br/novo/ Acesso em: 20 de Jan. de 2018.

Paulo Oliveira Designer de Interiores e LD. https://paulooliveira.wordpress.com/ Acesso em: 20 de Jan. de 2018.

ABNT Associação Brasileira de Normas Técnicas. http://www.abnt.org.br/ Acesso em: 20 de Jan. de 2018.

Aula 5º

Contratos de prestação de serviços

Prezados(as) alunos(as):

Nesta aula, vamos falar sobre mais uma etapa de projeto de interiores. Vamos aprender a decidir e reconhecer um contrato de trabalho dos prestadores de serviço e serviços terceirizados, pois vamos trabalhar com mão de obra de terceiros e prestadores de serviço em todos os nossos projetos, principalmente na execução. O cuidado que devemos ter com esses contratos é fundamental para o bom desempenho da obra.

Boa aula!

— Bons estudos!

Objetivos de aprendizagem

Ao término desta aula, vocês serão capazes de:

- compreender a necessidade dos contratos de prestadores de serviço na execução do projeto;
- identificar bons profissionais prestadores de serviço;
- aprender a lidar com outros profissionais que prestaram serviço para o designer responsável pelo projeto.

Seções de estudo

1 - Contratação de mão de obra

Contratos de prestação de serviços

O contrato de prestação de serviços é algo importante no ramo da construção civil por tratar-se de uma ferramenta de fundamental importância para garantir direitos e deveres, e trazer tranquilidade e transparência entre as relações comerciais das partes. Um contrato bem redigido oferece mais segurança tanto para o contratado como para o contratante e a certeza de que o que foi combinado em contrato será cumprido pelas partes. Pode até parecer estranho abordarmos a questão dos prestadores de serviço e pessoas terceirizadas. Porém, é um segmento com o qual você terá que lidar e vai precisar confiar muito. Acredite, você vai quebrar a cabeça até encontrar pessoas de confiança para trabalhar. Aí você me pergunta: professora, por que temos que ter prestadores de serviço trabalhando conosco? Porque vai precisar deles para concluir e executar a obra. Nós não fazemos tudo, precisamos de encanadores, eletricistas, pintores, assentadores de piso, instaladores de móveis, de lustres, e por aí vai. Mais abaixo há uma lista de todo pessoal com os quais trabalhamos.

2 - Contratação de mão de obra

Bem, vamos começar com a contratação de mão de obra especializada, mão de obra essa que utilizaremos para a execução da obra do nosso cliente. Essa é mais uma etapa que teremos em nossos projetos de interiores. Aqui seguiremos conforme o nosso projeto. Se você projetou um quarto de casal, ou seja, uma suíte, em seu projeto precisará listar todos os prestadores que vai precisar.

Quarto:
- Pedreiro
- Eletricista
- Pintor
- Instalador de papel de parede (dependendo da empresa já vem com a instalação)
- Assentador de piso (dependendo do piso já compra com a instalação)
- Instalador das luminárias (nem sempre o eletricista faz esse trabalho)

Banheiro:
- Pedreiro
- Pintor
- Eletricista
- Encanador
- Assentador de pisos e revestimentos
- Instalador das luminárias (nem sempre o eletricista faz esse trabalho)

Esses são os mais necessários, podendo aumentar ou diminuir o número de prestadores conforme seu projeto. Se o banheiro tiver banheira, por exemplo, precisará do instalador de banheira, se tiver jardim, precisa do jardineiro ou paisagista, e por aí vai, ou seja. Tudo depende do seu projeto para que você faça a contratação ou chame os prestadores de serviço de cada área. Você só trabalha sozinho se for uma consultoria e, mesmo assim, ainda pode vir a precisar de alguns deles. Bem, mas quem deve na verdade contratar não é você e sim o seu cliente. Você é só o intermediário entre as partes, cliente x prestadores de serviço. É que nem sempre seu cliente conhece ou tem um pedreiro de confiança, por exemplo. E como já trabalhamos na área, precisamos ter em um caderninho ou no celular o telefone de cada um dos prestadores de serviço com os quais trabalhamos para chamá-los sempre que necessário. É muito melhor você indicar alguém da sua confiança para cuidar da obra, correto? Mas pode acontecer do seu cliente já ter prestadores da confiança dele, e o que muda nesse caso é que você não terá acesso ao contrato de prestação de serviço entre eles, aliás, as chances de ter um contrato são mínimas, mas isso não é problema seu. Você pode orientar seu cliente para que faça um contrato e alertá-lo de que se algo der errado a responsabilidade não é sua, pois não foi você que indicou nem contratou o prestador de serviço e sim ele. Então, sua responsabilidade será de orientar e administrar o trabalho do prestador devido ao projeto ser seu, somente isso. Lembre-se de que aqui os prestadores de serviço são pessoas físicas e simples, portanto, não será necessário um contrato muito elaborado. Basta um contrato simples, informando onde é a obra, as datas em que eles devem realizar o serviço (utilize o seu cronograma de obra para esse item no contrato), como deve ser feito o serviço e, principalmente, assine e deixe uma via com ele.

Modelo de contrato de prestação de serviços referentes à construção civil.

CONTRATO PARTICULAR DE PRESTAÇÃO DE SERVIÇOS DE MÃO DE OBRA DE CONSTRUÇÃO CIVIL

.........., brasileira, solteira, maior, designer de interiores, residente e domiciliado em ...., à rua .... nº ...., bairro ...., portador da Cédula de Identidade Civil RG nº .... e inscrito no CPF/MF sob o nº ...., neste ato simplesmente denominado CONTRATANTE, e de outro lado, o Sr. ...., brasileiro, maior, pedreiro, inscrito no CPF/MF sob o nº .... e RG nº ...., denominado simplesmente CONTRATADO, resolvem estabelecer um CONTRATO PARTICULAR DE PRESTAÇÃO DE SERVIÇOS DE MÃO DE OBRA DE CONSTRUÇÃO CIVIL, que se regerá pelas cláusulas e condições seguintes:

CLÁUSULA 1ª
O contratado se obriga a executar os serviços de mão de obra de reforma geral em duas casas de piso superior situadas na rua .. nº ...., bairro .... em ....

§ único: A mão de obra fornecida pelo contratado será necessária para a perfeita execução do serviço supracitado, devendo obedecer rigorosamente as determinações do contratante.

CLÁUSULA 2ª

Serão de responsabilidade do contratado:

a. ajustar em seu nome, os empregados necessários aos serviços ora contratados, correndo por sua conta as despesas com salários, previdência social, seguro de acidentes e as decorrentes da legislação trabalhista em geral, como também se houver as despesas com alimentação, alojamento, transporte de empregados até o canteiro das obras e outras, não cabendo ao contratante ônus algum, além dos expressamente aqui estabelecidos.

b. Fornecer e utilizar as ferramentas e toda a mão de obra necessária à execução dos serviços especificados na cláusula 3ª, tudo a sua custa.

c. Fornecer e utilizar os equipamentos de proteção individual (E.P.I.) exigidos para o tipo de serviço em execução;

d. Colocar, de imediato, no local dos serviços, operários nas categorias profissionais necessárias para a perfeita execução dos serviços ora contratados;

e. Obriga-se por solicitação do contratante, a aumentar ou diminuir o quadro de operários, ficando ao contratante reservado o direito de exigir do contratado, o afastamento imediato de qualquer um de seus empregados que a seu juízo, esteja prejudicando o bom andamento dos trabalhos, correndo as despesas com o afastamento, se houver, por conta e risco do contratado;

f. Iniciar os serviços tão logo autorizado pelo contratante;

g. Na ausência ou impedimento, indicar por escrito seu substituto que terá amplos poderes de definições nos trabalhos, assinatura de requisições de materiais e equipamentos, bem como de outros documentos que se façam necessários;

CLÁUSULA 3ª

Os materiais necessários à execução dos serviços contratados serão fornecidos pelo contratante.

§ único - O contratante não se responsabiliza por perdas, extravios ou danos materiais nas ferramentas ou equipamentos do contratado.

CLÁUSULA 4ª

O contratante pagará ao contratado pela realização dos serviços ora contratados, da seguinte forma:

O preço total ajustado será de R$ .... (...........), que deverá ser pago pelo contratante ao contratado em .... (........) parcelas quinzenais no valor de R$ .... (..........), cada uma.

Fica ajustado como data de vencimento da primeira parcela o dia ..../..../....., devendo as demais serem pagas sempre com intervalos de quinze dias a partir desta data.

CLÁUSULA 5ª

As partes elegem o foro de ...., com exclusão de qualquer outro por mais privilegiado que seja, para dirimir as dúvidas surgidas na interpretação do presente contrato e para qualquer ação ou execução em decorrência do não cumprimento de qualquer das cláusulas deste instrumento.

E por estarem justo e contratados, firmam o presente em .... 2 vias de igual teor e forma, na presença de duas testemunhas a tudo presentes.

E, por estarem firmados

[Local], [dia] de [mês] de [ano].

_____   _____
CONTRATANTE   CONTRATADO

_____   _____
TEMUNHAS(1)   TESTEMUNHAS(2)
CPF: CPF:

Neste setor que atuamos é comum haver confusão entre prestação de serviços terceirizada e a empreitada, por isso, ao fazer um contrato é necessário não confundir o seu objetivo. O contrato de prestação de serviços é para a prestação continuada de um trabalho, ou seja, o trabalho deve continuar até que ele atinja o resultado já combinado no contrato. Na prática, isso significa que o empregador vai fiscalizar o prestador de serviço durante todo o tempo de vigência do contrato de prestação de serviços. Aí você me pergunta: mas, qual a diferença para a empreitada? O contrato por empreitada obriga que o contratado entregue o resultado combinado previamente em contrato e, consequentemente, o prestador fica livre de qualquer outra obrigação. Para evitar problemas nos contratos de prestação de serviços, veja as dicas.

O contrato de prestação de serviços formaliza o que foi combinado previamente entre as partes. Logo, é a parte final da contratação. Ainda assim, o empresário deve procurar preparar o contrato de prestação de serviços com antecedência. Na prática, isso significa conceber a peça com tempo hábil para que o contrato possa ser revisado e atualizado por todas as partes (FINXI, s/d).

2 - Empresas prestadoras de serviço

As empresas prestadoras de serviço já são mais fáceis de trabalhar, mas isso não significa que você irá indicar qualquer uma. O ideal é proceder da mesma forma que fez com o prestador, ou seja, ver qual empresa pode prestar esse serviço que você quer, qual é a mais indicada, o que pode ser conseguido com a indicação de outros profissionais que também trabalham com aquela empresa. Não é tarefa fácil, pois as empresas são em maior número e todos os dias aparecem outras do ramo no mercado, trazendo novidades e tecnologias inovadoras. Mas não se esqueça de verificar se essa empresa vai conseguir lhe atender e atender seu cliente. Lembre-se de que as empresas pagam a famosa RT (reserva técnica) para os profissionais levarem seus clientes até ela e fechar negócio. Porém, a minha dica é: nunca vá a uma empresa só porque ela paga RT para o profissional, ou seja, para você. Procure uma empresa de confiança, cujos produtos lhe agradem, que entregue seus pedidos no tempo programado, que tenha preço bom e acessível para seu cliente, ofereça boa negociação e parcelamento, se for o caso, que tenha bom relacionamento com os clientes e, principalmente, cumpra com seus acordos e contratos. Outra coisa importante é se a empresa oferece o pós-venda ou, no caso dos planejados, se ela oferece manutenção após a instalação, e por quanto tempo, pois os planejados precisam de manutenção e não são todas as empresas que oferecem esse tipo de pós venda.

Outra coisa importante a ser verificada é se a empresa oferece montador, instalador de piso, instalador de papel de parede e muitas outras coisas, porque nem todas as empresas têm desse tipo de serviço. Um exemplo é a casa de tintas, ela não vai te oferecer um pintor, o máximo que pode acontecer é indicar um. Mas isso não significa que ele seja de confiança. Na verdade, com o passar do tempo, você vai ter vários profissionais e empresas que estarão sempre prontos a atender seu projeto. E acredite, mantenha-os por perto, principalmente os profissionais prestadores de serviço como pedreiro, encanador, eletricista e muitos outros, pois são eles que lhe ajudarão a deixar o interior que você projetou em perfeito estado e funcionamento, conforme o projeto e com o que seu cliente sonhou. Acredite, eles são a diferença no seu trabalho. Se algo der errado na obra, a responsabilidade é toda sua, mas quando tudo dá certo, é você que recebe os elogios, portanto, escolha pessoas de confiança e que saibam o que estão fazendo.

O contrato com as empresas é concluído na hora da compra e venda, portanto, você não precisa elaborar um novo contrato, basta ter o termo de compra e venda em mãos e pedir para constar todas as informações que foram acordadas no momento do orçamento e de fechar o negócio. São essas cláusulas que irão resguardar sua compra e seu cliente. Exemplo disso são os móveis planejados, com recordes de reclamação devido ao tempo de entrega e montagem. Geralmente a empresa dá um prazo e não cumpre, ou entrega e não vai montar. É aí que entram as cláusulas da compra e venda. Você e seu cliente têm total direito de cobrar, além de poder pedir ressarcimento do valor pago. Geralmente tem uma multa por atraso, que seu cliente pode pedir. A empresa poderá ressarci-lo em forma de desconto ou devolvendo o dinheiro para o seu cliente. Outra coisa possível de acontecer é o atraso na entrega de móveis ou peças decorativas compradas em outros estados, ou pela internet. É bom contar com esse atraso. Bem, vamos às dicas de como e por que fazer o contrato.

Apesar de ser um documento de estrema importância, o contrato é um dos itens mais esquecidos pelas pequenas empresas. Isso acontece devido a vários fatores que as empresas de pequeno porte ou até mesmo as grandes sofrem no seu início, como falta de tempo, falta de conhecimento e falta de assessoria jurídica. Sendo assim, muitas empresas correm o risco fazendo pequenos acordos verbais, ou via e-mail, ou até mesmo pelo whatsapp. Algumas preferem pegar um modelo da internet, o que não é tão errado assim, pois acaba sendo melhor do que não ter o contrato. Basta procurar em uma fonte confiável. Entretanto, a falta de atenção com esses contratos tem gerado muitos processos judiciais e desentendimentos entre clientes e empresas, o que causa muita insegurança na relação comercial. Para que isso não aconteça com você, no próximo parágrafo passamos mais algumas dicas.

O contrato de serviços é um documento que firma o acordo entre o prestador de serviços, no caso a empresa ou autônomo, e o cliente. Muito comumente, os dois são referidos como contratado e contratante, respectivamente. Esse acordo geralmente é feito através da assinatura do documento (por ambos), contendo todos os serviços e obrigações da empresa contratada, bem como os as responsabilidades do contratante e outras questões que vão variar conforme a negociação. É importante entender que um contrato de prestação de serviços não implica em um vínculo empregatício entre as partes. A empresa ou profissional é contratado para prestar um serviço por um determinado tempo, podendo ser renovado ou não. Isso, é claro, considerando que esse contrato está sendo utilizado da forma correta.

O contrato de serviços é uma importante peça para a formalização das atividades de uma empresa. O principal motivo para fazer um contrato é garantir a segurança, tanto do contratado quanto do contratante, pois, na sua própria essência, é um acordo com consentimento mútuo. O documento irá assegurar que ambos conhecem suas responsabilidades e obrigações quanto ao serviço a ser prestado. O acordo firmado e documentado também oferece proteção jurídica tanto para a empresa quanto para o cliente. Além disso, serve de prova jurídica, caso seja necessário. Nesse caso, um contrato verbal seria mais difícil de ser comprovado, além de poder ocasionar desentendimentos entre as partes. De forma geral, assinar um contrato de prestação de serviços demonstra que a empresa e o cliente se comprometem a fazer o trabalho conforme acordado e da melhor forma possível. Também é mais uma maneira de mostrar profissionalismo para os envolvidos e até mesmo investidores que analisam um negócio (CENDÃO, 2017)

Você pôde ver aqui o quanto é importante formalizar o contrato e firmar acordos com seus fornecedores e prestadores de serviços. Ter um contrato de prestação de serviços com empreiteiras, ou com empresas ajuda a evitar futuras dores de cabeça, seja para você ou para as partes. Um contrato bem esclarecido deve ter o auxílio de um advogado, assim você evita as tão faladas ações judiciais. Nós designers respondemos tanto civil como criminalmente, o que pode gerar uma baixa produtividade e lucratividade. Lembre-se de que um bom contrato vai contribuir para um relacionamento amistoso entre você e seus colaboradores, e oferecer mais segurança nas ações comerciais.

Retomando a aula

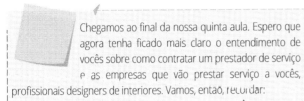

Chegamos ao final da nossa quinta aula. Espero que agora tenha ficado mais claro o entendimento de vocês sobre como contratar um prestador de serviço e as empresas que vão prestar serviço a vocês, profissionais designers de interiores. Vamos, então, recordar:

1 - Contratação de mão de obra

Neste tópico vimos sobre as formas de se trabalhar com o prestador de serviço terceirizado e como formalizar a sua contratação para a execução da obra. Vimos também o porquê de sua importância e necessidade, pois sem isso somos responsáveis pela contratação do prestador terceirizado, principalmente se for nossa indicação, ou do cliente, se for trabalhador terceirizado indicado por ele.

2 - Empresas prestadoras de serviço

Neste tópico vimos sobre a prestação de serviço das empresas que trabalham com produtos do nosso ramo de atuação. Abordamos também a necessidade e a importância de um contrato, e que na dúvida, devemos procurar um advogado, pois cada caso é um caso.

Na próxima aula falaremos sobre mais uma etapa de projetos de interiores residenciais. Vamos esclarecer sobre o projeto executivo, parte está mais importante na elaboração de projetos de interiores, pois é onde vamos elaborar as plantas da obra, o leiaute, o projeto luminotécnico, o memorial descritivo e fotográfico e demais projetos e vistas. Parte importante, por se tratar do projeto que vai para a obra, ou seja, o que vai ser seguido pelos prestadores de serviço e pelas empresas.
Vamos lá!

Vale a pena

Vale a pena **ler,**

MANCUSO, Clarice. *Guia Prático do Design de Interiores.* São Paulo. 4° Ed. Sulina, 2014.

MANCUSO, Clarice. *Gestão de Arquitetura e Interiores.* São Paulo. 1° Ed. Sulina, 2016.

FRANCIS D. K. Ching. *Arquitetura de Interiores Ilustrada.* 2.Ed. Bookman, 2015.

HIPOLITO, Ealine. *Pequeno Livro de Decoração.* Guia para toda hora. Editora Verus. 2012.

MOUTINHO, Stella; PRADO, Rubia B.; LONDRES, Ruth. *Dicionário de Artes Decorativas e Decoração de Interiores.* 9° ed. Lexicon, 2011.

Vale a pena **acessar,**

Associação Brasileira de Designers de Interiores (ABD). <http://www.abd.org.br/novo/ Acesso em: 20 de Jan. de 2018.

Paulo Oliveira Designer de Interiores e LD. https://paulooliveira.wordpress.com/ Acesso em: 20 de Jan. de 2018.

ABNT Associação Brasileira de Normas Técnicas. http://www.abnt.org.br/ Acesso em: 20 de Jan. de 2018.

Minhas anotações

Minhas anotações

Aula 6º

Projeto executivo

Prezados(as) alunos(as):

Nesta aula, falaremos sobre mais uma etapa de projetos de interiores. Vamos aprender a elaborar o projeto executivo, projeto esse que será o mais importante, pois é aqui que vão todas as informações para a execução da obra ou do projeto que você fez a proposta. Vale lembrar que esse projeto tem total importância e sem ele não podemos dar continuidade a um projeto residencial. Abordaremos sobre planta de leiaute, projeto técnico e vistas detalhadas, além do memorial descritivo e fotográfico, também de fundamental importância para o bom desempenho da obra.

Boa aula!

Bons estudos!

Objetivos de aprendizagem

Ao término desta aula, vocês serão capazes de:

- aprender a elaborar um projeto executivo para uma bom andamento e execução do projeto;
- identificar a necessidade de um bom projeto com todas as suas especificações.

Seções de estudo

1 - Leiaute Residencial
2 - Projeto Técnico de Vistas Detalhadas
3 - Memorial Descritivo e Fotográfico
4 - NBR 6492/1994 representação de projetos de arquitetura

PROJETO EXECUTIVO

O projeto executivo engloba várias plantas, pois ele será enviado para a obra e usado na execução do projeto. Cada planta deve estar em conformidade com sua utilidade, deve ser feita em uma prancha separada e dobrada para ser arquivada da forma correta. A primeira que você vai aprender a elaborar será a planta baixa com leiaute, que é a principal planta a ser desenvolvida em um projeto. Com base nela você irá elaborar as demais, mas isso você verá na próxima aula.

É importante lembrar que, embora existam várias regras técnicas para a representação em projetos, a forma de organização, a escolha sobre o que representar, a quantidade de folhas e o layout de apresentação do projeto é algo bastante particular. Cada profissional irá montar suas pranchas da sua forma, seguindo as convenções básicas do desenho técnico e incrementando-as com imagens, detalhamentos, cores, conforme necessário para melhor compreensão. Com a prática, cada designer acaba por desenvolver seus próprios métodos e convicções acerca dos modos de abordagem do desenho técnico como meio de solução construtiva e representação destinada à execução. Muitas vezes uma visita ao canteiro de obras e o simples diálogo com os executores substitui diversas pranchas de detalhamento.

O conhecimento dos materiais e técnicas construtivas é, na verdade, uma premissa básica para a concepção de um bom projeto. Entretanto, o desenho é uma poderosa ferramenta analítica para o próprio criador. É a partir do desenvolvimento do projeto que o profissional irá perceber as possibilidades do ambiente, o que ficará melhor ou o que é possível desenvolver. Após a elaboração dos projetos executivos, o profissional deverá elaborar um Memorial Descritivo e fotográfico do projeto, onde poderá expor os conceitos abordados no desenvolvimento do projeto, bem como defender suas teorias para cada elemento, ambiente, móvel, cor, textura e demais itens aplicados. O memorial descreve detalhadamente o ambiente, levando o leitor ao foco do que deve ser visto e analisado para compreender o ambiente como um todo.

O projeto executivo de interiores deve possuir os seguintes desenhos:

1. **Leiaute:** Disposição do mobiliário no ambiente através de planta baixa. Nesta planta irá aparecer a indicação da nomenclatura das vistas, como Vista A, B, C e D, normalmente indicadas com uma seta.
2. **Paginação de piso:** Consiste na melhor disposição do piso para o ambiente, através de planta baixa, de acordo com o tamanho das peças escolhidas, posicionamento dos recortes, bem como se haverá alguma especificidade - que pode ser uma moldura, um detalhe etc.

3. **Planta de Gesso e elétrica:** Consiste na visualização superior do posicionamento do gesso e seu formato, usando a planta baixa como representação. Já aparece demarcada a disposição da iluminação, com cotas para posicionamento de tudo que estiver junto ao gesso, ou seja, no teto. Arandelas e abajures, ou iluminações de piso não irão aparecer nessa planta. Talvez seja preciso fazer uma planta de iluminação específica para esse fim.
4. **Vistas:** Consiste na elevação das paredes, de acordo com a indicação feita na prancha de leiaute. Aqui são mostradas todas as especificações que não aparecem na planta, como altura de luminárias, móveis, rodapé e tudo mais que o profissional achar necessário, tomando cuidado para não poluir demais o projeto.

1 - Leiaute Residencial

O leiaute residencial é uma das primeiras plantas que elaboramos no projeto executivo, principalmente para nós designers. O layout (inglês) ou leiaute (português) é um projeto onde desenvolvemos nossa proposta de interiores, onde detalhamos nossa ideia, que passamos ao cliente lá no início, lembra? Agora temos que mostrá-lo aos profissionais que vão prestar serviço para nós na execução do projeto. Não se esqueça de utilizar todas as normas da ABNT, conforme o que você estudou na disciplina de desenho técnico. Veja a imagem abaixo.

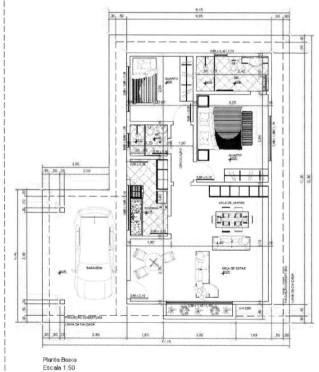

Planta Baixa
Escala 1:50

Fonte: A autora.

Dentro da planta de leiaute devemos detalhar todas as informações como, a distribuição dos mobiliários, medidas totais, medidas dos mobiliários, ou seja, medidas de tudo, distribuição de cortinas, peças decorativas tudo que você colocou no projeto conceitual onde elaborou a proposta de projeto residencial para seu cliente. A partir disso você vai partir para as outras plantas do projeto executivo, vamos lá?

2 - Projeto Técnico de Vistas Detalhadas

O projeto técnico é onde vamos colocar e detalhar a parte técnica, é a planta que você aprendeu lá na disciplina de desenho técnico, onde colocamos as medidas do ambiente, medidas do terreno, medidas das portas e janelas, nível de piso, nomenclatura dos ambientes, e assim por diante, ou seja, tudo

que se declara para a construção da residência ou ambiente. Observe a planta nas imagens por onde começamos e o que é cada planta e projeto que faz parte do projeto executivo.

As pranchas podem variar de tamanho entre:
A4 (21x29,7cm)
A3 (29,7x42cm)
A2 (42x59,4cm)
A1 (59,4x84cm)
A0 (84x118,8cm).

Independentemente do tamanho das pranchas, elas devem conter informações básicas como o modelo a seguir:

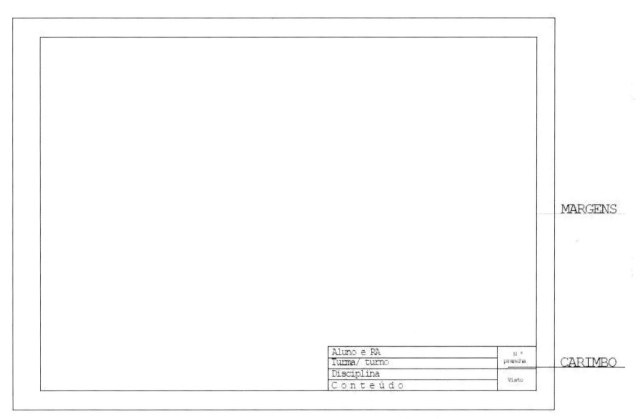

MEDIDAS SEGUNDO NORMAS TÉCNICAS

Aqui você está observando o formato das folhas que utilizamos em nossos projetos, que deve sempre conter o carimbo e a margem para delimitação do desenho e para arquivamento.

Agora veja abaixo como é um projeto técnico:

Fonte: <http://www.vaicomtudo.com/plantas-de-casas-de-campo-gratis-e-modernas.html>. Acesso em 20 mar. 2018.

No projeto devem constar todas as informações necessárias para os prestadores de serviço que vão cuidar da construção. Você vai dizer que isso é coisa de arquiteto. Sim, é. Se a casa já existe, ela será reformada, correto? E para isso você deve ter acesso à planta da construção, a fim de saber os detalhes da obra, assim não precisará desenhá-la, restando somente a planta de leiaute. Mas se for uma obra nova e é um arquiteto ou engenheiro que vai cuidar da construção, você receberá essa planta das mãos desses profissionais. Caso eles não forneçam, peça-a, pois não há necessidade de desenhar outra se já tem uma pronta. Com isso, todas as informações necessárias para a elaboração de sua proposta para residência constam nessa planta.

As vistas detalhadas são plantas onde vamos especificar todos os detalhes do projeto. Ela deve conter o máximo de detalhes para não haver erros. As vistas consistem nas elevações das paredes do projeto, partindo da Planta Baixa.

Nela aparecem as indicações de cotas verticais, parciais e cotas totais, a fim de esclarecer o projeto.

Nas vistas, as linhas de chamadas são muito importantes, pois indicam os elementos a serem utilizados.

Podem conter:

- indicação de eixos de níveis acabados.
- especificação de materiais, tanto quanto possível para a compreensão do desenho - sempre repetindo as especificações usadas nos demais desenhos.
- especificação dos elementos a serem detalhados: portas, janelas, escadas, mobiliário, entre outros.
- paginação de elementos de revestimento;
- marcação e numeração dos detalhes e ampliações.
- títulos, escalas, notas gerais, carimbo etc.

Observe as imagens de duas vistas do projeto técnico de um lavabo:

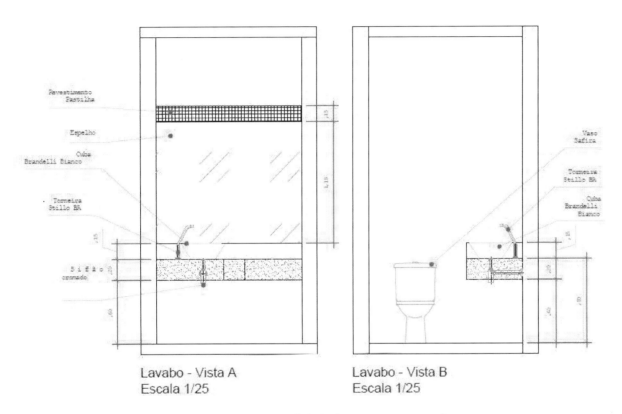

Lavabo - Vista A
Escala 1/25

Lavabo - Vista B
Escala 1/25

Fonte: A autora

Observe que aparecem apenas cotas Verticais - nunca horizontais.

Aqueles elementos que podem aparecer definidos, já são especificados nessa etapa, como cuba, torneira, tipo de granito. Caso não possam ser definidos quanto à marca ou estilo, são apenas indicados.

Observe as imagens de duas vistas do projeto de layout:

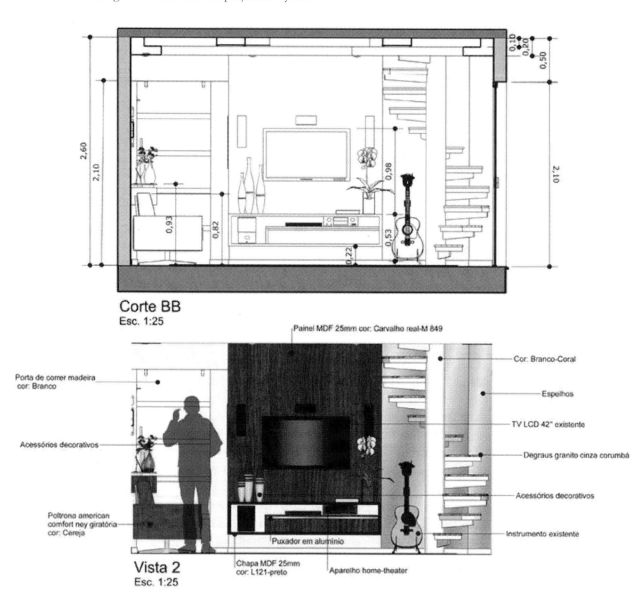

Corte BB
Esc. 1:25

Vista 2
Esc. 1:25

3 - Memorial descritivo e fotográfico

O mais importante no projeto executivo é o memorial descritivo/fotográfico. Nele são colocadas as especificações e a quantidade de todo material a ser empregado no projeto. Devem vir especificados todos os itens que constam na planta baixa como, por exemplo, pisos, revestimentos, esquadrias, mobiliários, peças sanitárias, tintas, lustres e muito mais. Quando houver objetos construtivos, eles também serão elencados no memorial, onde é colocado o maior número de informações possível, para que na hora da execução não haja erros. Sempre indico que todas essas especificações sejam separadas por ambiente, tornando, assim, mais fácil sua compreensão.

No memorial fotográfico são adicionadas imagens dos materiais especificados no memorial descritivo, devidamente separadas por ambiente, para que a conferência seja facilitada, evitando-se erros. Um exemplo: você comprou um tipo de porcelanato específico para uma área do seu projeto. No momento de receber esse material, com o memorial fotográfico em mãos, o responsável poderá comparar se o revestimento que está sendo entregue corresponde ao que será utilizado no projeto e, principalmente, assentado no ambiente que você determinou. Faça o memorial por ambiente, assim fica mais fácil saber o lugar de cada coisa, mesmo que seja repetido. Não há necessidade de colocar a marca do produto que vai comprar, basta indicar. Uma coisa que não fazemos mais é pôr a marca e escrever, OU SEMELHANTE. Isso faz com que o cliente se sinta livre para comprar o que quiser e não o que você especificou. Lembre-se de que o designer é um especificador, caso o cliente queira comprar algo diferente, acrescente no memorial à caneta, ou faça outro e peça para que ele assine. Isso garante que, se algo acontecer, ele é o responsável, pois não comprou o que você especificou.

Veja a imagem de um memorial descritivo:

MEMORIAL DESCRITIVO DOS ACABAMENTOS E MOBILIÁRIOS
ESPECIFICAÇÕES BÁSICAS

1. - SALÃO:

- Piso: Piso Vinílico PVC Interwood cor Rustik Black Interfloor (Régua 0, 90x0,15).
Piso Total safe Tarquett Fademac cor Titânio (Manta 2,00x0,20).

- Paredes: Drywall placas de gesso acartonado da Placo (espessura de 6mm h-2,00xl-1,20), com Lã de vidro Wallfelt espessura 10mm da Isover preenchendo o Drywall.
Acabamento com textura Velutti cor Argento antico (acabamento aveludado) Ibratin.

- Teto: Forro tipo RIGITONE (0,60x0,60) com acabamentos em textura Velutti cor Argento antico Ibratin.

- Mobiliário: 13 Mesa de Bistrô redondas com base em aço, acabamento em cromo e tampo em madeira pintadas em preto
(h-1,20 x 0,60 de diâmetro).
18 cadeiras para Bistrô com base em aço, acabamento em cromo, assentos e espaldar em couro preto
(h-1,00x l-0,40x p-0,43).
14 Banquetas redondas com base em aço, acabamento Captone em veludo vermelho (h-0,85x 0,40 de diâmetro).
07 Sofás com espaldar alto, acabamento Captone em veludo Vermelho (espaldar h-1,00xl-2,00xp-0,10),
(Assento h-0,45xl-2,00xp-0,50)
02 Recamier com acabamento Captone em couro branco (h-0,45xl-2,00xp-0,57).
02 Pufs com acabamento Captone em couro branco (h-0,50xl-1,00xp-0,57).
01 Sofá Shesterfield com acabamento Captone em couro branco (h-0,60xd-2,40xp-0,85).
06 Mesas de centro redondas, base em aço acabamento em cromo e tampo em madeira pintada cor preto
(h-0,60 x 0,60 de diâmetro).

- Decoração: 03 Lustres de cristal estilo clássico com cubas revestidas com tule Light Iluminação.
02 Espelhos estilo Veneziano da Amor & Arte.
05 Quadros com imagens do filme Moulin Rouge, e bordas em acrílico cor preto.
01 Cortina em Veludo vermelho (h-3,00x l-2,20).

- Ar: 09 Split Artcool 12.000 BTUS LG (h-0,25x l-0,80x p-0,10).

- Guarda corpo: Guarda Corpo e corrimão em Inox.

Fonte: A autora

so Vinílico Interfloor   Piso Totalsafe Tarquet Fademac

extura Velluti Ibratin   Forro RIGITONE Placo

Recamier em Captone Branco   Pufs em Captone Branco

Sofá Shesterfield   Mesas de centro

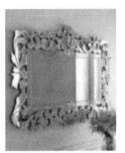

Lustre de Cristal   Espelho estilo Veneziano

Fonte: A autora

4 - NBR 6492/1994 representação de projetos de arquitetura

O projeto executivo está em conformidade com a norma NBR 6492. Está normativa traz informações completas sobre os elementos mais importantes para o Desenho Técnico. Por isso devemos nos atentar a ela e estudarmos a fundo todo seu conteúdo. Dentro da NBR 6492, encontraremos informações a respeito dos tipos de papéis, folhas, dobradura das folhas, tipos de representação de projetos como planta baixa, planta de situação, planta de elevação, escalas e carimbos. Alguns desses conteúdos já foram abordados na disciplina de desenho técnico. Disponibilizarei na plataforma o link de acesso à NBR 6492 para consulta. Essa norma é uma das mais utilizadas por nós profissionais. Use-a sempre que tiver dúvidas nos seus projetos, e fique de olho, as normas podem sofrer alterações.

ABR 1994   **NBR 6492**

Representação de projetos de arquitetura

**ABNT-Associação
Brasileira de
Normas Técnicas**

Sede:
Rio de Janeiro
Av. Treze de Maio, 13-28º andar
CEP 20003-900 - Caixa Postal 1680
Rio de Janeiro-RJ
Tel.: PABX (021) 210-3122
Fax: (021) 220-1762/220-6436
Endereço Telegráfico:
NORMATÉCNICA

Procedimento

Origem: Projeto NB-43/1992
CB-02 - Comitê Brasileiro de Construção Civil
CE-02:002.34 - Comissão de Estudo de Execução de Desenhos de Arquitetura
NBR 6492 - Representation of architectural projects - Procedure
Descriptors: Architectural drawing. Project
Esta Norma substitui a NBR 6492/1985
Válida a partir de 30.05.1994

5.1.2.2 Documentos eventuais

Os documentos eventuais são os seguintes:

 a) perspectiva;

 b) maquete (estudo de volume);

 c) desenvolvimento através de texto ou desenhos sumários de elementos isolados que sejam de interesse em casos especiais;

 d) análise preliminar de custo.

5.1.2.3 Escala

A escala deve ser de acordo com o porte do programa.

5.1.2.4 Elementos a serem representados

Devem estar representados os elementos construtivos, ainda que de forma esquemática, de modo a permitir a perfeita compreensão do funcionamento do programa e partido adotados, incluindo níveis e medidas principais, áreas, acessos, denominação dos espaços, topografia, orientação.

5.1.3 Anteprojeto

Definição do partido arquitetônico e dos elementos construtivos, considerando os projetos complementares (estrutura, instalações, etc.). Nesta etapa, o projeto deve receber aprovação final do cliente e dos órgãos oficiais envolvidos e possibilitar a contratação da obra.

5.1.3.1 Documentos típicos

Os documentos típicos são os seguintes:

 a) situação;

Igual ou superior a 1/100 na representação da edificação. De acordo com o porte do programa, podem ser utilizadas escalas menores, com ampliações setoriais.

5.1.3.4 Elementos a serem representados

Devem estar bem caracterizados os elementos construtivos, com indicação de medidas, níveis, áreas, denominação de compartimentos, topografia e orientação, eixos e coordenadas. A descrição dos materiais adotados deve atender às necessidades da etapa.

5.1.4 Projeto executivo

Apresenta, de forma clara e organizada, todas as informações necessárias à execução da obra e todos os serviços inerentes.

5.1.4.1 Documentos típicos

Os documentos típicos são os seguintes:

 a) locação;

 b) plantas, cortes e fachadas;

 c) detalhamento;

 d) discriminação técnica;

 e) quadro geral de acabamentos (facultativo);

 f) especificações;

 g) lista de materiais;

 h) quadro geral de áreas (facultativo).

Retomando a aula

Chegamos ao final da nossa sexta aula. Espero que agora tenha ficado mais claro o entendimento de vocês sobre como contratar um prestador de serviço e as empresas que vão prestar serviço a vocês, profissionais designers de interiores. Vamos, então, recordar:

1 - Leiaute residencial

Nesta seção, vimos sobre a planta de leiaute e a necessidade da sua elaboração. A planta é onde colocaremos a nossa proposta feita ao cliente anteriormente no anteprojeto, mas agora com os detalhes técnicos. Nessa fase, a ideia já foi estabelecida e aprovada pelo seu cliente, portanto, não pode mais ser alterada.

2 - Projeto técnico de vistas detalhadas

Nesta seção vimos a diferença entre a planta baixa técnica e a planta de leiaute. Vimos também sobre como elaborar as vistas detalhadas da planta técnica e da planta de leiaute. As vistas nos ajudam a olhar o projeto de uma forma diferenciada. Devem conter todos os detalhes, pois é com as vistas que instalamos os interruptores, tomadas, a parte hidráulica e muito mais. A forma de vermos a vista é como se estivéssemos de frente. Costumo dizer para os alunos: pare de frente para uma parede e desenhe tudo que está nela, do teto ao chão, e depois detalhe tudo, isso é vista.

3 - Memorial descritivo e fotográfico

Neste tópico vimos sobre o memorial descritivo e o fotográfico. No memorial devemos detalhar todas as informações que foram colocadas no projeto, desde a cor da tinta da parede até o rejunte que vai assentar o piso, ou seja, tudo, sem esquecer nada, nenhum detalhe, até a marca e modelo do interruptor você vai detalhar no memorial. Isso é para que não aconteçam trocas de materiais nos ambientes durante a execução.

4 - NBR 6492/1994 Representação de projetos de arquitetura

Neste tópico vimos sobre a NBR 6492, norma da ABNT que seguimos para elaborar nossos projetos, pois tudo tem Leis e Normas, não seria diferente no desenho, pois todas as profissões e profissionais da construção civil e arquitetura devem saber ler e interpretar seu projeto e isso só é possível com uma norma em vigor.

Na próxima aula, vamos abordar sobre mais uma etapa de projetos de interiores residenciais. Falaremos sobre os projetos complementares, paginação de gesso, projeto de pisos e revestimentos, luminotécnica e projeto hidráulico. É onde vamos elaborar as plantas para execução da obra, uma parte importante por se tratar do projeto que vai para a obra, ou seja, o que vai ser seguido pelos prestadores de serviço e pelas empresas.
Vamos lá!

Vale a pena

Vale a pena ler

MANCUSO, Clarice. *Guia Prático do Design de Interiores.* São Paulo. 4º Ed. Sulina, 2014.

MANCUSO, Clarice. Gestão *de Arquitetura e Interiores.* São Paulo. 1º Ed. Sulina, 2016.

FRANCIS D. K. Ching. *Arquitetura de Interiores Ilustrada.* 2.Ed. Bookman, 2015.

HIPOLITO, Ealine. *Pequeno Livro de Decoração.* Guia para toda hora. Editora Verus. 2012.

MOUTINHO, Stella; PRADO, Rubia B.; LONDRES, Ruth. *Dicionário de Artes Decorativas e Decoração de Interiores.* 9º ed. Lexicon, 2011.

Vale a pena acessar

Associação Brasileira de Designers de Interiores (ABD). <http://www.abd.org.br/novo/ Acesso em: 20 de Jan. de 2018.

Paulo Oliveira Designer de Interiores e LD. https://paulooliveira.wordpress.com/ Acesso em: 20 de Jan. de 2018.

ABNT Associação Brasileira de Normas Técnicas. http://www.abnt.org.br/ Acesso em: 20 de Jan. de 2018.

Minhas anotações

Minhas anotações

Aula 7º

Projetos complementares

Prezados(as) alunos(as):

Nesta aula, falaremos sobre mais uma etapa de projetos de interiores. Vamos aprender a elaborar mais plantas que fazem parte do projeto executivo, projetos esses que vão complementar o projeto e ajudar na execução da obra e do seu projeto de interiores. É aqui que todas as informações para a execução de iluminação, paginação de piso, gesso e hidráulica entram para dar continuidade a sua proposta. Vale lembrar que esses projetos têm total importância e, sem eles, não podemos dar continuidade a um projeto residencial. Serão abordados: projeto luminotécnico, projeto de hidráulica, paginação de gesso, paginação de pisos e revestimentos. Esses projetos complementares são de total importância para o bom desempenho da obra.

Para você entender e compreender sobre a profissão, julgamos ser de fundamental importância uma apreciação de boas-vindas, ou seja, uma visão geral do conteúdo e do contexto em que se inscreve o design de interiores. Pode parecer complexo, mas não se preocupem, logo vão estar familiarizados com esses conhecimentos. Portanto, reservamos como conteúdo inicial os seguintes itens que se constituem em objetivos para o aprendizado de vocês, conforme segue.

Boa aula!

Bons estudos!

Objetivos de aprendizagem

Ao término desta aula, vocês serão capazes de:

- aprender a elaborar projetos complementares para um bom andamento e execução do projeto;
- identificar a necessidade de um bom projeto com todas as suas especificações.

Seções de estudo

1 - Paginação de gesso
2 - Paginação de pisos e revestimentos
3 - Projeto Luminotécnico
4 - Projeto Hidráulico

Projetos complementares

Nesta aula, vamos falar sobre os projetos complementares, isto é, aqueles que vão complementar o seu projeto. Eles são necessários para uma boa execução e para que seu projeto saia do papel, pois não há projeto sem iluminação, sem piso sem revestimentos, correto? Então, aqui vamos aprender a elaborá-los. Não é fácil, porém vocês precisam se acostumar com sua elaboração em conjunto com a planta de leiaute. Nós, designers, fazemos esses projetos para que nenhum detalhe fuja de nossa proposta, de forma que assim nosso cliente fique satisfeito com o trabalho. Vamos lá.

1 - Paginação de gesso

Paginação de gesso, para que serve e o que significa? Gesso é a parte de acabamento do teto. Há várias formas e modelos de se projetar um gesso em um projeto de interior. Pode ser no modelo paulistinha, no modelo de sanca, sanca invertida, rebaixo em gesso, recortes, tudo depende da sua proposta. Pode ser projetado em conjunto com a iluminação a fim de que saibamos os pontos onde será colocada a iluminação a ser fixada no gesso. Uma planta de forro ou gesso indica sempre as posições do rebaixamento e os pontos onde a iluminação será embutida. Os profissionais costumam representar as áreas de rebaixo com hachuras (riscados) na planta. Não é obrigatório fazer o projeto de gesso com os pontos de iluminação junto, porém, facilita muito a vida do eletricista e a sua na hora de executar seu projeto. Isso evita erros como, por exemplo, de colocar uma iluminação embutida no gesso e o gesseiro não deixar espaço para o eletricista trabalhar. Como você já pode ter entendido, esse projeto vai para as mãos de dois profissionais que lhe prestarão serviço na obra, ou seja, o gesseiro e o eletricista. Portanto, é bom eles compartilharem do mesmo projeto, que pode conter:

- Paginação e especificação dos acabamentos de teto.
- Normalmente acompanham essas plantas os detalhes construtivos associados a teto e forros, tais como sancas, nichos, rasgos, molduras e juntas de dilatação junto às alvenarias.
- Pontos de iluminação.
- Indicação de níveis dos elementos de forro.
- Títulos, escalas, notas gerais, carimbos, etc.

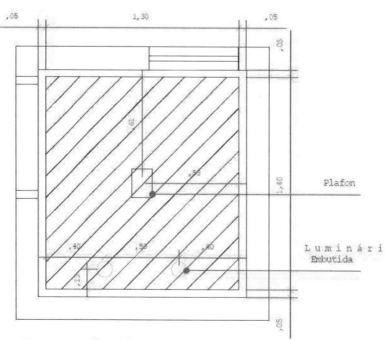

Gesso e Iluminação
Escala 1/25

Fonte: A autora

Veja abaixo alguns modelos de gesso que utilizamos em projetos de interiores. Estes são os mais conhecidos. Não importa que você crie um rebaixo diferente, só não pode mudar o modo de representação como mostrado na imagem anterior.

Sanca:

Rasgos:

Rebaixo com Sanca:

Rebaixo:

Moldura

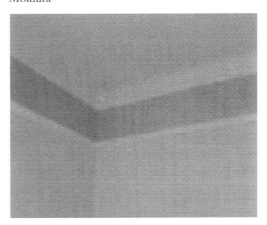

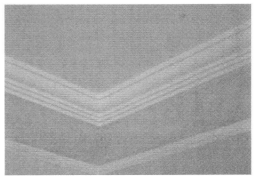

Junta paulista

2 - Paginação de pisos e revestimentos

Normalmente acompanham essas plantas os detalhes construtivos associados ao piso, tais como rodapés, juntas, arremates de degraus e detalhes de transição entre materiais de piso diferentes. Há, basicamente, dois tipos de paginação: aquelas feitas com materiais de dimensões predefinidas (cerâmicas, porcelanatos, pisos industrializados etc.) e aquelas feitas com materiais que podem ser cortados ou divididos de acordo com as medidas do local.

No primeiro caso, define-se o início da paginação através de uma seta dupla, de modo que as peças cortadas se situem nos pontos de menor visibilidade. Pode-se, ainda, trabalhar com pequenas diferenças em larguras de rejunte, no caso de cerâmicas, de modo a evitar cortes, como também, indicar níveis de pisos acabados e caimentos em áreas molhadas. Podem conter, ainda, especificação e espessura dos rejuntes usados, legendas das hachuras diferenciadas para os materiais, títulos, escalas, notas gerais, carimbo, etc.

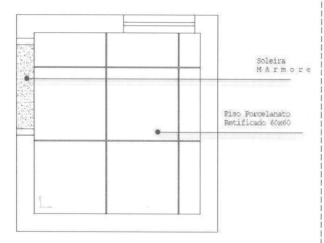

**Paginação de Piso
Escala 1/25**

Fonte: A autora

3 - Projeto Luminotécnico

O projeto luminotécnico é onde decidimos o lugar das luminárias e toda a parte de iluminação de um projeto. Aqui vamos utilizar a planta de leiaute, mas não vamos rabiscar em cima e sim fazer uma segunda, que pode ser mais simples. Aí você me pergunta: por que em cima da planta de leiaute? Porque assim conseguimos localizar melhor os pontos de luz. Por exemplo: em uma mesa de jantar, como saber se o ponto de luz ficará centralizado se você está vendo de cima para baixo na planta baixa de leiaute? Simples, na planta de leiaute o correto é desenhar as luminárias em cima da mesa, informando a tonalidade da lâmpada, o ângulo de abrangência da luz, ou seja, a luminescência e a luminosidade. Mas, isso você vai aprender na disciplina de Iluminação.

A decoração de uma casa vai muito além da escolha de móveis e objetos. Na decoração de casa ou apartamento novos, vários itens devem ser muito bem pensados para que no futuro não se saia quebrando a casa inteira. Vale lembrar que ao longo do tempo, pequenas reformas são necessárias sim, mas elas só devem acontecer apenas 5 anos depois de os moradores estarem habitando o imóvel. Esse costuma ser o tempo médio indicado pelos profissionais de design de interiores.

Atualmente, a grande preocupação dos arquitetos tem sido o projeto de iluminação. É importante pontuar que, no mundo inteiro, há uma larga preocupação com a questão da eficiência energética – em outras palavras, com a questão da economia de energia. A energia é fundamental para a continuidade do mundo moderno, e sem ela é praticamente impossível viver hoje (DECORAÇÃO DE AMBIENTES – CASA DA BARBIE, s/d).

Por isso, a palavra de ordem é economizar, em todos os aspectos, no uso da água, da energia e dos recursos naturais de modo geral. Assim, é importante que todas as lâmpadas da sua casa nova – ou o projeto de iluminação – seja totalmente sustentável, optando, para isso, pelo máximo de produtos que sejam eficientes.

Veja abaixo um exemplo de projeto luminotécnico.

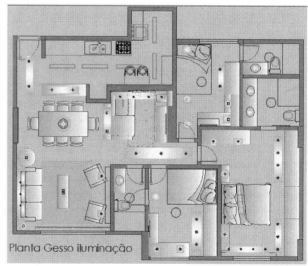

Planta Gesso iluminação

Disponível em: http://www.casadabarbie.com/invista-em-um-bom-e-assertivo-projeto-de-iluminacao/ Acesso em: 04 de Abr. de 2018

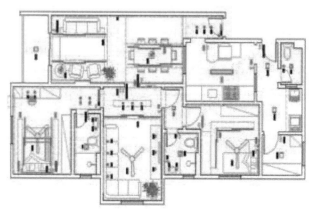

Disponível em: http://soengenharia.com/wp/?p=301 acesso em: 04 de Abr. de 2018.

4 - Projeto Hidráulico

Aqui, seguimos dentro do mesmo princípio. Nós, designers, só demarcamos os pontos de hidráulica, não podemos fazer o projeto em si. Para isso, devemos contar com a ajuda de um engenheiro ou arquiteto. O projeto hidráulico não difere muito das outras plantas-baixas. No modo de representação deve ser demarcado o que você quer mudar. Já em caso de reforma, é necessário fazer uma nova demarcação. Isso tanto em planta baixa quanto em vistas. Não se esqueça de especificar muito bem as distâncias de cada tubulação de água ou esgoto. Isso evita erros na hora da instalação dos acabamentos de louças e bancadas. Até as torneiras podem acabar ficando tortas se não for especificado tudo certinho. Essas informações nunca são demais, isso evita que os prestadores de serviço acabem mudando o leiaute que você tanto quer. Observe a imagem abaixo.

Planta Baixa

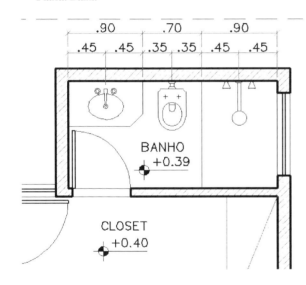

Vistas

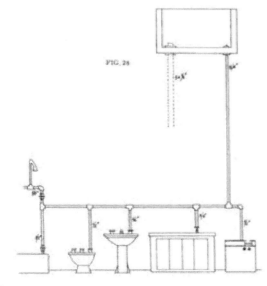

Disponível em: https://www.pinterest.pt/ pin/731201689469943689/?autologin=true Acesso em: 09 de Abr. de 2018.

Caso queira, faça em perspectiva, mas as especificações continuam sendo as mesmas. Isso vale para qualquer ambiente, seja banheiros, cozinhas, ou lavanderias, ok? Sempre tudo bem explicadinho para evitar erros.

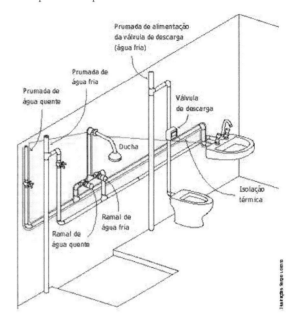

Retomando a aula

Chegamos ao final da nossa sétima aula. Espero que agora tenha ficado mais claro o entendimento de vocês sobre como contratar um prestador de serviço e as empresas que vão prestar serviço a vocês, profissionais designers de interiores. Vamos, então, recordar:

1 - Paginação de gesso

Nesta seção, aprendemos sobre planta de gesso. Vimos a necessidade de se especificar como vai ficar o gesso, pois são inúmeros os modelos que temos para escolher. Você pode até fazer um modelo diferente, desde que especifique tudo certinho para não haver erros, ok?

2 - Paginação de pisos e revestimentos

Nesta seção, vimos sobre a paginação de pisos e revestimentos, que são feitos da mesma forma. Não podemos esquecer que devemos começar a paginação com peças inteiras para que os recortes fiquem escondidos. Essa informação só você tem, porque foi você que fez o leiaute e não o instalador de piso. Então, não deixe para ele decidir, porque vai dar errado. Se você ou seu cliente têm TOC, pior ainda, pois em havendo desenhos nos pisos ou revestimentos eles podem ficar errados na hora da instalação.

3 - Projeto Luminotécnico

Nesta seção, vimos os projetos luminotécnicos. Aqui

devemos lembrar que nós designers não fazemos projetos elétricos e sim pontuamos e escolhemos as luminárias e lâmpadas para determinado ambiente. Projetos elétricos quem faz são os engenheiros elétricos, ok? Não confunda. O projeto luminotécnico e de extrema importância, pois a luz traz benefícios à residência e a qualquer projeto. Faça com carinho e atenção, ela faz toda a diferença.

4 - Projeto Hidráulico

Nesta seção, vimos sobre o projeto hidráulico. Falamos da necessidade de indicar os pontos de esgoto e de água para não haver erros na instalação dos acabamentos dos banheiros, cozinhas e lavanderias.

Na próxima aula vamos abordar sobre mais uma etapa de projetos de interiores residenciais. Falaremos sobre a execução dos projetos, a parte de decoração e entrega do projeto completo. Assim, vamos descobrir a reação do seu cliente, se ele vai aprovar, ou não. Estamos na reta final.
Vamos lá!

Vale a pena

Vale a pena ler

MANCUSO, Clarice. Guia Prático do Design de Interiores. São Paulo. 4º Ed. Sulina, 2014.

MANCUSO, Clarice. Gestão de Arquitetura e Interiores. São Paulo. 1º Ed. Sulina, 2016.

FRANCIS D. K. Ching. Arquitetura de Interiores Ilustrada. 2.Ed. Bookman, 2015.

HIPOLITO, Ealine. Pequeno Livro de Decoração. Guia para toda hora. Editora Verus. 2012.

MOUTINHO, Stella; PRADO, Rubia B.; LONDRES, Ruth. Dicionário de Artes Decorativas e Decoração de Interiores. 9º ed. Lexicon, 2011.

Vale a pena acessar

Associação Brasileira de Designers de Interiores (ABD). <http://www.abd.org.br/novo/ Acesso em: 20 de Jan. de 2018.

Paulo Oliveira. Designer de Interiores e I.D. https://paulooliveira.wordpress.com/ Acesso em: 20 de Jan. de 2018.

ABNT Associação Brasileira de Normas Técnicas. http://www.abnt.org.br/ Acesso em: 20 de Jan. de 2018.

Minhas anotações

Aula 8º

Execução do projeto

Prezados(as) alunos(as):

Nesta aula, vamos falar sobre a última etapa de projetos de interiores. Vamos aprender a entregar o projeto finalizado e pronto, aqui entra uma das partes que mais gosto que é a organização das decorações; vamos arrumar a casa do cliente conforme nosso projeto inicial e que foi seguido até o fim, claro que você vai ter peças diferentes, pois nem sempre o cliente segue a risca neste quesito.

Para você entender e compreender sobre a profissão, julgamos ser de fundamental importância uma apreciação de boas-vindas, ou seja, uma visão geral do conteúdo e do contexto em que se inscreve o design de interiores Pode parecer complexo, mas não se preocupem, logo vão estar familiarizados com estes conhecimentos. Portanto, reservamos como conteúdo inicial os seguintes itens que se constituem em objetivos para o aprendizado de vocês, conforme segue.

Boa aula!

Bons estudos!

Objetivos de aprendizagem

Ao término desta aula, vocês serão capazes de:

- aprender a entregar o projeto conforme sua ideia inicial;
- identificar as necessidades do cliente na finalização.

1 - Montagem e decoração

Nesta última aula, vamos ver sobre a entrega da obra e a parte da decoração, pois esta é a finalização do nosso projeto que fomos contratados, correto? Aqui, pra mim, é a parte mais divertida, pois vamos colocar todas as peças decorativas, tapetes, almofadas, cortinas tudo no seu devido lugar, e não é só isso, aqui entra a decoração dos banheiros, lavabos, até o papel higiênico tem forma correta de se colocar no banheiro, a montagem da cozinha com todos os utensílios, alimentação se houver, closets camas, escritórios, ou seja, tudo, tudo que uma casa precisa para se manter e uma família também, aqui tem um detalhe bem importante, pergunte com antecedência para seu cliente se você é quem vai receber e arrumar a mudança do cliente, coloque isso em contrato caso aconteça, pois caso aconteça, você ficará responsável em receber a mudança do cliente e arrumar tudo, até as peças íntimas, como uma organização mesmo, você até pode, aliás, deve se especializar em personal organizer futuramente, caso você goste de cuidar desse tipo de arrumação, mas mesmo que não goste muito você deve arrumar pelo menos o que foi estabelecido no projeto.

Na parte de decoração vai entrar tudo que vocês compraram e que já foi adquirido pelos clientes e peças que eles já têm na família, não se esqueça que isso já deve ser estabelecido no seu projeto lá no início, perguntar ao cliente o que vai ficar e o que vai sair é essencial. Coloque tudo no seu devido lugar com ou sem ajuda de seus funcionários, e chame o cliente, caso ele queira mudar de lugar, mude, ele vai mudar depois que você sair mesmo, então dá a ideia seguindo seu projeto sempre, lembre-se sempre disso, ok? Não se esqueça de verificar todos os detalhes, se a geladeira está funcionando, se todos os eletrodomésticos e eletroeletrônicos estão funcionando e ligados, chuveiros, banheiras, tudo que precise de eletricidade e de água teste antes de sair e de preferência faça o teste na presença do cliente.

Disponível em: https://blogdaarquitetura.com/dicas-gerais-para-gerenciamento-de-obras/ Acesso em 12 de Abr. de 2018.

2 - Entrega da obra e projeto

Nesta última etapa da execução de projeto, vamos entregar finalmente a obra, aqui devemos testar tudo, ver se está tudo funcionando, principalmente onde você mexeu, ou seja, onde foi modificado pelo seu projeto, aqui vamos minunciosamente verificar se tudo está em seu devido lugar para finalizar e entregar ao cliente, geralmente os cientes até fazem uma recepção para festejar a finalização, já outros, só querem curtir a casa nova. Independente do que o cliente queria, você deve estar junto com ele. Mostre tudo a ele com o projeto em mão, claro que não vai ficar idêntico, já falamos sobre isso, mas deve estar o mais real possível, sendo assim vá acompanhando seu cliente em cada cômodo alterado e modificado por você, converse, explique conte tudo oque aconteceu na obra e como você chegou neste resultado, o cliente geralmente gosta de saber de tudo, após isso entregue o projeto em mãos para o cliente.

Agora, é só deixar ele em casa para curtir e se despedir, diga que qualquer coisa você está à disposição e que se precisar você volta correndo, não esqueça de confirmar seus telefones e endereço para o cliente, isso mostra responsabilidade e que você é um profissional ponta firme e que não vai fugir das responsabilidades.

Então, agora, é respirar fundo com a sensação de mais um projeto feito e entregue. Após 30 dias entre em contato com seu cliente, pergunte como ele está e o que está achando de tudo, se tem algo de errado, se ele gostou de tudo ou até se ele mudou algo de lugar, dificilmente o cliente vai te chamar para um visita, mas se chamar por qualquer motivo não hesite em ir o mais rápido possível, pois, com cliente feliz você terá mais outros clientes, já cliente infeliz você terá problemas em fechar novos negócios, ele é sua melhor propaganda, caso aconteça de você ter que ir, vá e veja o que está de errado, se tiver algo errado chame seus prestadores de serviço ou qualquer outro profissional para arrumar o que for preciso, caso não aconteça, ótimo você fez o que devia, e seu cliente vai ficar feliz e satisfeito. Lembre-se que você pode se tornar o profissional designer da família e que qualquer projeto você será chamado e assim ter clientes fiéis, e após 6 meses torne a ligar para o seu cliente, marque em uma agenda para não esquecer, faça isso você mesmo, não vale pedir para o projetista ou secretária, faça as mesmas perguntas e finalize com um até mais. Agora sim acabou! não esqueça de arquivar em uma pasta todos os documentos deste cliente, tanto virtual como física, você pode vir a precisar destes documentos futuramente.

Retomando a aula

Chegamos ao final da nossa última aula. Espero que agora tenha ficado mais claro o entendimento de vocês sobre como finalizar a obra e seu projeto como designer de interiores. Vamos, então, recordar:

1 - Montagem e decoração

Nesta seção, falamos sobre a parte decorativa e finalização do projeto para entregar a obra ao cliente, aqui não há segredo.

2 - Entrega da obra e projeto

Nesta seção, vimos e falamos sobre o que fazer para entregar a obra finalizada, detalhes que devemos levar em consideração para com nosso cliente e, assim, manter uma dedicada relação com ele. Não esquecerá de guardar e arquivar os projetos e os documentos do cliente, e de tomar cuidado na finalização para entregar a obra finalizada de acordo com seu projeto inicial e aprovado pelo cliente.

 Vale a pena

◄Vale a pena ler,

MANCUSO, Clarice. *Guia Prático do Design de Interiores*. São Paulo. 4° Ed. Sulina, 2014.

MANCUSO, Clarice. *Gestão de Arquitetura e Interiores*. São Paulo. 1° Ed. Sulina, 2016.

FRANCIS D. K. Ching. *Arquitetura de Interiores Ilustrada*. 2.Ed. Bookman, 2015.

HIPOLITO, Ealine. *Pequeno Livro de Decoração*. Guia para toda hora. Editora Verus. 2012.

MOUTINHO, Stella; PRADO, Rubia B.; LONDRES, Ruth. *Dicionário de Artes Decorativas e Decoração de Interiores*. 9° ed. Lexicon, 2011.

◄Vale a pena acessar,

Associação Brasileira de Designers de Interiores (ABD). <http://www.abd.org.br/novo/ Acesso em: 20 de Jan. de 2018.

Paulo Oliveira Designer de Interiores e LD. https://paulooliveira.wordpress.com/ Acesso em: 20 de Jan. de 2018.

ABNT Associação Brasileira de Normas Técnicas. http://www.abnt.org.br/ Acesso em: 20 de Jan. de 2018.

 Referências

ASSOCIAÇÃO BRASILEIRA DE NORMAS TÉCNICAS. *6492:* Representação de Projeto de Arquitetura. 2. ed. Rio de Janeiro: ABNT, 1994. 27 p. Disponível em: <https://docente.ifrn.edu.br/albertojunior/disciplinas/nbr-6492-representacao-de-projetos-de-arquitetura>. Acesso em: 28 Set. 2016.

MONTENEGRO, Gildo Aparecido. *Desenho Arquitetônico*. 4. ed. São Paulo: Edgard Blücher, 2001. 158 p.

SARAPKA, Elaine M; SANTANA, Marco Aurélio; MONFRÉ, Maria A. Margazão; [et al]. *Desenho Arquitetônico Básico*. 1. ed. São Paulo: PINI, 2010. 99 p.

CHING, Francis D. K.; JUROSZEK, Steven P. *Desenho para arquitetos*. 2. ed. São Paulo: Brookman, 2012. 410 p.

CHING, Francis D. K.; JUROSZEK, Steven P. *Arquitetura de Interiores Ilustrada*. 3. ed. São Paulo: Brookman, 2013. 359 p.

NETTO, Claudia Campos. *Desenho Arquitetônico para Design de Interiores*. 1. ed. São Paulo: Érica, 2014. 345 p.

MICELE, Marai Tereza; FERREIRA, Patrícia. *Desenho Técnico Básico*. 2. ed. São Paulo: Imperial Novo Milênio, 2008. 143 p.

GURGEL, Mirian. *Projetando Espaço* - Guia de Arquitetura de Interiores Para Áreas Residenciais. São Paulo. Editora SENAC, 2003.

MANCUSO, Clarice. *Arquitetura de interiores e decoração:* a arte de viver bem. São Paulo. 6° Ed. Sulina, 2007.

GIBBS, Jenny. *Design de interiores:* Guia útil para estudantes e profissionais. México: G. Gili, 2013.

LAWSON, Bryan. Como os arquitetos e designers pensam. São Paulo: Oficina de Textos, 2011.

 **Minhas** anotações

Minhas anotações

Graduação a Distância

2º SEMESTRE

Tecnologia em
Design de Interiores

PROGRAMAÇÃO VISUAL
E DE SUPERFÍCIES

UNIGRAN - *Centro Universitário da Grande Dourados*

Rua Balbina de Matos, 2121 - CEP 79.824 - 9000
Jardim Universitário
Dourados - MS
Fone: (67) 3411-4141 / Fax: (67) 3411-4167

CEAD
Coordenadoria de Educação a Distância

Apresentação da Docente

Bem-vindo!

Valesca Amaro Cechin é formada bacharel em Design pelo Centro Universitário Ritter dos Reis - UniRitter (2008) e possui mestrado em Design pela Universidade Federal do Rio Grande do Sul UFRGS (2013). Atualmente, trabalha como professora no Centro Universitário da Grande Dourados (UNIGRAN), nos cursos de Design de Interiores, Publicidade e Propaganda e Artes Visuais, e coordena o curso de Design de Interiores presencial da Unigran de Dourados.

CECHIN, Valesca Amaro. Programação Visual e de Superfícies. Dourados: UNIGRAN, 2019.

62 p.: 23 cm.

1. Design. 2. Composição.

Sumário

Conversa Inicial

Oi, pessoal, sejam bem-vindos(as) às aulas de Programação Visual!

A Programação Visual é uma área do design na qual estudamos a apreciação da realidade através do sentido da visão. De acordo com Regina Blessa (2008), a visão é responsável por 83% das informações que absorvemos todos os dias. Em seguida temos a audição (11%), o olfato (3,5%), o tato (1,5%) e o paladar (1%). Todas as informações captadas pelos olhos são enviadas ao nosso cérebro, para, em seguida, serem interpretadas. Essa análise leva em conta as nossas experiências, os conhecimentos que adquirimos e até mesmo o que acreditamos do mundo (fé, ética, dentre outros).

No contexto do Design de Interiores, o usuário construirá a impressão do local em que se encontra, baseado nos estímulos que o ambiente lhe fornecer. Esses estímulos terão sido moldados por seus designers, com base em conceitos previamente estabelecidos. Ao projetar utilizamos, mesmo que de forma inconsciente, a combinação de fundamento básicos que, quando reunidos, ganham sentido.

Logo, nosso objetivo com essa disciplina é lhe mostrar quais são esses elementos, e como podemos combiná-los. É como cozinhar: você junta ingredientes tendo em mente o prato que deseja fazer. Nem sempre ele ficará como desejamos, mas quando conhecemos os ingredientes (elementos do design) e a melhor maneira de combiná-los, a receita se torna um sucesso!

Mas afinal, que elementos são esses?

Bom, na receita gastronômica usamos ovos, leite e farinha, para realizar a Programação Visual usamos os elementos do Design (como o ponto, as linhas, o plano, o volume), a Gestalt, os Grids, as Estampas, dentre outros, e as suas relações, composições e aplicações.

Por esse motivo, iniciaremos nossas aulas com conhecimentos básicos, que pouco a pouco tomarão forma. Nas aulas finais, veremos esse resultado em forma de Composição Visual de Ambientes, Design de Sinalização e Visual Merchandising.

E, então, vamos começar?

Aula 1º

Elementos da forma: ponto, linha, plano e volume

Todo projeto de Design de Interiores é formado pelo conjunto de quatro elementos: Ponto, Linha, Plano e Volume. O profissional que entende suas características, potencialidades e fraqueza, conseguirá criar (ou simular) diversos efeitos estéticos, proporcionando ao ambiente e para suas reproduções, diferentes sensações. Por serem peças chave na construção dos projetos de Design, é essencial saber quais são suas características, antes de nos aprofundarmos no conteúdo.

Bons estudos!

Objetivos de aprendizagem

Ao término desta aula, vocês serão capazes de:

- diferenciar os tipos de elementos da forma entre si;
- identificar o elemento ponto e suas aplicações em ambientes;
- identificar o elemento linha e suas aplicações em ambientes;
- identificar o elemento plano e suas aplicações em ambientes;
- identificar o elemento volume e suas aplicações em ambientes.

1 - Elementos da Forma

O conceito de forma é muito abrangente. Para o nosso estudo usaremos a definição de Gomes Filho (2010). De acordo com o autor, a forma é: "(...) a figura ou a imagem visível do conteúdo. De um modo mais prático, ela nos informa sobre a natureza da aparência externa de alguma coisa. Tudo que se vê possui forma". (GOMES FILHO, 2010, p. 39)

Ou seja, não apenas o espaço em que vivemos, mas também uma fotografia desse espaço deve ser considerada. Por esse motivo, quando trabalhamos com a Programação Visual do Design de Interiores, precisamos levar em conta não apenas as questões do usuário do ambiente, mas também todas as suas reproduções, vídeos e fotografias.

Essas formas são compostas de: um só elemento, o Ponto; na sucessão de pontos, a Linha; na sucessão de linhas, o Plano; e na sucessão de planos, o Volume. Ainda de acordo com Gomes Filho (2010) esses são os quatro elementos primários do Design.

Por esse motivo, vamos começar nossa aula aprendendo a distingui-los uns dos outros, para que consigamos reconhecê-los nos ambientes. Em seguida, iremos entender as características dos elementos e apresentando algumas aplicações em ambientes.

2 - Ponto

Para Donis Dondis (1998, p. 53), "qualquer ponto tem grande poder de atração visual sobre o olho, exista ele naturalmente ou tenha sido colocado pelo homem em resposta a um objetivo qualquer".

Exemplos de Pontos:

Fonte: Imagem elaborada pela professora.

Normalmente, quando pensamos em um ponto, a primeira imagem que nos vem a cabeça é uma forma circular, um ponto geométrico. Contudo, ele pode ter infinitas aparências. O que caracteriza o ponto não é necessariamente

sua forma, mas o grande CONTRASTE que há entre ele e os demais objetos. Isso acontece porque o ponto possui um grande poder de atração sobre o olho. Por este motivo, durante as aulas, quando falarmos sobre ponto, ponto focal ou centro de interesse, estaremos nos referindo ao mesmo conceito:

> O ponto indica uma posição no espaço. Quando está no centro de um ambiente, transmite a sensação de estabilidade, podendo organizar os elementos em torno de si. Se estiver descentralizado, promove certo dinamismo, mesmo mantendo sua qualidade centralizadora (GUBERT, 2011).

Vejam, por exemplo, as imagens a seguir. A cadeira vermelha é o ponto (ou ponto focal) da imagem. Talvez o ambiente real contenha outros elementos chamativos, mas nessa foto o enquadramento gerou destaque nesse móvel. Perceba que sem as cores não existe ponto. Então concluímos que o formato da cadeira não importa (o formato do ponto não importa), mas sim o seu contraste com o fundo da foto ou com o restante do ambiente.

Disponível em: <https://imaginariumfurniture.rs/wp-content/uploads/2015/05/crvena-fotelja-7.jpg> Acesso em: 23 mar 2018

Disponível em: <https://imaginariumfurniture.rs/wp-content/uploads/2015/05/crvena-fotelja-7.jpg>

Então, nos projetos de Design de Interiores, o ponto poderá ser representado por:
- uma cadeira
- um quadro
- um objeto decorativo
- ou qualquer objeto que se destaque

A seguir, veremos mais referências. Por exemplo, observem a imagem do lado esquerdo. O ponto focal da imagem são as cadeiras amarelas e o sofá caramelo. Eles formam um grande ponto focal, por causa da sua proximidade (vamos estudar mais sobre proximidade no capítulo de Gestalt).

Já na imagem da direita, o ponto focal são o espelho e o aparador dourados, que se destacam contra a parede branca. Nesse exemplo, podemos perceber que isso cria um ponto de interesse no final do corredor. Se estivéssemos analisando uma loja, por exemplo, o ponto poderia ser utilizado como chamariz, atraindo o cliente para o fundo da loja.

Disponível em: <https://www.dewdirectory.com/yellow-sleeper-sofa-inspiration-for-eclectic-dining-room-with-pedestal-table-area-rug-and-polka-dots-216052/> Acesso em: 23 mar 2018.

Disponível em: <https://st.hzcdn.com/> Acesso em: 23 mar 2018.

3 - Linha

Exemplos de composição de Linha, com a junção de vários pontos.

Fonte: Imagem elaborada pela professora.

A linha se forma quando muitos pontos se aproximam tanto que não é mais possível distingui-los individualmente ou quando alguma força obriga o ponto a se mover. Mas, como assim força? Imaginem que o ponto está parado. Em um determinado momento ocorre uma força que o empurra. Sua trajetória pode criar o desenho de várias linhas. Na imagem a seguir temos 3 exemplos de tipos de linhas que podem se formar dessas trajetórias. Na imagem 1 (esquerda) temos um ponto sofre a influência de uma única força, por isso gera uma linha reta. Já na imagem 2 (centro) temos duas forças que agem de maneira alternada (quando uma liga a outra desliga e vice-versa), e, por isso, geram uma linha quebrada. Na terceira imagem (direita), temos duas forças que agem ao mesmo tempo, e por isso geram uma curva.

Forças (em laranja) agindo sobre o ponto (em laranja) e sua trajetória forma linhas (em azul):

Fonte: Imagem elaborada pela professora.

Diferente do ponto, a linha terá sempre uma direção. Começa no ponto 1 e vai para o ponto 2. Isso pode ser usado como vantagem nos projetos de Design de Interiores, pois possibilita guiar o usuário. Veja a imagem a seguir, ao lado esquerdo. Temos 4 pontos focais, mas devido a sua semelhança e proximidade, acabam por criar uma sensação de linha. Mesmo que você não queira, acaba olhando o primeiro (por causa do contraste do amarelo no fundo acinzentado) e logo seus olhos "pulam" para a próxima luminária. Agora imagine esses elementos aplicados em uma loja. O cliente vai seguindo as luminárias até o local que você indicar como final do percurso. Podemos começar usando um chamariz de "promoção" e dirigir o cliente até o expositor de peças mais caras da loja. Ele pode não comprar, mas, com certeza, vai dar uma olhadinha nas roupas à venda. Já na imagem do lado direito temos uma escada com corrimão em amarelo. O alto contraste da cor e seu fundo atrai nossos olhos, e mesmo sem querer acabamos por seguir essa linha. Você não fica curioso(a) pra saber o que tem lá em cima?

Disponível em: < http://harlowproject.com/wp-content/uploads/2018/03/40-captivating-kitchen-bar-stools-for-any-type-of-decor-eames-counter-stool-buy-it-eames-counter-stool-canada.jpg> Acesso em: 23 mar 2018

Disponível em: < http://article.sciencepublishinggroup.com/journal/183/1831171/image009.jpg> Acesso em: 23 mar 2018

Nossos olhos inconscientemente seguirão a orientação das linhas de um ambiente. O modo e o tipo de linha num projeto adicionarão diferentes características a ele (GURGEL, 2010, p. 29).

Além de conduzir o olhar, as linhas também são usadas para transmitir a sensação segurança, energia e movimento para o ambiente. Aqui vamos dividir as linhas em 3 tipos:

linhas retas (horizontais e verticais), linhas quebradas e linhas curvas, e vamos retomar aquelas definições de linhas feitas com base nas forças (que vimos lá em cima) para analisar suas características.

De acordo com Gurgel (2013a, 2013b), as linhas retas, de forma geral, costumam ser mais diretas e masculinas. Quando tratamos de linhas horizontais, percebemos que elas tendem a alongar lateralmente o ambiente, reduzindo a altura do pé direito. Além disso, as linhas horizontais passam a sensação de estabilidade e calma (CHING, BINGGELI, SALVATERRA, 2013), e quando aplicado ao design de interiores pode nos ajuda a relaxar. Isso acontece por causa do horizonte. Instintivamente, quando queremos encontrar um ponto de equilibro, utilizamos a linha do horizonte como fonte referência. A linha horizontal é mais informal, sendo em sua maioria associada aos quartos, sala de tv, spa, saunas, dentre outros.

Agora vamos analisar essa questão de forma apliacada ao Design de Interiores. A imagem a seguir, do lado esquerdo mostra um ambiente equilibrado, onde foram usados móveis e papel de parede com linhas horizontais. O ambiente da sala de TV não deve chamar mais atenção do que o filme exibido. A imagem do lado direito ilustra um quarto onde vários itens do mobiliário apresentam como característica as linhas horizontais.

Disponível em: < http://3.bp.blogspot.com/-Zu56RtV6CT4/VcujDXw_-BI/ AAAAAAAADOI/UI3S2Wy7WPQ/s640/Parede-com-listras-2.jpg > Acesso em: 21 mar 2018

Disponível em: < https://www.decoist.com/2012-12-21/london-water-tower-transformation/bedroom-2/> Acesso em: 24 mar 2018

Como desvantagem das linhas horizontais, podemos citar que, quando em excesso, o ambiente se torna chato e monótono, por isso, o ideal e combiná-las com outros tipos de linhas caso queira "animar" o local.

Ainda falando sobre linhas retas, as verticais transmitem ao ambiente uma sensação de elegância, formalidade e dignidade (GURGEL, 2013a, 2013b). Além disso, geram a

sensação de aumento o pé direito do ambiente, deixando o local visualmente "mais alto". A Linha vertical é mais formal, normalmente associada com ambientes executivos e de trabalho, salas de reuniões, home office, lojas de luxo, dentre outros.

Vamos analisar nas imagens a seguir. A primeira imagem ilustra o interior de uma das lojas da Fendi. O papel de parede atrás das roupas, uma arte abstrata, simula linhas verticais em preto sobre um fundo bege. A ideia da verticalidade é reforçada pelas pernas longas da mesa de metal e vidro, que está em primeiro plano na imagem. A segunda imagem (do lado direito) ilustra uma sala de estar com revestimento em madeira. Ele está disposto na posição vertical, e a foto salienta essas linhas da posição de onde foi tirada. Além disso, a sensação de verticalidade do ambiente é aumentada pela parede lateral esquerda (pintada de cor diferente) e a janela ao lado direito.

Disponível em: < https://media.architecturaldigest.com/ photos/55f9e1c84254f7de3455f722/master/w_768/dam-images-daily-2014-06-fendi-fendi-london-flagship-04-furs-display.jpg > Acesso em: 19 mar 2018

Disponível em: < https://www.actmienbac.vn/xu-huong-trang-tri-nha-dep-cho-mua-he-nay.html> Acesso em: 19 mar 2018.

Como desvantagem das linhas verticais, podemos citar que quando em excesso deixam o ambiente opressor. Lembram das catedrais estudadas em História da Arte e do Design? Elas eram a casa de Deus, por isso são tão altas. Mas quando nós entramos em espaços muito altos (ou que parecem altos por causa das linhas verticais), podemos sentir-nos pequenos, desconfortáveis e acanhados. Se você precisa criar um ambiente onde a criatividade, a interação e a comunicação são importantes, evite esse tipo de linhas, ou equilibre com o uso de outros elementos e com cores alegres.

As linhas quebradas, diagonais ou angulares transmitem a sensação de movimento e velocidade. Normalmente são empregadas na hora de criar ambientes despojados e jovens, cozinhas, sala de jogos, academia de ginástica, dança, dentre outros.

Vamos analisar as linhas das imagens a seguir. A primeira é a entrada de uma academia de ginástica. Ao lado esquerdo temos um revestimento em relevo na parede, com espelhos em seus nichos. Isso dá a sensação de movimento e energia para o ambiente. Além disso, o enquadramento da foto, com o ponto de fuga bem próximo do centro, cria diagonais visuais automaticamente. Mas, para equilibrar o ambiente (e não deixar as moças da recepção muito agitadas), também foram usadas linhas horizontais bem marcadas. Isso é perceptível no balcão branco (em destaque), um grande e sólido objeto, que passa estabilidade e segurança na hora dos alunos realizarem os pagamentos das aulas. Também temos um elemento em vidro ao longo da parede direita (mais linhas horizontais), e luminárias redondas, para contrapor as linhas. Já na segunda imagens temos uma loja esportiva, que usa uma grande estrutura com luminárias, para "desenhar" no teto as linhas quebradas diagonais. Isso chama a atenção do observador, e também serve para direcioná-lo até o fundo da loja, onde a estrutura acaba. E, quando o cliente percebe, já está dentro da loja!

Como desvantagem as linhas quebradas, diagonais ou angulares podem deixar a pessoa nervosa e inquieta, então, evite utilizar em grande quantidade em ambientes de estudo ou de relaxamento, como spa, clínicas de repouso, psiquiátricas, dentre outros.

As linhas curvas são associadas com características femininas. Elas proporcionam suavidade e fluidez. Quando as curvas são suaves, causam a sensação de relaxamento. Quando são curvas acentuadas, podem causar agitação semelhante àquela vista nas linhas quebradas. As linhas curvas são normalmente utilizadas em ambientes de circulação como corredores, sala de estar, jardins, dentre outros.

Vejam as imagens a seguir, que ilustram esse tipo de linhas. Na primeira imagem, temos uma sala de estar onde o sofá é levemente curvo e as poltronas foram levemente giradas, posicionadas de forma que o conjunto de todos os móveis forme um círculo. As linhas curvas também estão presentes na estampa do tapete. Já a segunda imagem ilustra um revestimento com relevo, cujo desenho são curvas suaves, ao longo de um corredor. Como uma suave onda, nossos olhos acompanham o movimento que parece nos levar até o pilar em mármore preto.

Tudo o que estudamos agora acontece por um motivo semelhante aquele do ponto, que se move quando aplicamos uma força. Como assim, professora? Imaginem que o ponto, nesse caso, é o foco do seu olhar. Olhamos para o ponto 1 da linha (lá onde ela começa) e vamos acompanhando a linha até o final. Então, mesmo que de forma imperceptível, ficamos fazendo esse movimento com os olhos. O contraste entre a(s) linha(s) e seu fundo conduzem o olhar, e nos impedem de "seguir em outro sentido". Veja, por exemplo, na ilustração a seguir. O mesmo ambiente pode ter características diferentes dependendo da forma como são colocados os revestimentos no piso, o que permite ao designer decidir quais são as características do ambiente que vão ser salientadas ou escondidas.

Os diferentes tipos de efeitos que as linhas no piso podem gerar. Gurgel, Mirian. 2013.

4 - Plano

Exemplos de composição de plano, com a junção de vários linhas.

Fonte: imagem elaborada pela professora.

O plano é a imagem em duas dimensões. Ele possui altura e largura, mas não tem profundidade, ou seja, não possui sombra. Os planos podem ser, ou não, forma geométricas. No contexto do Design de Interiores, podemos chamar de planos as superfícies como as paredes, o chão e o teto do ambiente.
Exemplos de Planos.

Fonte: Imagem elaborada pela professora.

De acordo com Brooker e Stone (2014) as paredes, divisórias, pisos ou forros permitem unir, segregar ou delimitar espaços no ambiente. As superfícies podem ser usadas também para criar unidades visuais, conectando todos os seus elementos. Por este motivo, utilizando tapetes, pisos ou forro diferentes, podemos dizer ao observador onde começa ou termina um espaço, sem precisar de paredes.

Vejamos as imagens a seguir, que ilustram os conceitos de planos. Na primeira imagem temos um tapete que parece "abraçar" todos os móveis. Esse tipo de sensação pode ser feita com o piso também. Casas que são feitas com um conceito mais aberto, podem adotar que na área da cozinha (área molhada) será usado um piso frio, e na área da sala um piso diferente, que pode ser um laminado, parquet, carpete, dentre outros. Já na segunda imagem, a pintura nas paredes é que ficou como responsável por delimitar os espaços. Mais ao fundo temos a cozinha, onde os móveis claros ficam em destaque contra a parede cinza escuro. Mais a frente temos a sala onde a parede é de um cinza bem claro, quase branco. E o elemento em amarelo, muito similar a uma seta apontando para baixo, parece dizer "é aqui a divisão dos espaços".

Quando existem muitos planos sobrepostos, o ambiente pode ficar carregado, com um grande peso visual. É indicado combinar os planos com cautela, evitando o baixo contraste entre os objetos. Por exemplo, paredes coloridas ou com padronagem chamam muito atenção. Elas tendem a "brigar" com objetos que são colocados em sua frente, então utilize objetos com cores que criam contraste visual com estes planos.

Vamos analisar as imagens seguintes para entender melhor. Na primeira imagem, temos um papel de parede com várias estampas tropicais. Mas, os elementos colocados no ambiente, como o espelho com moldura de conchas, acabam "sumindo", pois existe baixo contraste entre os elementos. Veja agora a segunda imagem. Apesar do papel de parede dominar a parede inteira, o projetista soube escolher uma moldura que favorece o quadro exposto. No caso da primeira imagem, o problema não é o papel de parede ou a moldura, mas a combinação das duas.

Disponível em: < https://volsky.us/palm-tree-bathroom-decor > Acesso em: 10 mar. 2018.

Disponível em: < http://decordots.com/2015/04/13/scandinavian-apartment-with-industrial-and-mid-century-modern-touches/> Acesso em: 10 mar. 2018

Mas, professora, meu cliente quer muito usar determinado objeto, e agora? Bom, vamos usar a mesma imagem como exemplo. Nesse caso, a opção poderia ser pintar o espelho. É uma opção simples e barata de criar contraste, e fazer com que a moldura do espelho apareça. Professora, meu cliente é discreto e não quer deixar o espelho em destaque. Nesse caso você pode trabalhar com o papel de parede até um palmo abaixo do nível de base do espelho, e para o fundo dele trabalha um plano de cor única.

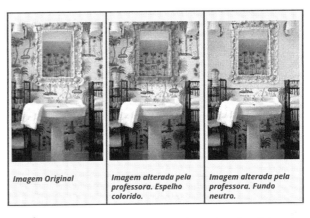

| *Imagem Original* | *Imagem alterada pela professora. Espelho colorido.* | *Imagem alterada pela professora. Fundo neutro.* |

5 - Volume

Exemplos de composição de volume, com a junção de vários planos.

Fonte: Imagem elaborada pela professora.

O volume é um objeto com 3 dimensões. Ele possui altura, largura e profundidade. Ou seja, ele gera sombras e pode se utilizar das luzes. O volume é o somatório dos pontos, linhas e plano. Esse elemento pode ser o TUDO (o ambiente geral) e a PARTE INDIVIDUAL (móveis, decoração, plantas, revestimento etc.).

Agora vamos ver alguns exemplos de volumes. Na primeira imagem temos uma escada feita de madeira. O projetista percebeu que a escada poderia ser usada para abrigar objetos, e por isso utilizou o espaço abaixo dela para construir nichos. Esses espaços abaixo das escadas são áreas que permitem um grande número de utilizações. Eles podem ser como armários, despensas, lavabos, depósitos ou até mesmo pequenos quartos (quem nunca assistiu Harry Potter?). Na imagem 2 temos um ambiente onde a quantidade de volumes é gigantesca! Não apenas os objetos por si mesmos são volumétricos, mas também os tecidos de pelúcia, usados no tapete, na coberta sobre o sofá e nas almofadas.

O volume tente a ocupar grandes espaços, então, sua utilização é indicada para lugares amplos, caso contrário, pode gerar a sensação de claustrofobia no observador. Veja o exemplo a seguir. Na primeira imagem o projetista utilizou cimento para criar mais degraus na base da escada. Nesse caso é possível realizar este tipo de construção, pois o pé direito da sala equivale a dois andares. Agora observe a segunda imagem. A decoração do teto, com fitas escuras, chama muito a atenção, causando a impressão de que um grande volume está preso no forro. Mesmo com a utilização de moveis brancos, que ampliam o ambiente, ainda temos a sensação de que estamos asfixiados, e que o teto pode cair em cima de nós a qualquer momento. A opção seria ter usado tecidos com cores similares à cor do forro, ou mais iluminação no teto, de forma que clareasse os tecidos.

Retomando a aula

Terminamos nossa aula! Vamos relembrar os conteúdos, antes de começar a próxima?

1 - Elementos da Forma

A forma é toda figura ou a imagem visível, ou seja, tudo que podemos ver possui forma. É com base na forma que extraímos as primeiras informações de um objeto, móvel ou ambiente. As formas são compostas por Pontos, Linhas, Planos e Volumes.

2 - Ponto

O ponto indica uma posição no espaço. Para o design de interiores, ele não precisa ter um formato geométrico, ele pode ter infinitas aparências. Para ser um ponto, o elemento deve ter grande contraste no ambiente, exercendo um grande poder de atração sobre o olho.

3 - Linha

A linha se forma quando muitos pontos se aproximam tanto que não é mais possível distingui-los individualmente ou quando alguma força obriga o ponto a se mover. Podemos encontrar 3 tipos de linhas: retas, quebradas (com diagonais) e curvas.

4 - Plano

O plano é a imagem em duas dimensões. Ele possui altura e largura, mas não tem profundidade, ou seja, não possui sombra. Os planos podem ser, ou não, forma geométricas. No contexto do Design de Interiores, podemos chamar de planos as superfícies, como as paredes, o chão e o teto do ambiente.

5 - Volume

O volume é um objeto com 3 dimensões. Ele possui altura, largura e profundidade. Ou seja, ele gera sombras e pode se utilizar das luzes. O volume é o somatório dos pontos, linhas e plano. Este elemento pode ser o TUDO (o ambiente geral) e a PARTE INDIVIDUAL (móveis, decoração, plantas, revestimento etc.).

 Vale a pena

Vale a pena ler,

PARADELLA, Flavia Simonini. *Teoria da forma – Ponto, Linha e Plano.* Disponível em <http://www.ensp.fiocruz.br/portal-ensp/_uploads/documentos-pessoais/documento-pessoal_314.pdf>. Acesso em: 19 de mar de 2018.

Vale a pena acessar,

<https://fabicorderodesign.wordpress.com>.

Vale a pena assistir,

Pontos focais da decoração - Minuto Decoração. Disponível em: <https://www.youtube.com/watch?v=MNBDXcmHG14 >.

 **Minhas** anotações

Minhas anotações

Aula 2º

Gestalt aplicada ao Design de Interiores

Você já viu aqueles desenhos de ilusão de ótica, onde uma linha parece maior do que a outra, quando na realidade elas possuem o mesmo tamanho? Ou aquela brincadeira que pergunta se a cor dos quadrados centrais são as mesmas? Nos dois exemplos estamos falando da mesma coisa: Gestalt. Ela é uma ótima ferramenta dos projetistas, e quando bem aplicada gera trabalhos harmoniosos, e facilitar a organização daqueles elementos do Design que vimos no capítulo anterior.

Bons estudos!

Objetivos de aprendizagem

Ao término desta aula, vocês serão capazes de:

- compreender o que é Gestalt;
- diferenciar as leis da Gestalt;
- identificar as leis da Gestalt nos ambientes que analisar;
- entender as potencialidades da Gestalt e das suas leis;
- aplicar as leis da Gestalt nos projetos de Design de Interiores.

Seções de estudo

1 - Gestalt

De maneira simples, podemos dizer que a Gestalt (ou Gestaltismo) é uma área da psicologia que estuda como percebemos aquilo que enxergamos. Ela surge no século XIX, criada por Christian von Ehrenfels. O tempo passou sem grandes estudos, até que em torno do ano de 1910 os psicólogos Max Wertheimer, Wolfgang Kohler e Kurt Koffka começam a realizar diversos experimentos de percepção, linguagem, inteligência, aprendizagem, memória, motivação, conduta exploratória e dinâmica de grupos sociais (GOMES FILHO, 2010).

A teoria da Gestalt afirma que não percebemos os elementos separados, mas a sua combinação, o TODO. Ou seja, você pode perceber todos os detalhes depois, mas inicialmente vai entender (e analisar) o objeto dentro de um contexto.

> Não vemos partes isoladas, mas relações. Isto é, uma parte na dependência de outra parte. Para a nossa percepção, que é resultado de uma sensação global as partes são inseparáveis do todo e são outra coisa que não elas mesmas, fora deste todo. (GOMES FILHO, 2010)

Vou dar um exemplo. Veja a cadeira a seguir: Você sabe me dizer se ela é grande? Você deva achar que a pergunta está errada (ou que a professora ficou doida e está fazendo perguntas sem sentido). Obviamente você vai perguntar: Muito grande para o quê/quem/quando/onde? A-HÁ! E chegamos no ponto que eu gostaria de explicar. Nós sempre ficamos esperando um contexto para analisar. "Grande para qual ambiente? Grande para qual pessoa? Grande para qual ocasião?" Simplesmente perguntar se é grande não faz sentido, pois precisamos do conjunto como ponto de referência, e não apenas do elemento.

Aos poucos os estudiosos da Gestalt (aqueles citados lá no início da aula) também começam a entender que a percepção depende de forças externas (estímulos visuais) e das forças internas (tendência que o nosso cérebro tem para organizar as informações). Como resultado, eles identificam certos padrões e decidem nomeá-los. Vamos estudar pontualmente cada um a seguir.

2 - Pregnancia da forma

A lei da Pregnância da Forma é considerada por Gomes Filho (2010) como uma das leis básicas da percepção visual da Gestalt. De acordo com o autor:

> (...) na formação de imagens, os fatores de equilíbrio, clareza e harmonia visual constituem para o ser humano uma necessidade e, por isso, são considerados indispensáveis — seja em obra de arte, produto industrial, peça gráfica, edifício, escultura ou em qualquer outro tipo de manifestação visual, conforme se verá no corpo desta obra (GOMES FILHO, 2010).

De acordo com a Gestalt, qualquer tipo de arte se inicia no princípio da pregnância da forma. Essa lei diz que, um objeto terá alto grau de pregnância quando tiver uma estrutura simples, equilibrada, homogênea e regular. Como resultado temos elementos harmônicos, unificados, com alto grau de clareza formal e o mínimo de complicação visual.

> 1. Quanto melhor ou mais clara for a organização visual da forma do objeto, em termos de facilidade de compreensão e rapidez de leitura ou interpretação, maior será o seu grau de pregnância.
> 2. Naturalmente, quanto pior ou mais complicada e confusa for a organização visual da forma do objeto menor será o seu grau de pregnância (GOMES FILHO, 2010).

Ou seja, podemos dizer que a Pregnância da Forma terá escalas, variando de Boa (Alta Pregnância) a Ruim (Baixa

Pregnância). Agora vamos entender o que é e como funciona essa lei. Observe as imagens a seguir, você saberia me dizer para qual função esses objetos servem, apenas olhando as figuras?

Disponível em: < http://artezanalnet.com.br/imagens/posts/chaise-1337781629.jpg > Acesso em: 25 mar. 2018

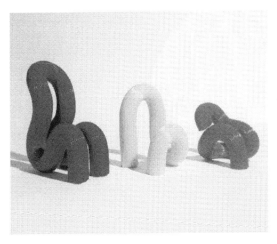

Disponível em: < http://designforum.com.br/blog/wp-content/uploads/2016/12/Cadeira-1.jpg > Acesso em: 25 mar. 2018

E se eu disser para vocês que são cadeiras! O grau de pregnância da forma desses objetos é baixo, pois não é qualquer pessoa que identifica a sua função apenas olhando o objeto. Quando estivermos projetando um ambiente ou móvel, precisamos pensar se o usuário vai compreendê-los. Se um ambiente clássico, ou um local de alta rotatividade, como hospital e restaurante, utilizar cadeiras similares as de cima, resultará em baixo grau de Pregnância, podendo confundir as pessoas sobre a utilização desses objetos. Elas vão se perguntar: será que posso me sentar? será que é uma escultura? será que é uma mesa de centro? agora se estamos projetando uma residência, onde os usuários são os próprios moradores, podemos "brincar" um pouco mais com os limites da pregnância das formas.

3 - Unidade

Um elemento que pode ser considerado como único, se

encerrando em si mesmo (um objeto), ou como um pacote de várias partes de um todo (conjunto de objetos). As unidades são percebidas quando identificamos algum tipo de relação, que pode ser baseada na forma do objeto, sua dimensão (tamanho) ou cores, dentre outros (GOMES FILHO, 2010).

Exemplo de Unidade.

Fonte: Imagem elaborada pela professora.

Dentro do contexto do Design de Interiores, podemos considerar como unidade um ambiente inteiro, um móvel, um objeto de decoração, um vaso de planta, dentre outros. Vamos analisar o conceito de unidade nas imagens seguintes. Trouxe as mesmas imagens usadas no capítulo anterior, no elemento Plano. A sensação de abraçar que os elementos proporcionam acontece graças a lei da Gestalt Unidade. Na primeira imagem (ao lado esquerdo) nós temos a foto da cadeira Barcelona. Apesar da cadeira ser formada por vários elementos (couro, estofamento, botões, costuras, metal, parafusos, dentre outros) nos enxergamos o conjunto unitário: a cadeira. Já na segunda figura (direita), não apenas os móveis compõem unidades, mas também podemos compreender o espaço como um local unitário, chamado de Sala de Estar.

Disponível em: < http://www.cadeirasecia.com/poltronas/poltrona_barcelona_armacao_em_aco_inox/ODIx> Acesso em: 25 mar. 2018

Disponível em: <https://i.pinimg.com/736x/37/cf/3c/37cf3c9fbf4bea2a6f6f25920 16f79a9--living-room-layouts-large-open-living-room-layout.jpg>. Acesso em: 22 mar. 2018

4 - Unificação

A unificação acontece quando existe harmonia, equilíbrio visual e coerência no objeto ou composição. De acordo com Gomes Filho (2010), a unificação acontece de forma facilitada quando temos as leis da proximidade e de semelhança presentes em partes ou no objeto como um todo. Essa unificação poderá se manifesta em graus de qualidade, de forma que a organização visual seja melhor ou pior dependendo dos elementos combinados. Por esse motivo, podemos atribuir índices qualitativos na hora da análise da unificação.

Exemplo de Unificação perfeita (esq.) e Unificação prejudicada (dir.).

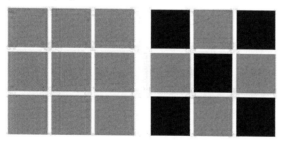

(Fonte: Imagem elaborada pela professora.)

Agora, vamos ver essa lei aplicada ao design de interiores. A primeira imagem nos mostra uma grande parede de tijolos branca. A semelhança entre os blocos e a repetição constante de seus elementos nos causa a sensação de uma unificação perfeita, de tal forma que é criada uma padronagem visual. Na segunda imagem, 1 figura foi repartida em 3 telas, mas mesmo dividida em partes podemos perceber que se trata de uma só imagem e compreender o que é esta figura (isso acontece por causa do fechamento, lei da Gestalt que veremos mais para a frente). Mas essa unificação não é perfeita, pois, dependendo

do ângulo de onde observamos essa imagem, os espaços entre as telas poderão prejudicar a visualização (e entendimento) da imagem. Além disso, a cor da parede e a iluminação do local provavelmente vão influenciar na qualidade de percepção da unificação desses quadros.

Disponível em: < http://sitehouse.net/white-brick-wall/> Acesso em: 25 mar. 2018

Disponível em: < https://pp.userapi.com/c635101/v635101330/19fb/5ZHLYp3YNr4. jpg > Acesso em: 25 mar. 2018

5 - Segregação

De acordo com Gomes Filho (2010), segregação é a capacidade perceptiva que temos de separar, identificar, evidenciar ou destacar unidades formais em um todo. Podemos separar 1 ou mais elementos de um todo. Essa separação vai depender do estímulo utilizado, por exemplo, podemos nos basear na forma do objeto (pontos, linhas, planos, volumes), sua dimensão (tamanho), na posição (local onde se encontra), nas questões cromáticas, sombras, brilhos, texturas, relevos, dentre outros.

Exemplo de Segregação.

Fonte: Imagem elaborada pela professora.

Podemos utilizar essa lei para estabelecer níveis de segregação, de tal forma que sejam identificadas unidades principais, ou que se crie uma ordem "correta" de leitura/ visualização. Essa lei da Gestalt também serve como ferramenta na hora que desejamos colocar um elemento em destaque. Vamos visualizar essa lei aplicada nas imagens seguintes. A primeira imagem ilustra a lei da segregação sendo aplicada nas almofadas. Toda a roupa de cama é cinza e branco, e as duas almofadas amarelas foram segregadas (separadas/postas em destaque) por meio do uso da cor. Já na segunda imagens, temos a iluminação que foi feita em apenas um dos degraus, para indicar o final da escada, evitando que o morador tropece ao subir.

6 - Fechamento

Nosso cérebro está sempre procurando padrões para explicar aquilo que enxergamos. Percebemos imagens até mesmo nas nuvens, na fumaça, nas sombras, nas luzes, dentre outros. Por esse motivo, existe a lei do Fechamento. Quando posicionamos ou agrupamento os elementos de determinada forma, nossa mente produz os contornos de uma figura que não existe. Essa figura se forma mesmo que os elementos que a compõe não se toquem.

Exemplo de Fechamento.

Fonte: Imagem elaborada pela professora.

Como exemplo dessa lei, podemos visualizar na primeira figura que tanto o piso diferente quanto o balcão contribuem na delimitação do ambiente. Um espaço não precisa estar totalmente cercado por paredes para que seja considerado como um ambiente. Por causa da sensação do fechamento, entendemos que existe uma cozinha naquela área. Caso o designer queira anular a lei do fechamento, produzindo um ambiente integrado, pode utilizar o mesmo tipo de piso (ou 2 pisos com características muito parecidas) na área da cozinha e da sala de estar. Já na segunda imagem temos um sofá que, por estar de costas, divide a sala em 2 partes: sala de TV e sala de jantar. A posição do móvel causou uma sensação de fechamento e delimitação do espaço. A lei de fechamento é normalmente empregada utilizando-se de vários tipos de mobiliário. Poltronas, pufes, ou um balcão decorativo surtiriam o mesmo efeito na segunda imagem. Em ambientes externos, poderíamos utilizar espreguiçadeiras, vasos ou até mesmo árvores para criar essa sensação.

Disponível em: < https://tademais.net/wp-content/uploads/2014/07/imagem-13-4.jpg > Acesso em: 23 mar. 2018

7 - Continuidade

A lei da continuidade ou continuação ocorre quando há uma organização visual coerente e sem quebras (interrupções) na trajetória ou na fluidez visual do ambiente. A continuidade pode se originar da repetição ritmada dos elementos, sejam eles pontos, linhas, planos, volumes, cores, texturas, brilhos, degrades, dentre outros. Quando ocorre um ritmo contínuo, a Gestalt afirma que foi alcançado "um bom ritmo" ou "uma boa continuação". (GOMES FILHO, 2010).

Exemplo de Segregação.

Fonte: Imagem elaborada pela professora.

Vamos agora analisar essa lei aplicada ao Design de Interiores. Na primeira imagem temos o interior de um Shopping, onde foram colocados, de forma alinhada, bancos de madeira e vasos. Para empregar a lei da continuidade, não precisamos utilizar os mesmos formatos de elementos, basta que eles sejam semelhantes em algum aspecto (veremos a lei de semelhança mais para frente). Na imagem em questão, a semelhança se dá por causa das cores dos materiais e do guarda corpo, que está localizado atrás desses objetos. Já a segunda imagem trouxe novamente uma das imagens usadas para explicar linhas. Percebam que podemos utilizar não apenas a cor, mas também o formato dos elementos para dar continuidade ao ambiente.

Disponível em: <http://vasosdaterra.com.br/portfolio>. Acesso em: 28 mar. 2018

Disponível em: < http://harlowproject.com/wp-content/uploads/2018/03/40-captivating-kitchen-bar-stools-for-any-type-of-decor-eames-counter-stool-buy-it-eames-counter-stool-canada.jpg> Acesso em: 23 mar. 2018

8 - Proximidade

Essa lei afirma que ao colocar elementos próximos, mesmo que eles sejam diferentes, os percebemos como um conjunto. Semelhanças e proximidade são dois fatores que auxiliam na criação de unidades e para promover a unificação do todo, uma vez que estimulam a harmonia e o equilíbrio visual (GOMES FILHO, 2010).

Exemplo de Proximidade. Fonte: Imagem elaborada pela professora.

Agora vamos analisar essa lei aplicada ao Design de interiores. Na primeira imagem, temos três vasos colocados bem próximos. Mesmo que de formatos diferentes, os vasos próximos formam uma unidade visual muito coerente. Já na segunda imagem temos quatro mesas de centro muito parecidas e que, devido a lei da proximidade, geram a sensação de ser um objeto único.

Disponível em: < https://www.astridandmiyu.com/blog/category-lifestyle/41872471291/ > Acesso em: 28 mar. 2018

Disponível em: <https://www.decorfacil.com/mesas-de-centro-espelhadas/>.
Acesso em: 28 mar. 2018

9 - Semelhança

As semelhanças de forma ou de cor despertam a tendência de se constituir unidades e de estabelecer agrupamentos de elementos parecidos. A semelhança pode acontecer com base nas formas, ou de cor, tamanho, peso, direção e localização. Semelhanças e proximidade são dois fatores que auxiliam na criação de unidades e para promover a unificação do todo, uma vez que estimulam a harmonia e o equilíbrio visual (GOMES FILHO, 2010).

Exemplo de Semelhança.

Fonte: Imagem elaborada pela professora.

Na primeira imagem, temos um exemplo de uma igreja decorada, onde flores similares são colocadas nos bancos. Nesse caso, a semelhança entre os elementos ajudou a criar continuidade. Na segunda imagem temos um revestimento nas paredes e no piso, em forma de losangolos. Esse revestimento se apresenta em três cores: cinza, branco e amarelo (em destaque). Mesmo estando distantes uns dos outros, por causa da lei de similaridade, percebemos a semelhança entre os azulejos "irmãos".

Disponível em: <https://cdn0.casamentos.com.br/usr/1/9/7/0/cfb_781743.jpg/>.
Acesso em: 28 mar. 2018

Disponível em: < https://ideas-para.com/banos/ > Acesso em: 28 mar. 2018

10 - Figura e fundo

A lei da Figura e Fundo trata da desigualdade ou grau de diferença do campo visual (fundo) e objeto (figura). Ou seja, quanto maior é a diferença, maior é o contraste entre os elementos.

Exemplo de Segregação. Fonte: Imagem elaborada pela professora.

Vamos analisar essa lei quando aplicada no Design de Interiores. Na primeira imagem, temos um ambiente no qual a parede (fundo) possui uma cor viva, deixando em destaque o aparador em branco e de textura amadeirada (figura). Já na segunda imagem temos o fundo texturado (fundo) em preto e branco, e o objeto em amarelo (figura). Podemos perceber que o contraste de cor da figura e fundo é muito importante, e faz muita diferença no ambiente, pois os objetos que utilizam cores semelhantes ao fundo acabam "sumindo", como a luminária e a mesinha lateral direita.

Disponível em: < http://www.reciclaredecorar.com/2016/06/10-Inspiracoes-simples-que-voce-pode-fazer-para-renovar-um-movel.html > Acesso em: 28 mar. 2018

Disponível em: < https://www.hometeka.com.br/inspire-se/inspiracoes-de-ambiente-com-mobilia-retro-e-moderna/ > Acesso em: 28 mar. 2018

Retomando a aula

Terminamos nossa aula! Vamos relembrar os conteúdos, antes de começar a próxima?

1 – Gestalt

A Gestalt é uma área da psicologia que estuda como percebemos aquilo que enxergamos. A teoria da Gestalt afirma que não percebemos os elementos separados, mas a sua combinação, o TODO. Ou seja, você pode perceber todos os detalhes depois, mas inicialmente vai entender (e analisar) o objeto dentro de um contexto.

2 – Pregnancia de forma

Essa lei diz que, um objeto terá alto grau de pregnância quando tiver uma estrutura simples, equilibrada, homogênea e regular. Temos maior facilidade de lembrar (e entender) estruturas simples ou comuns, pois acessamos nossas memorias antigas ao interpretar objetos desconhecidos.

3 – Unidade

Um elemento único, que se encerra em si mesmo (um objeto), ou como um pacote de várias partes de um todo (conjunto de objetos). As unidades são percebidas quando identificamos algum tipo de relação, que pode ser baseada na forma do objeto, sua dimensão (tamanho) ou cores, dentre outros.

4 – Unificação

A unificação acontece quando existe harmonia, equilíbrio visual e coerência no objeto ou composição. Nem toda unidade possui um alto grau de unificação. A unificação poderá se manifestar em graus de qualidade, de forma que a organização visual seja melhor ou pior dependendo dos elementos combinados.

5 – Segregação

A segregação é a capacidade perceptiva que temos de separar, identificar, evidenciar ou destacar unidades formais em um todo. Podemos separar um ou mais elementos de um todo. Essa separação vai depender do estimulo utilizado, por exemplo, podemos nos basear na forma do objeto (pontos, linhas, planos, volumes), sua dimensão (tamanho), na posição (local onde se encontra), nas questões cromáticas, sombras, brilhos, texturas, relevos, dentre outros.

6 – Fechamento

Nosso cérebro está sempre procurando padrões para explicar aquilo que enxergamos. Quando posicionamos ou agrupamento os elementos de determinada forma, nossa mente produz os contornos de uma figura que não existe. Essa figura se forma mesmo que os elementos que a compõe não se toquem.

7 – Continuidade

A lei da continuidade ou continuação ocorre quando há uma organização visual coerente e sem quebras (interrupções) na trajetória ou na fluidez visual do ambiente. A continuidade pode se originar da repetição ritmada dos elementos, sejam eles pontos, linhas, planos, volumes, cores, texturas, brilhos, degrades, dentre outros.

8 – Proximidade

Essa lei afirma que ao colocar elementos próximos,

mesmo que eles sejam diferentes, os percebemos como um conjunto. Semelhanças e proximidade são dois fatores que auxiliam na criação de unidades e para promover a unificação do todo, uma vez que estimulam a harmonia e o equilíbrio visual

9 – Semelhança

As semelhanças de forma ou de cor despertam a tendência de se constituir unidades e de estabelecer agrupamentos de elementos parecidos. A semelhança pode acontecer com base nas formas, ou de cor, tamanho, peso, direção e localização. Semelhanças e proximidade são dois fatores que auxiliam na criação de unidades e para promover a unificação do todo, uma vez que estimulam a harmonia e o equilíbrio visual

10 – Figura e fundo

A lei da Figura e Fundo trata da desigualdade ou grau de diferença do campo visual (fundo) e objeto (figura). Ou seja, quanto maior é a diferença, maior é o contraste entre os elementos.

 Vale a pena

 Vale a pena **ler,**

KOFFKA, Kurt. *Principles Of Gestalt Psychology.* Routledge, 1999.

 Vale a pena **acessar,**

TESSARI, Jessica. *Aumente a compreensão de seu trabalho com a Gestalt.* Disponível em: <https://whitecom.com.br/8-principios-da-gestalt/>.

 Minhas anotações

Minhas anotações

Aula 3º

Grid aplicado ao Design de Interiores

Dependendo do autor, podemos encontrar o termo Grids, Guias ou Malhas construtivas. O termo varia, mas a ideia é a mesma: um sistema de linhas verticais e horizontais (na maioria dos casos) que ajudam a realizar e organizar nossos projetos. Nesta aula, veremos alguns exemplos desses elementos, e como aplicá-los nos projetos de Design de Interiores.

Bons estudos!

Objetivos de aprendizagem

Ao término desta aula, vocês serão capazes de:

- compreender o que são Grids, Guias ou Malhas Estruturais;
- identificar os ambientes onde esses elementos estruturais foram empregados;
- utilizar grids em seus projetos de Design de Interiores.

Seções de estudo

1 - Grid
2 - Grids de Linhas Verticais e Horizontais
3 - Grids de Linhas Diagonais
4 - Grids de Linhas Circulares

1 - Grid

De acordo com Lupton e Phillips (2015), um grid é um uma rede de linhas posicionadas de forma ritmada no plano vertical e horizontal (em sua maioria), angulosos, irregulares ou circulares. Usamos grids no nosso cotidiano e nem percebemos. Escrevemos em folhas de caderno, desenhamos plantas baixas em papel quadriculado, exercitamos caligrafia em papel com margens especiais etc.

Estudo de mobiliário para dormitório em papel quadriculado.

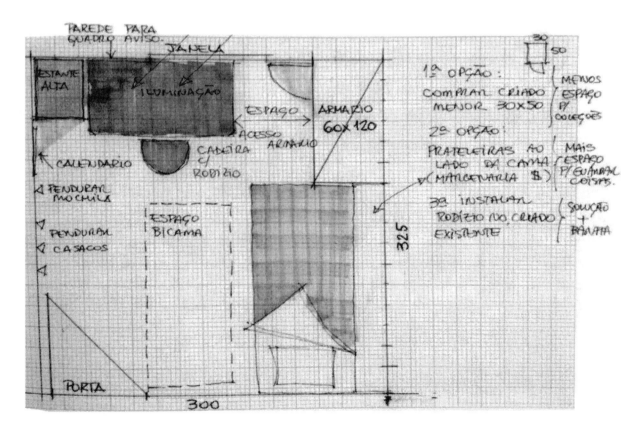

Fonte. GURGEL, 2013a

Os grids estão presentes em toda a sociedade. Os grids de rua, usados em muitas cidades modernas ao redor do planeta, promovem a circulação entre os bairros e o fluxo do tráfego, em contraste com o cul-de-sac suburbano, com suas ruas sem saída, que mantêm os bairros fechados e isolados (LUPTON E PHILLIPS, 2015).

O grid tem como objetivo ajudar o designer a posicionar os elementos. Ele funciona como o esqueleto do projeto. Em cima dele, vamos "construir" várias camadas, como os móveis, revestimentos, elementos divisórios, dentre outros. Vocês podem me perguntar: "mas, professora, os grids podem limitar minha criatividade?". Não! Muitas vezes, o grid vai até aumentar sua criatividade, pois lhe fornecerá os principais locais de posicionamento (vamos ver um pouco mais sobre isso quando discutirmos fotografia). No exemplo a seguir, ilustramos como o grid ajuda o designer, proporcionando a criação de três projetos de paisagismo. O primeiro exemplo é mais equilibrado e quadrado (imagem da esquerda); o segundo tem elementos quadrados organizados de forma diagonal (imagem central) e o terceiro utiliza linhas diagonais e circulares (imagem da direita).

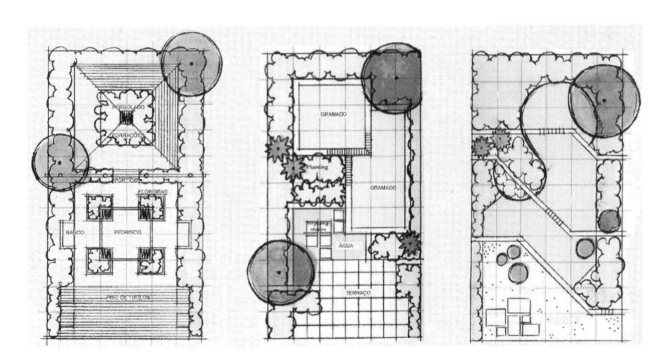

HULSMEYER, Alexander. *Interior Landscape aplicado ao Design de Interiores, 2018.*

Utilizando o grid, o designer terá uma base para compor, um ponto de partida racional para realizar a sua composição, sem ter que projetar de forma arbitrária e aleatória. Além disso, o grid irá influenciar não apenas os objetos do ambiente (móveis, tapetes, plantas, dentre outros), mas também auxiliará a organizar os espaços vazios (corredores, áreas de acesso, espaço entre objetos) que deixam de ser meros buracos vazios e passam a participar do ritmo do conjunto geral.

Mas os ambientes possuem três dimensões, logo, a composição com base em grids pode ser feita não apenas com base na vista superior (a famosa planta baixa), mas também nas laterais (paredes e aberturas, iluminação) e no teto (forro e iluminação). A seguir, temos um exemplo de projeto de luminotécnica no qual as arandelas foram organizadas de acordo com um grid de linhas verticais e horizontais. As luzes formam desenhos na parede graças a utilização do grid.

Disponível em: <http://www.lumilandia.com.br/arandelas/ arandelas_modena.htm>. Acesso em: 02 abr 2018.

Imagem que mostra a distribuição das lâmpadas e seu grid estrutural (em perspectiva).

Fonte: Imagem adaptada pela professora.

Os grids não precisam ser apenas virtuais e compositivos, como no exemplo anterior. Eles podem ser físicos. A seguir, temos duas imagens que ilustram estruturas de alumínio, que utilizam o conceito de grid físico, onde são alinhados os tijolos a vista.

Disponível em: < http://cec.by/wp-content/uploads/2012/08/ ii33-300x187.jpg > Acesso em: 02 abr. 2018

Disponível em: < http://www.ammonit-keramik.ru/images/ corium/05.jpg> Acesso em: 02 abr. 2018

É por meio da utilização de grids que é possível desenvolver projetos de Design de Interiores adaptáveis, como as famosas casas e apartamento origami/lego/transformer. Você já deve ter visto muitas casas assim, onde os móveis são modificáveis, se movem sobre roldanas e trilhos, revelando ou escondendo áreas do ambiente. Essas áreas (ou componentes) devem ser planejadas cuidadosamente, e por isso, utilizar grids é essencial. A seguir, na primeira imagem temos um armário onde a cama gira e se torna uma escrivaninha. Já na segunda, temos uma cama que se encaixa perfeitamente no espaço de dois assentos de um sofá, e, quando está fechada (na posição vertical) seu pé se transforma em prateleira. Esses encaixes são possíveis, pois seus designers utilizaram grids construtivos.

Disponível em: https://homesthetics.net/15-cool-inventive-murphy-beds- decorating-smaller-rooms/. Acesso em: 02 abr. 2018.

2 - Grids de linhas verticais e horizontais

Os grids podem ser compostos por vários formatos, mas o grid de linhas verticais e horizontais são os mais comuns. Podemos utilizar aqui as mesmas características das linhas verticais e horizontais que vimos na seção 1, pois os reflexos dos grids são percebidos da mesma forma. Por exemplo, na primeira imagem temos uma parede onde foram aplicados azulejos de acordo com um padrão. Na especificação de projeto, mesmo de que forma empírica, o designer utiliza os princípios dos grids de linhas verticais e horizontais. Dificilmente erramos ao colocar das peças dessa maneira. Umas opções diferentes, que permite deixar o ambiente mais divertido é combinar azulejos de, por exemplo, 15 cm (15 x 15) com peças maiores de 30 cm ou 45 cm. A utilização de azulejos com estampas diferentes também quebra a monotonia das linhas verticais e horizontais. Já no segundo exemplo, o grid auxilia na distribuição das luminárias no teto, distribuindo de forma igualitária pelo teto. Além disso, o grid é físico (real e palpável) e serve para pendurar as luminárias no teto.

3 - Grids de linhas diagonais

Os grids compostos por linhas diagonais são energéticos e apresentam grande movimento, da mesma forma que suas linhas equivalentes, estudadas lá no capítulo 1. Eles permitem combinações e posicionamentos diferentes dos objetos. Tal como apresentamos na primeira imagem, onde os azulejos foram colocados na diagonal, como se fossem losangos, ao invés da posição em forma de quadrado. O problema em colocar os azulejos nessa posição é que podem ocorrer perdas nas laterais, por causa do corte. O profissional que realizar essa obra deverá ter em mente que talvez seja necessário reaproveitar algumas das peças cortadas, evitando desperdício. Já na imagem 2 temos o uma prateleira onde os módulos são em formato triangular. Esse tipo de formato permite combinações mais criativas e chamativas, do que as formadas por linhas retas. Caso você esteja projetando para ambiente onde são usados elementos clássicos e pesados, use as diagonais com cautela.

4 - Grids de linhas circulares

Os grids compostos por linhas circulares são suaves e comumente associados com características femininas. da mesma forma que suas linhas curvas, estudadas lá no capítulo 1. Esse tipo de curvas costuma ser empregado em jardins, principalmente naqueles onde pretende-se desenvolver o foco meditativo e contemplativo. Esse conceito de linhas circulares pode ser empregado não apenas nos jardins, também nos objetos, tal como fontes, nichos, áreas para fogueiras etc., de forma que seja estimulada a conexão entre as pessoas que se reúnem em torno desses elementos. Além disso, existe a possibilidade de caminhar em torno desses elementos, o que permite emular um espaço "maior" em áreas pequenas.

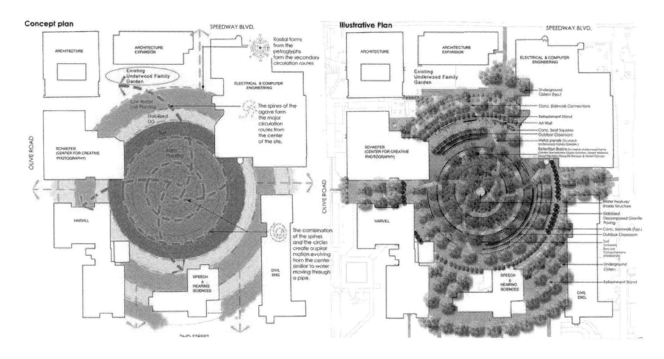

Retomando a aula

Terminamos nossa aula! Vamos relembrar os conteúdos, antes de começar a próxima?

1 – Grids

Um grid é um uma rede de linhas posicionadas de forma ritmada no plano vertical e horizontal (em sua maioria), angulosos, irregulares ou circulares. Ele funciona como o esqueleto do projeto. Em cima dele, vamos "construir" várias camadas, como os móveis, revestimentos, elementos divisórios, dentre outros.

2 – Grids de Linhas Verticais e Horizontais

Os grids podem ser compostos por vários formatos, mas o grid de linhas verticais e horizontais são os mais comuns. Podemos utilizar aqui as mesmas características das linhas verticais e horizontais vistas na seção 1.

3 – Grids de Linhas Diagonais

Os grids compostos por linhas diagonais são energéticos e apresentam grande movimento, da mesma forma que suas linhas equivalentes, estudadas lá no capítulo 1. Eles permitem combinações e posicionamentos diferentes dos objetos.

4 – Grids de Linhas Circulares

Os grids compostos por linhas circulares são suaves e comumente associados com características femininas da mesma forma que suas linhas curvas, estudadas na seção 1. Esse tipo de curva costuma ser empregado em jardins, principalmente, naqueles em que se pretende desenvolver o foco meditativo e contemplativo.

Vale a pena

Vale a pena **ler**

Higgins, Hannah (2009) *The Grid Book*. Cambridge, Massachusetts: MIT Press. p.60.

Vale a pena **acessar**

<http://www.thegreatamericangrid.com/>.

Vale a pena **assistir**

HESSION, Michael. *The Tiny Transforming Apartment*. Disponível em: <https://www.youtube.com/watch?v=v1MVqwvOqvY >. Acesso em: 02 abr 2018.

Minhas anotações

Minhas anotações

Aula 4º

Design de superfície e estamparia

O design de superfície é uma área muito variada que nos permite trabalhar com diversos tipos de materiais e suas combinações. Dentro do contexto das nossas aulas, explicaremos brevemente do que se trata essa área, e ilustraremos os seus subtópicos, mas vamos focar na Estamparia. A estamparia consiste no desenvolvimento de padrões visuais e táteis, que pode ser aplicada à tecidos, papeis, cerâmicas, dentre outros. Também veremos o processo de desenvolvimento dessas estampas por meio de manipulações de simetrias, além de demonstrar algumas aplicações no Design de Interiores.

Bons estudos!

Objetivos de aprendizagem

Ao término desta aula, vocês serão capazes de:

- compreender o que é Design de Superfície
- compreender o que é Estamparia
- identificar os tipos de estampas: Local e Corrida
- entender o processo de criação de Estampas
- desenvolver Estampas

Seções de estudo

1 - Design de superfície

O termo Design de Superfície é a tradução de Surface Design, proposta por Renata Rubim, nos anos 80, depois de ter passado anos estudando no exterior. De acordo ela, a denominação Surface Design já é amplamente utilizada nos Estados Unidos para definir todo projeto elaborado por um designer no que diz respeito ao tratamento e a cor aplicados em superfície, seja está industrial ou não. (RUBIM, 2005, p. 21).

Para Rüthschilling (2008) a área é muito abrangente, e vai além do Design Têxtil e do Design (industrial) de Estamparia. Segundo ela, o design de superfícies analisa e desenvolve desde superfícies planas (bidimensionais), sejam elas continuas ou pontuais; até superfícies texturadas (tridimensionais), sejam visuais ou táteis (relevos).

No contexto do Design de Interiores encontramos o Design de superfícies muito relacionado com a escolha do revestimento dos mobiliários e dos ambientes. Para Brooker e Stone (2014), o revestimento é o primeiro ponto de contato (primeira interface) entre o espaço e o usuário. A escolha dos materiais e suas combinações, a forma como foram executadas, as necessidades do cliente e os objetivos do designer, irão definir todo o significado daquele local:

> Por exemplo, a personalidade de uma parede recoberta com aço escovado é muito diferente da mesma parede recoberta com seda, e ainda mais diferente se ela receber um revestimento de vinil texturizado (BROOKER E STONE, 2014, p. 50)

Quando falamos de revestimentos, o que nos vem a mente são apenas azulejos, pisos e papeis de parede, mas o conceito de revestir é muito amplo. Podemos revestir móveis, preencher o chão com tapetes, fechar pergolados com tecidos, criar superfícies com vidro, projetar imagens digitais em estruturas (projeção mapeada). Um ponto em comum entre todos esses suportes é a possibilidade de criarmos padrões que neles serão aplicados. Essa técnica é conhecida como Estamparia ou Padronagem.

2 - Estamparia

As estampas podem ser divididas em dois tipos, de acordo com a sua forma de aplicação. Podemos ter as Estamparia Localizada e as Estampa Corridas. A estamparia localizada é também conhecida como estamparia de quadro, pois é aplicada no suporte (local onde é colocada a estampa) em apenas um local, formando uma unidade ou unidades aleatórias bem espaçadas.

Vamos analisar as imagens a seguir. Na primeira imagem temos 2 cadeiras, onde foram aplicadas estampas localizadas. A imagem do encosto é diferente da imagem do assento. Mesmo que sejam duas cadeiras iguais, a estampa deve ser analisada por peça, e não pelo conjunto delas. A segunda apresenta vários azulejos aplicados em uma lareira. Apesar de percebermos que há estampas similares, elas foram arranjadas no grid aleatoriamente, e não de acordo um padrão.

Disponível em: <https://i.pinimg.com/originals/d6/bc/70/ d6bc7011300662e345ae157ab0d27888.jpg>. Acesso em: 17 abr. 2018.

Disponível em: <http://construindodecor.com.br/wp-content/uploads/2015/04/ azulejos-antigos.jpg>. Acesso em: 17 abr. 2018.

A estamparia corrida é também conhecida como estamparia de rolo, pois é aplicada no suporte (local onde é colocada a estampa) de forma continua, em toda a sua extensão. Vamos analisar esse tipo de estampa abaixo. A primeira imagem temos uma cadeira onde a estampa corrida está aliada com texturas táteis. Percebemos que o elemento é repetido de forma constante em todo o tecido, seja no assento, encosto ou braços da cadeira. Na segunda imagem temos duas cortinas com estampa corrida aplicada. A estampa é um simples listrado, mas podemos perceber a continuidade da alternância dos elementos preto e branco.

Disponível em: <http://www.sothebys.com/en/auctions/ecatalogue/2016/collections-volume-one-european-decorative-arts-n09560/lot.72.html>. Acesso em: 17 abr. 2018.

Disponível em: <https://www.decorfacil.com/tipos-de-cortinas/>. Acesso em: 17 abr. 2018.

3 Processo de desenvolvimento de estampas

Agora que já reconhecemos os estilos de estampas, vamos aprender um pouco sobre os seus processos de criação. Inicialmente, definiremos o módulo. O módulo é o desenho base que dá origem a uma estampa. Nele, teremos todos os elementos visuais necessários para criar nosso padrão. Caso nossa estampa seja localizada, o módulo já poderia nos servir como produto final.

Módulo.

FONTE: Imagem elaborada pela professora.

Quando queremos criar uma estamparia corrida,

precisamos projetar o padrão de repetição. Então surge o conceito de Rapport. O termo deriva do francês e significa "Repetir". Seus encaixes serão perfeitos, facilitando a fabricação de produtos, montagem (e desmontagem), a customização de acordo com as preferências, interesses e necessidades (FILHO, 2009).

Para chegas no Rapport desejado, precisamos realizar estudos e combinações com base em 5 tipos de simetrias: Translação, Reflexão, Rotação, Inversão e Dilatação. A simetria de Translação é a repetição de uma forma ao longo de uma linha que pode ser reta ou curva, ou de outra natureza (MUNARI, 2011). Vamos analisar o nosso módulo, tomando como base a utilização de um grid quadrado com quatro áreas de preenchimento.

Exemplo de módulo aplicado na simetria de translação.

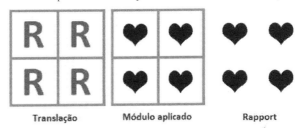

Translação   Módulo aplicado   Rapport

FONTE: Imagem elaborada pela professora.

A Simetria de Reflexão é bilateral, obtida ao se colocar um objeto "perante um espelho". A simetria de reflexão possui um plano imaginário de reflexão, que a divide em duas partes idênticas (ROHDE, 1997). Vamos analisar como o nosso módulo é afetado por essa próxima simetria.

Exemplo de módulo aplicado na simetria de translação.

Reflexão   Módulo aplicado   Rapport

FONTE: Imagem elaborada pela professora.

A Simetria de Rotação é uma simetria conhecida como "cíclica" ou "rotatória". Pode ser à direita ou a esquerda. Possui um eixo de rotação (ROHDE, 1997). Vamos analisar como o nosso módulo é afetado por essa próxima simetria.

Exemplo de módulo aplicado na simetria de translação.

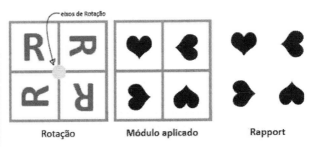

Rotação   Módulo aplicado   Rapport

FONTE: Imagem elaborada pela professora.

A Simetria de Inversão é uma simetria distinguida por um ponto central imaginário, e a partir dele temos em uma direção comum, mas em sentido oposto. Possui um centro de inversão (ROHDE, 1997). Vamos analisar como o nosso módulo é afetado por essa próxima simetria.

Exemplo de módulo aplicado na simetria de translação.

Inversão   Módulo aplicado   Rapport

FONTE: Imagem elaborada pela professora.

A Simetria de Dilatação é a alteração do tamanho da forma, que se estende ou se contrai, sem modificar suas proporções (ROHDE, 1997). A simetria de dilatação precisará ser combinada com outras simetrias, nem que seja com a Simetria de Translação. Vamos analisar como o nosso módulo é afetado por essa próxima simetria.

Exemplo de módulo aplicado na simetria de dilatação E TRANSLAÇÃO.

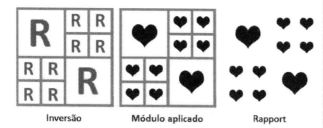

Inversão   Módulo aplicado   Rapport

FONTE: Imagem elaborada pela professora.

Como resultado, vamos obter diversas combinações possíveis de Rapport. Bastará escolher uma delas e aplicar na superfície que quiser.

Imagem adaptada pela professora. Original disponível em: < https://br.pinterest. com/pin/439452876130187470/> Acesso em: 14 abr. 2018.

Retomando a aula

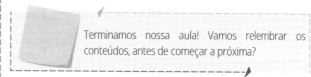

Terminamos nossa aula! Vamos relembrar os conteúdos, antes de começar a próxima?

1 – Design de Superfície

O termo Design de Superfície é uma área muito abrangente, e vai além do Design Têxtil e do Design (industrial) de Estamparia. Segundo ela, o design de superfícies analisa e desenvolve desde superfícies planas (bidimensionais), sejam elas contínuas ou pontuais; até superfícies texturadas (tridimensionais), sejam visuais ou táteis (relevos).

2 – Estamparia

Estamparia (ou Padronagem) é uma técnica de criação de padrões, que pode ser aplicada em diversos tipos de suporte. Elas podem ser divididas em dois tipos: estamparia localizada e as estampa corridas. A estamparia localizada é também conhecida como estamparia de quadro, pois é aplicada no suporte (local onde é colocada a estampa) em apenas um local, formando uma unidade ou unidades aleatórias bem espaçadas. A estamparia corrida é também conhecida como estamparia de rolo, pois é aplicada no suporte (local onde é colocada a estampa) de forma contínua, em toda a sua extensão.

3 – Desenvolvimento de Estampas

O desenvolvimento de estampa passa por diversas etapas. Inicialmente, temos o módulo. Caso nossa estampa seja localizada, o módulo já poderia nos servir como produto final. Quando queremos criar uma estamparia corrida, precisamos projetar o padrão de repetição (Rapport). Para chegas no Rapport desejado, precisamos realizar estudos e combinações com base em cinco tipos de simetrias: translação, reflexão, rotação, inversão e dilatação.

Vale a pena

Vale a pena ler

RUTHSCHILLING, Evelise. *Anicet Design de superfície*: prática e aprendizagem mediadas pela tecnologia digital. Tese de Doutorado. Universidade Federal do Rio Grande do Sul. Faculdade de Educação. Programa de Pós-Graduação em Informática na Educação, 2002. Disponível em: <http://www.lume.ufrgs.br/handle/10183/131159> Acesso em 18 abr. 2018.

◢Vale a pena acessar,

<https://www.surfacedesign.org/>.

◢Vale a pena assistir,

Artist documentary - Textile Designer "Zine-hwa Lee"
Disponível em: <https://www.youtube.com/watch?v=_rYk4oYt67M>. Acessado em: 18 abr. 2018

Minhas anotações

Minhas anotações

P1

1	2	3	4	5	6	7	8	9	10
D	C	B	D	A	C	E	D	D	C

Aula 5º

Noções de composição e enquadramento fotográfico

Quando trabalhamos com programação visual, ter noções de fotografia nos ajuda a compor o espaço, uma vez que podemos prever e organizar as informações que o usuário verá ao entrar no ambiente. Esse capítulo tem por objetivo apresentar algumas das bases de Composição e Enquadramento fotográfico, com exemplos aplicados ao Design de Interiores.

Bons estudos!

Objetivos de aprendizagem

Ao término desta aula, vocês serão capazes de:

- entender o que é composição e enquadramento
- identificar o Centro Geométrico e Ótico
- identificar se o ambiente é Simétrico ou Assimétrico
- identificar se o ambiente está Equilíbrio ou Desequilibrado
- aplicar os conceitos em seus projetos de Design de Interiores e composições fotográficas

1 - Fotografia

A palavra fotografia significa "Escrever com a luz" e tem origem nos termos gregos Foto (luz) e Grafia (escrita). A invenção da fotografia foi baseada nos princípios da câmara obscura, técnica utilizada por pintores do Renascimento Italiano (RODRIGUES, 2007). Pouco a pouco os processos relacionados a ela foram se aprimorando, desde a placa de estanho de Niepce, para filmes fotográficos e sensores de CCD (VICENTE, 2005). Hoje em dia, por causa dos celulares, qualquer pessoa pode fazer fotografias com grande facilidade.

O mundo da fotografia é gigantesco! Precisaríamos de uma disciplina inteira para conseguir esgotar todos os seus conteúdos. Por esse motivo, no contexto da nossa disciplina de Programação Visual, abordaremos apenas as questões de composição e enquadramento fotográfico.

2 - Composição fotográfica

De acordo com Rodrigues (2007), a fotografia sempre teve e sempre terá um papel significativo na comunicação humana, uma vez que nos permite capturar informação imagética. É por meio dela que criamos um "arquivo de nossas vidas", que são registros de todos os momentos que consideramos como importantes, sejam de caráter pessoal ou coletivo, com enfoque particular ou profissional. Mas, como saber se minhas fotografias são boas?

Classificar a fotografia como boa ou ruim é um tanto vago uma vez que milhares de pessoas estão usando a fotografia como meio de expressão criativa e muitas imagens boas são produzidas e divulgadas diariamente. No entanto, pode-se dizer que uma boa fotografia trata-se de uma fotografia bem composta, fundamentada em técnica e precedida de conceitos estéticos (SCHONARTH, 2014, p. 34).

De acordo com Bittencourt (2017), a composição fotográfica é a organização dos elementos de forma harmoniosa dentro da área a ser fotografada (enquadramento), levando em conta diversos elementos. A composição dirá quais são os objetos que devem ficar em primeiro ou segundo plano (figura e fundo), conforme for a ideia que o fotografo/designer quiser apresentar. Uma boa composição se refletirá na qualidade estética da foto, e, por este motivo, precisamos saber combinar não apenas as formas, mas também texturas, cores, luzes e sombras. Como resultado iremos alcançar efeitos emocionais, criar climas ou quebrar a monotonia de um projeto.

Por esse motivo, é preciso compreender algumas das regras de composição de imagem, de tal forma que possamos usá-las de embasamento para a criação de layouts ou de projetos inteiros de Design de interiores. Schonarth (2014) afirma que:

A composição aliada ao design é imprescindível. Assim como quem escreve deve dominar e obedecer às regras de gramática e ortografia, os fotógrafos deveriam se qualificar, obedecer às regras da linguagem visual e não ficar reféns de um sistema de produção de imagem (p. 27).

Existem diversas regras de composição, que variam de um autor para o outro. Por esse motivo, foi feito um apanhado delas, dentre as quais foram selecionadas as mais utilizadas no contexto do Design de Interiores. Algumas dessas regras foram explicadas em capítulos anteriores, pois se baseiam nas premissas já explicadas (elementos da forma, Gestalt, grid etc.). Veremos aqui apenas aquelas que ainda não foram mostradas.

3 - Centro geométrico e centro ótico

O centro geométrico (ou centro mecânico) é o centro da imagem. Quando traçamos duas diagonais perpendiculares, ele poderá ser encontrado no ponto de encontro dessas linhas.

Quadrado, retângulo e círculo com seus respectivos centros geométricos.

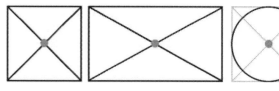

FONTE: Imagem elaborada pela professora.

Quando tiramos uma foto, e colocamos o objeto que é ponto focal em cima do centro geométrico, temos uma imagem que passa a sensação de equilíbrio e estabilidade. Isso acontece porque o centro geométrico possui características semelhantes ao das linhas horizontais, explicadas na seção 1. Além disso, objetos colocados no nosso centro de visão não tendem a nos surpreender, pois parecem estáticos. Vejamos isso aplicado ao design de interiores. Em locais onde queremos criar sensações de segurança e estabilidade, devemos alinhar os objetos do ponto focal no centro geométrico. Como desvantagem, quando não possuem grande contraste com o restante do ambiente, os objetos colocados no ponto geométrico tendem a desaparecer, e não chamam a atenção. Por isso, utilizar formas e volumes grande (imagem da esquerda), cores vibrantes (imagem da direita), ou materiais diferentes, atraem o olhar do expectador e prendem a atenção de maneira sutil e delicada.

Disponível em: <http://www.simplesdecoracao.com.br/wp-content/ uploads/2017/02/06-tapete-na-parede-9-jeitos-de-usar.jpg>. Acesso em: 14 abr. 2018.

Disponível em: <http://www.simplesdecoracao.com.br/wp-content/ uploads/2017/02/06-tapete-na-parede-9-jeitos-de-usar.jpg>. Acesso em: 14 abr. 2018.

Agora falaremos do centro ótico. De acordo com Furtado (2018):

O centro ótico sempre estará em algum ponto perpendicular e acima do centro geométrico. A partir deste centro, trace as duas diagonais do desenho da página. Com isso você determina o centro geométrico da página. O centro ótico sempre estará em algum ponto perpendicular e acima do centro geométrico. A partir deste centro, trace a horizontal e a vertical que dividem em duas partes iguais a página. Agora, isolando a parte superior, trace as duas diagonais desta metade. A partir dos pontos de intercessão entre as quatro diagonais traçadas, trace uma linha horizontal. O ponto onde está horizontal cruza com a mediana vertical da página é o centro ótico desta página.

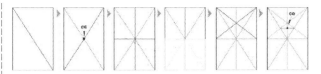

FURTADO, André. Como determinar o centro óptico? Disponível em: < http://pt-br. designeditorial.wikia.com/wiki/Centro_%C3%93ptico > Acesso em: 12 abr. 2018

Quando tiramos uma foto, e colocamos o objeto principal (ponto focal) em cima do centro ótico, temos uma imagem que passa a sensação de movimento e dinamicidade. Isso acontece porque o centro ótico possui características semelhantes ao das linhas diagonais, explicadas na seção 1.

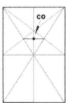 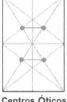 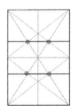

Centro Ótico **Centros Óticos** **Retângulo Áureo de Raíz de 2 ou Regra dos Terços**

Adaptado de FURTADO, 2018 e ELAM, 2010. FONTE: Imagem elaborada pela professora.

É aqui que entra "o pulo do gato". Quando queremos destacar algum elemento, o posicionamos sobre os pontos que são centros óticos. O destaque acontece, porque por questões psicológicas, nosso cérebro "gosta" de coisas organizadas, e por isso dá atenção para aquilo que não está no lugar (centro geométrico). Por este motivo que devemos alinhar os objetos principais com os pontos óticos, ou regra dos terços (ARNHEIM, 2011).

Regra dos terços associada com a ordem de leitura de GARCIA E ADAMS (1991).

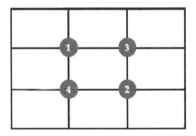

FONTE: Imagem elaborada pela professora.

Você já deve ter visto algo parecido com a imagem anterior em sua câmera digital ou celular. A regra dos terços consiste em dividir a imagem em nove partes iguais, e os elementos que possuem maior importância são posicionados na intersecção das linhas verticais e horizontais (pontos azuis), os chamados pontos áureos da composição (JUSTO, 2017). O que você talvez não saiba que o usuário do ocidente, quando está olhando rapidamente uma imagem, jornal ou site, realiza o movimento indicado pelos números da imagem acima. O ponto 1 é o ponto principal, em seguida ele passa para o ponto 2. A diagonal criada entre o numero 1 e 2 é chamada de diagonal principal da página. Em seguida ele vai para o ponto 3 e 4. A diagonal entre eles é chamada de Diagonal secundária. A não ser que você coloque pontos focais bem destacados nos pontos 3 e 4, seus objetos podem acabar passando despercebidos para o observador apressado.

Agora vamos analisar algumas imagens que utilizam esses pontos como base de enquadramento. Na primeira imagem, temos o sofá alaranjado como o ponto focal, posicionado em cima da posição 4. Se o designer não tomarmos cuidado na hora de enquadrar sua foto, o elemento que chamará mais atenção será a porta, pois ela está muito próxima do ponto de leitura 2. Já na segunda imagem (lado direito) a luminária está em destaque, colocada bem em cima do ponto 1. A ordem de leitura dessa imagem seria luminária, torneira e bancos (por proximidade) e depois o armário (não apenas está na posição 3, mas está em segundo plano, quando comparado com a luminária).

Disponível em: < https://2.bp.blogspot.com/-G7vDI1AmHrQ/WcxO-HX8LEI/ AAAAAAAi2Y/4Hgc9OCyNe8gJW7-WmyC6gDSU3BvskrvQCLcBGAs/ s1600/3943e086bf1a9c047548890c1031b554.jpg > Acesso em: 14 abr. 2018

Disponível em: < https://static.decordove.com/uploads/2016/09/wood-and-marble-02.jpg/> Acesso em: 14 abr. 2018

Mas tome cuidado: todo retângulo áureo pode ser dividido em 3, mas nem todo retângulo é áureo. Para ser considerado retângulo áureo ele deverá ter estreita relação com os números

da sequência de Fibonacci. Essa sequência numérica é calculada por meio da soma de seus dois antecessores: 1, 1, 2, 3, 5, 8, 13, 21, 34, e assim por diante (ELAM, 2011).

4 - Simetria e assimetria

A simetria acontece quando os dois lados da imagem possuem formas iguais. Podemos considerar como lados tanto a Esquerda e a Direita, quando Acima e Abaixo. A simetria, similar a posição no ponto geométrico, pode causar a sensação de estabilidade e de segurança. Ela também remete a elementos simples e organizados.

Representação de Simetria.

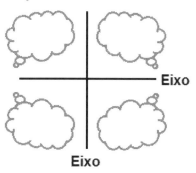

FONTE: Imagem elaborada pela professora.

Agora vamos analisar as imagens a seguir. O escritório de advocacia trabalhou toda a composição do ambiente com a ideia de simetria. Podemos perceber na imagem do lado esquerdo que as cadeiras e os quadros são quase gêmeos, possuindo poucas alterações. Isso passa uma sensação de segurança e firmeza. Como se fossem unificados (Gestalt), um bloco firme e quadrado preso ao chão. Na imagem da direita temos o retrato do restante do ambiente, que segue nas mesmas linhas da primeira imagem. As estações de trabalho das recepcionistas, as mesas de centro, e as poltronas do lado direito, todas trabalham com um eixo simétrico e com uma distribuição de móveis em pares.

Disponível em: < http://www.hgarquitetura.com.br/portfolio/sacha-calmon-misabel-derzi-consultores-e-advogados/> Acesso em: 14 abr. 2018

Disponível em: < http://www.hgarquitetura.com.br/portfolio/sacha-calmon-misabel-derzi-consultores-e-advogados/> Acesso em: 14 abr. 2018

Quando a simetria é quebrada, pode haver sensação de tensão na composição, por segregação (Gestalt). A simetria pode ser desequilibrada quando usamos cores diferentes em formas diferentes. A imagem a seguir ilustra esse tipo de acontecimento. A cor tem peso visual, o que desequilibra a foto sem alterar a simetria dos quadros.

Disponível em: < http://www.auradiseno.com/producto/triptico-vive-rie-ama/>Acesso em: 14 abr 2018

5 - Equilíbrio e desequilíbrio

O equilíbrio acontece quando o peso dos elementos está distribuído igualmente ou proporcionalmente no espaço e/ou fotografia. Nesse caso, não precisamos ter lados iguais, apenas com o mesmo peso visual.

Tipos de Equilíbrio.

Equilíbrio Simétrico

Equilíbrio Assimétrico

FONTE: Imagem elaborada pela professora.

Os conceitos de equilíbrio e simetria costumam ser confundidos, mas eles são bem diferentes um do outro. Como vimos anteriormente, podemos ter Equilíbrio com e sem Simetria e vice-versa.

Quadro com as possíveis combinações de Equilíbrio e Simetria.

Equilibrio Simétrico	Equilíbrio Assimétrico
Desequilibrio Simétrico	Desequilibrio Assimétrico

FONTE: Imagem elaborada pela professora.

É sugerido utilizar os princípios de equilíbrio nas imagens onde o número de informações é grande, e se deseja "organizar" visualmente seus elementos, como, por exemplo, locais com grande número de pessoas, como ambientes externos, ou com grande número de itens, como em bibliotecas.

A seguir, temos exemplos de fotografias que lustram o equilíbrio aplicado ao design de interiores. A primeira imagem ilustra um ambiente com Equilíbrio Assimétrico. O sofá possui um chaise do lado direito, e uma mesa amarela. A cor amarela se destaca no fundo cinza e faz aquele lado "pesar". Para equilibrar o ambiente, o designer utilizou uma cadeira preta, de tamanho maior, em primeiro plano do lado esquerdo, e colocou mais ao fundo um buquê de flores amarelas. Já na segunda imagem temos um quarto de casal com Equilíbrio Simétrico (ou quase, não fosse pela bandeja de café da manhã). Esse tipo de recurso costuma ser usado em ambientes clássicos, mas precisamos tomar cuidado, pois a simetria pura pode tornar o ambiente chato.

Disponível em: < http://modernfloorlamps.net/wp-content/uploads/2016/03/10-arc-floor-lamps-for-your-home-designs-living-room-focal-points.jpg> Acesso em: 14 abr. 2018

Disponível em: < http://construindominhacasaclean.tumblr.com/image/136622676910/>Acesso em: 14 abr. 2018.

Retomando a aula

Terminamos nossa aula! Vamos relembrar os conteúdos, antes de começar a próxima?

1 – Fotografia

A palavra fotografia significa "Escrever com a luz" e tem origem nos termos gregos Foto (luz) e Grafia (escrita). A invenção da fotografia foi baseada nos princípios da câmara obscura, técnica utilizada por pintores do Renascimento Italiano.

2 – Composição fotográfica

A composição fotográfica é a organização dos elementos de forma harmoniosa dentro da área a ser fotografada (enquadramento), levando em conta diversos elementos. A composição dirá quais são os objetos que devem ficar em primeiro ou segundo plano (figura e fundo), conforme for a ideia que o fotografo/designer quiser apresentar. Uma boa composição se refletirá na qualidade estética da foto, e, por esse motivo, precisamos saber combinar não apenas as formas, mas também texturas, cores, luzes e sombras.

3 – Centro Geométrico e Centro Ótico

O centro geométrico (ou centro mecânico) é o centro da imagem. Objetos colocados no nosso centro de visão não tendem a nos surpreender, pois parecem estáticos. Já o centro ótico é a base para calcular a regra dos terços. Quando queremos destacar algum elemento, o posicionamos sobre os pontos que são centros óticos.

4 – Simetria e Assimetria

A simetria acontece quando os dois lados da imagem possuem formas iguais. Podemos considerar como lados tanto a Esquerda e a Direita, quanto Acima e Abaixo. A simetria, similar à posição no ponto geométrico, pode causar a sensação de estabilidade e de segurança. Ela também remete a elementos simples e organizados.

5 – Equilíbrio e Desequilíbrio

O equilíbrio acontece quando o peso dos elementos está distribuído igualmente ou proporcionalmente no espaço e/ou fotografia. Nesse caso, não precisamos ter lados iguais, apenas com o mesmo peso visual.

Vale a pena

Vale a pena ler

DONADIO, Liziane Fabra. *Fotografia e memória:* o paradigma da fotografia digital no mundo contemporâneo e sua influência na preservação da memória social. Trabalho de Conclusão de Curso. Universidade Federal do Rio Grande do Sul. Faculdade de Biblioteconomia e Comunicação. Curso de Arquivologia. 2012. Disponível em: <http://www.lume.ufrgs.br/handle/10183/67165> Acesso em: 21 abr. 2018

Vale a pena acessar

<http://www.andersonperon.com/blog/>.

Vale a pena assistir

Abstract - Episódio 7: Platon: Photography

Minhas anotações

Aula 6º

Composição visual de ambientes

Se somarmos tudo que vimos até aqui, percebemos que o ambiente vem tomando corpo. Os elementos da forma deram base para a formação da Gestalt, que deu base para a formação dos Grids, e estes nos ajudaram a compreender a formação das estampas e os enquadramentos da fotografia. Nessa aula, não poderia ser diferente. Enquanto na aula anterior analisamos a composição fotográfica (2D), agora, veremos como realizar algumas das partes áreas de composição de ambientes (3D).

Bons estudos!

Objetivos de aprendizagem

Ao término desta aula, vocês serão capazes de:

- compreender o que é Composição Visual do Ambiente;
- combinar as técnicas de Composição Visual de Ambientes;
- desenvolver ambientes utilizando a técnicas de Composição Visual de Ambientes.

Seções de estudo

1 - Composição Visual de Ambientes
2 - Paredes
3 - Piso
4 - Teto

1 - Composição visual de ambientes

De acordo com Gurgel (2012), podemos alterar a forma de um espaço por meio de demolição/construção de elementos (alteração física do ambiente) ou apenas adicionando cores, texturas, padronagem, alterando a iluminação, dentre outros (alteração visual do ambiente). Isso acontece porque, quando colocamos uma área em destaque, ela chama a atenção (lembram-se da Gestalt?).

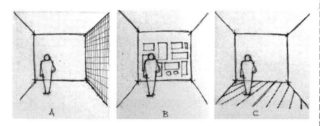

GURGEL, 2012.

Na imagem anterior, temos o mesmo ambiente com diferentes planos em destaque. Na imagem A o plano em destaque é a parede direita. Na imagem B o plano em destaque é a parede ao fundo. Na imagem C o plano em destaque é o chão. Podemos "manipular" o ambiente e gerar a sensação de um local maior ou menor, mais alto ou baixo, mais perto ou mais longe, dentre outros.

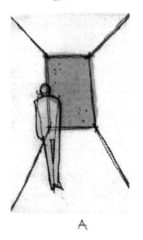 

GURGEL, 2012.

Na imagem anterior, temos o mesmo corredor, mas com diferentes efeitos aplicados. Na imagem A temos o fundo do corredor em destaque. Esse efeito encurta o espaço, pois a pessoa acaba focando nessa área. Cores quentes costumam aproximar os planos, trazendo a parede do fundo para mais perto do observador. Já as cores frias ampliam o ambiente e

afastam as superfícies, o que poderia causar a sensação de que o corredor é mais comprido do que a realidade. Já na imagem B temos o corredor onde a iluminação aponta para as paredes laterais. Nesse caso o destaque é feito por ela, uma vez que criam pontos de interesse nas paredes. Nesse caso, a utilização das cores frias (na iluminação ou nas paredes) seria indicado para alargar as paredes do corredor.

Mas a Composição Visual não depende apenas de cores, luzes e texturas. Ele depende também do posicionamento dos elementos nesse espaço. A sensação de conforto de um ambiente é influenciada pelo equilíbrio nele existente. Por esse motivo, é preciso projetar de forma que os objetos, móveis e o espaço reflitam esse equilíbrio para o usuário. A seguir, temos como exemplo dois ambientes equilibrados, mas com diferentes tipos de simetria. Na primeira imagem (lado esquerdo) temos equilíbrio simétrico. Quando a composição do ambiente utiliza essa estrutura, tende a criar uma solução mais formal. Nesse tipo de arranjo, a peça central fica em destaque, portanto, se não gostamos do móvel ali colocado, devemos evitar esse tipo de equilíbrio. Na segunda imagem (lado direito) temos equilíbrio assimétrico. Esse tipo de composição é indicado para situações informais, nas quais o objetivo não é focar em um determinado ponto/objeto (GURGEL, 2012).

GURGEL, 2012.

Para facilitar o entendimento, vamos dar continuidade a nossa aula de Composição Visual, tomando por base os planos em que são realizadas as análises: Paredes, Teto e Piso.

2 - Paredes

As paredes ocupam uma grande área do espaço visual, e por esse motivo, influenciam muito na forma como percebemos o ambiente. Por esse motivo, Gurgel (2012) as aponta como uma das ferramentas mais importantes do Design de Interiores. As paredes servem como elemento de isolamento, vedação, estrutura, divisão, proteção e privacidade. Dependendo da sua altura, e do material nela empregado, podemos criar soluções visuais diferentes. Cada material possui aspectos diferentes, e a parede adquire essas características. Reflexão de luz, critérios acústicos e térmicos, manutenção e limpeza, dentre outros.

Alvenaria com massa corrida, tijolos aparentes, tijolos de vidro, madeira, gesso, vidro, concreto, pedra, cerâmica, aço e mármore são alguns dos materiais que podem ser utilizados, sendo que cada um tem propriedades e características visuais diferentes (GURGEL, 2013)

As paredes podem servir como ponto focal (figuras) ou

a base do projeto (fundo). Nelas, podemos aplicar estampas ou revestimentos, mas de forma criteriosa, uma vez que o uso de modismos poderá datar o nosso projeto. As paredes também aceitam a aplicação de elementos, como quadros, painéis e espelhos. Eles podem ser organizados na parede com base no equilíbrio simétrico ou equilíbrio assimétrico, e suas características serão as mesmas das Composições Visuais de Ambiente, citadas mais anteriormente.

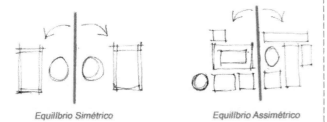

Equilíbrio Simétrico   Equilíbrio Assimétrico

Adaptado de GURGEL, 2013

Mas, a organização na parede não deve levar em conta apenas o eixo vertical. Podemos posicionar os elementos tomando por base um eixo horizontal, conforme a primeira imagem a seguir ilustra. Outra opção de organização é aquela onde os objetos são posicionados de acordo com uma figura geométrica. O ideal é tomar como base o próprio formato do objeto a ser exposto, e a área da parede que você dispõe para realizar este arranjo.

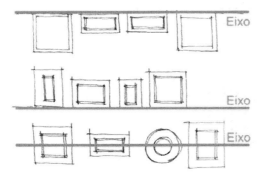

Adaptado de GURGEL, 2013.

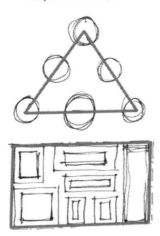

Adaptado de GURGEL, 2013

As paredes ao lado das escadas também podem conter elementos pendurados. Não há necessidade de colocar um elemento por degrau, mas é interessante posicionar as imagens acompanhando a média da altura dos olhos dos usuários.

Adaptado de GURGEL, 2013

As portas e janelas são elementos quase obrigatórios em um espaço, e, por isso, também precisamos nos preocupar com elas na hora de realizar o projeto de Design daquele local. Caso você queira "esconder", basta pintar a porta/janela e seu o batente da mesma cor da parede. Mas, se quiser, pode utilizá-las como um elemento na decoração. A seguir, são ilustradas três maneiras de trabalhar a composição visual das janelas.

GURGEL, 2013.

3 - Piso

A escolha do piso deverá levar em conta os locais onde será aplicado (banheiro, sala, quartos etc.) e as funções que deverá desempenhar (alargar ou estreitar o ambiente, manter a temperatura, facilidade de limpeza, dentre outros). A cor do piso pode criar uma sensação de unidade no ambiente (Gestalt). Concordando com isso, Gurgel (2013) afirma que os ambiente pequenos poderão parecer maiores se usarmos o piso de maneira uniforme. Quando não pudermos usar o mesmo material, usar cores parecidas será o bastante.

Os tapetes também ajudam a compor o piso, e devem ser escolhidos com o mesmo cuidado. Se o objetivo é abafar o som, tapetes mais grossos e felpudos devem ser escolhidos. Os tapetes ajudam a delimitar espaços e direcionar o movimento. Ao invés de uma passadeira comprida, podemos substituir por pequenos tapetes, simulando a extensão com a lei da continuidade. Além disso, quando utilizamos tapetes compridos, fazemos com que o espaço seja alongado, tornando-o maior. Ao dividir o tapete em dois, criamos a ilusão de que o ambiente é menor do que a realidade. Por esse motivo, quando for escolher o tapete para o seu corredor, pense qual característica gostaria de salientar.

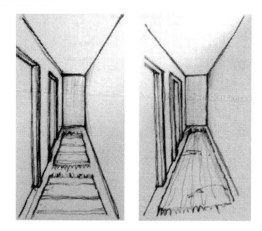

GURGEL, 2013

4 - Teto

O teto também pode ser manipulado visualmente. Quando temos uma local onde o pé direito é muito alto, podemos "abaixá-lo" visualmente empregando nele cores mais escuras do que aquela usada nas paredes. Ou podemos utilizar um lustre que jogue a luz apenas para baixo, deixando na penumbra o teto. Outra opção é chamar atenção para as paredes, criando nelas elementos horizontais (GURGEL, 2012).

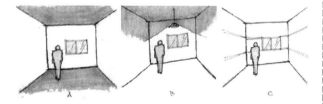

GURGEL, 2012.

O contrário também pode ser feito. Quando temos um ambiente onde o pé direito é baixo, ou quando queremos aumentá-lo ainda mais, podemos simular esse efeito e "empurrar" o teto para cima. Para isso podemos utilizar luminárias que jogam as luzes apenas para cima. Outra opção é pintar o teto e o piso com cores mais claras do que aquelas usadas nas paredes. Outra opção é chamar atenção para as paredes, criando nelas elementos verticais (GURGEL, 2012).

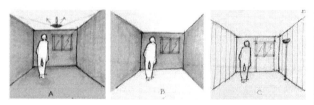

GURGEL, 2012.

Vigas aparentes podem proporcionar a sensação de aconchego aos ambientes. Mas, caso o ambiente tenha um pé direito baixo, seu uso deve ver repensado, pois podem diminuir ainda mais o teto, causando a sensação de claustrofobia no

usuário. Caso elas já existam no ambiente, basta pintá-las e aplicar o que aprendemos anteriormente, quando falamos sobre teto de uma forma geral (GURGEL, 2012).

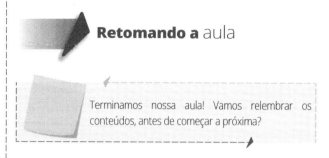

Retomando a aula

Terminamos nossa aula! Vamos relembrar os conteúdos, antes de começar a próxima?

1 – Composição Visual do Ambiente

A composição visual envolve a manipulação do ambiente, sem precisar obrigatoriamente alterá-lo de forma física. Podemos, por exemplo, alterar a composição visual de um ambiente apenas manipulando o seu ponto focal, seja mudando as informações presentes no teto, paredes ou piso.

2 – Paredes

As paredes ocupam uma grande área do espaço visual, e por esse motivo, influenciam muito na forma como percebemos o ambiente. Em relação às paredes, podemos manipular a composição visual das portas, janelas, quadros, papel de parede, revestimentos, dentre outros.

3 – Piso

A escolha do piso deverá levar em conta os locais onde será aplicado (banheiro, sala, quartos etc.) e as funções que deverá desempenhar (alargar ou estreitar o ambiente, manter a temperatura, facilidade de limpeza, dentre outros). Em relação aos pisos, podemos manipular a composição visual dos tapetes, passadeiras, revestimentos, dentre outros.

4 – Teto

O teto também pode ser manipulado visualmente. Quando temos uma local onde o pé direito é muito alto, podemos "abaixá-lo" visualmente empregando nele cores mais escuras do que aquela usada nas paredes. O contrário também pode ser feito. Quando temos um ambiente onde o pé direito é baixo, ou quando queremos aumenta-lo ainda mais, podemos simular esse efeito e "empurrar" o teto para cima. Em relação ao teto, podemos manipular a composição visual dos forros, vigas, gesso, dentre outros.

Vale a pena

Vale a pena ler,

Pereira, Ana Carolina Gomes Sampaio. Concepção espacial: metodologia de composição aplicada em espaços residenciais. Revista IPOG Online. Instituto de Pós-

Graduação – IPOG, Vila Velha, ES, 04 de março de 2017. Disponível em: <https://www.ipog.edu.br/download-arquivo-site.sp?arquivo=ana-carolina-gomes-sampaio-pereira-15081817.pdf>. Acesso em 21 abr 2018.

Vale a pena **acessar**

<https://www.homify.com.br/>.

Vale a pena **assistir**

Abstract - Episódio 8: Ilse Crawford: Designer de Interiores

 Minhas anotações

Minhas anotações

Aula 7º

Design de sinalização

O Design de Sinalização tem como propósito projetar placas, totens, e dispositivos informacionais, garantindo informação precisa e orientação ao usuário daquele ambiente. No contexto do Design de Interiores, podemos encontrar as Sinalizações aplicadas no piso, teto e paredes dos ambientes. Sinalizações são encontradas nas mais variadas situações e locais, e são um campo de trabalho e especialização muito interessantes, pois se encontram em constante expansão.

Bons estudos!

Objetivos de aprendizagem

Ao término desta aula, vocês serão capazes de:

- entender o que é Design de Sinalização;
- identificar os locais de aplicação de sinalização;
- aplicar os conceitos de Design de Sinalização aos projetos de Design de Interiores.

Seções de estudo

1 - Design de Sinalização
2 - Piso
3 - Teto
4 - Paredes

1 - Design de Sinalização

O termo Sinalização é inspirado no termo inglês em inglês "signage " e em espanhol "señalización". Normalmente, a Sinalização é associada com sinalização viária (aquela que vemos nas estradas e na cidade, destinada aos motoristas) ou com as placas, totem ou dispositivos de informação de quaisquer naturezas. Mas, sinalizar é um termo amplo:

> (...) pode-se dizer que gestos são utilizados para sinalizar. Uma simples dobra no canto superior de uma página é compreendida como um sinal, uma marca que pode ter um significado: retomar a leitura a partir deste ponto. Quando marcamos um ponto, o destacamos ou o diferenciamos no ambiente, estamos sinalizando aquele ponto (VELHO, 2007).

Com base nos conceitos de Sinalização e de outras áreas (Señalética, o *Wayfinding* e o *Environmental Graphic Design*), surge o Design de Sinalização. Ele tem como objetivo organizar, indicar, advertir, alertar, informar pessoas e/ou veículos (D'AGOSTINI E GOMES, 2010).

O Design de Sinalização serve não apenas os ambientes onde há um grande fluxo de pessoas, mas também aqueles que necessite de qualquer tipo informação e orientação. Para Gibson (2009), quando as pessoas se encontram em um local pela primeira vez e tentam se orientar, enfrentam uma série de decisões relacionadas com processo de sair do ponto onde estão e chegarem até o destino pretendido. Essas decisões são tomadas com base nas informações disponíveis e visíveis naquele momento.

Munari (2011) coloca que o Design de Sinalização deverá ser projetado para transmitir mensagens visuais às pessoas de forma clara, simples e exata. Ele ainda afirma que os elementos utilizados na transmissão das informações precisam ser assimilados por todos, para que ocorra comunicação e não confusão visual. Por esse motivo, ao desenvolver produtos de orientação, deve-se usar e misturas os componentes da linguagem visual. A linguagem visual é formada pela junção de palavras, imagens e formas, que auxiliam na linguagem internacional, pois mesmo em culturas distintas o conceito de sinais de trânsito, por exemplo, são os mesmos. Nesse sentido, ressalta-se que formas e imagens potencializam o entendimento das palavras (BONETE, 2013).

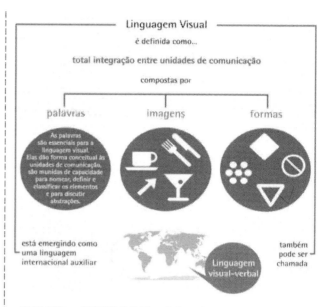

HORN, 2012 apud BONETE, 2013. Disponível em: <https://acervodigital.ufpr.br/bitstream/handle/1884/47979/2012-2%20TCC%20Camila%20Renata%20Bonete.pdf?sequence=1&isAllowed=y>. Acesso em: 27 abr. 2018.

Textos e palavras são mensagens visuais mais diretas; seu significado se dá pela reunião de diversos caracteres que formam uma palavra e um conceito informacional facilmente decodificado pelo usuário. Os pictogramas são desenhos que representam um conceito.

A origem dos pictogramas é antiga, remontando do período pré-histórico (lembram das História da Arte, e que os Homens das cavernas desenhavam tentando conseguir comida?). No ano de 1920, na cidade de Viena, surge o sistema ISOTYPE (International System of Typographic Picture Education), um sistema de pictogramas (um "dicionário visual") projetado por Otto Neurath e ilustrado por Gerd Arntz, que continha mais de 2 mil símbolos. Atualmente, a maioria dos pictogramas utilizam o sistema Isotype como referência para a criação de novos símbolos.

Além disso, setas e códigos utilizados para orientar os usuários de um ambiente são elementos gráficos que visam transmitir uma informação. Sua utilização depende do que se pretende transmitir, pois geralmente são usadas para orientar um caminho ou indicar a localização de ponto. É importante observa que, seja qual for a mensagem visual que será disposta, devemos trabalhar com as alternativas a partir de princípios lógicos de que a informação deverá ser compreensível por todos que irão utiliza-la (D'AGOSTINI E GOMES, 2010).

No contexto do Design de Interiores, podemos encontrar as Sinalizações aplicadas no piso, teto e paredes dos ambientes. Essas sinalizações serão posicionadas de acordo com o usuário, local, necessidade, projeto, dentre outros. A seguir, mostraremos algumas dessas aplicações.

2 - Piso

Consideramos como exemplo de Design de sinalização de piso: os totens, adesivos, piso tátil, dentre outros. Esse tipo de sinalização pode ser utilizado em locais abertos ou fechados. Geralmente, sua fixação necessita de uma estrutura ou fundação especial que os mantenham de fixos no chão

(D'AGOSTINI E GOMES, 2010). A seguir, temos os exemplos aplicados. Na primeira imagem temos um totem com um mapa do Millennium Square, em Bristol, que serve para os transeuntes se localizarem. Já na segunda imagem temos como exemplo o piso tátil aplicado em uma estação de trem. Nesse caso, o projeto utilizou o piso não apenas de forma tátil, mas também visual, pois seu contraste com o restante do piso serve de indicativo para pessoas de visão regular.

Disponível em: <https://i.pinimg.com/564x/e1/90/de/ e190de993eacf53254dd24ad9736e374.jpg>. Acesso em: 27 abr. 2018.

Disponível em: <https://br.pinterest.com/pin/ 86694361553368624/>. Acesso em: 27 abr. 2018.

3 - Teto

Consideramos como exemplo de Design de sinalização de teto: as placas, bandeiras, banners, dentre outros. Esse tipo de sinalização pode ser utilizado, de preferência, em locais fechados. Quando abertos, necessitam de uma estrutura que lhe, dê suporte (D'AGOSTINI E GOMES, 2010). Geralmente, sua fixação precisa levar em conta a altura, que deve ser suficiente para não ferir os transeuntes. A seguir, temos os exemplos aplicados. O primeiro exemplo é o mais clássico, onde temos uma placa pendurada por cabos de aço no teto. Nela são utilizados pictogramas, textos e setas que direcionam a pessoa para o lado correto. Na segunda imagem temos a fachada de uma loja, com uma placa com luz indireta, que se projeta para fora da estrutura, de forma que os usuários mais distantes identifiquem onde fica a entrada.

Disponível em: <http://studiomda.com.br/projeto/dimed>. Acesso em: 27 abr. 2018.

Disponível em: <https://i.pinimg.com/ originals/65/9d/09/659d09a5c021982eeead39b247f843d8.jpg>. Acesso em: 27 abr. 2018

4 - Paredes

Consideramos como exemplo de Design de sinalização de parede: as placas, adesivos, banners, dentre outros. Esse tipo de sinalização pode ser utilizado em locais abertos ou fechados. As paredes são o local onde a maioria da sinalização costuma ser empregada, pois não exige grandes gastos. Sua fixação deve ser feita de acordo com a altura dos olhos dos usuários (D'AGOSTINI E GOMES, 2010). A seguir, temos os exemplos aplicados. Na primeira imagem a sinalização de piso e parede foi utilizada de forma combinada. Diversas linhas coloridas indicam diferentes setores da escola. A sinalização traz o usuário até a porta, e, em seguida, sobe por ela, até o nome da sala. Na segunda imagem, temos a indicação do apartamento feita em toda a porta. Cada unidade foi diferenciada por cores diferente, além do número na porta.

Disponível em: <http://www.contemporist.com/colorful-lines-lead-you-to-classrooms/>. Acesso em: 27 abr. 2018.

Disponível em: <https://br.pinterest.com/pin/401946335483525446/>. Acesso em: 27 abr .2018

Retomando a aula

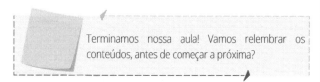

Terminamos nossa aula! Vamos relembrar os conteúdos, antes de começar a próxima?

1 – Design de sinalização

O Design de Sinalização é a soma de diversas áreas, dentre elas podemos citar Señalética, o Wayfinding e o Environmental Graphic Design. Ele tem como objetivo organizar, indicar, advertir, alertar, informar pessoas e/ou veículos. Ela deverá ser projetada para transmitir mensagens visuais às pessoas de forma clara, simples e exata.

2 – Piso

Consideramos como exemplo de Design de sinalização de piso: os totens, adesivos, piso tátil, dentre outros. Esse tipo de sinalização pode ser utilizado em locais abertos ou fechados. Geralmente, sua fixação necessita de uma estrutura ou fundação especial, que os mantenham de fixos no chão

3 – Teto

Consideramos como exemplo de Design de sinalização de teto: as placas, bandeiras, banners, dentre outros. Esse tipo de sinalização pode ser utilizado, de preferência, em locais fechados. Quando abertos, necessitam de uma estrutura que lhe dê suporte

4 – Paredes

Consideramos como exemplo de Design de sinalização de parede: as placas, adesivos, banners, dentre outros. Esse tipo de sinalização pode ser utilizado em locais abertos ou fechados. As paredes são o local onde a maioria da sinalização costuma ser empregada, pois não exige grandes gastos. Sua fixação deve ser feita de acordo com a altura dos olhos dos usuários.

Vale a pena

Vale a pena ler

POLONI, Julia Wagner. *Sistema de Informação para as linhas de ônibus de Porto Alegre*. Trabalho de Conclusão de Curso. Curso de Design Visual. Universidade Federal do Rio Grande do Sul, 2011.

Vale a pena acessar

<https://ndga.wordpress.com/>.

Vale a pena assistir

Design para Supermercados - Sinalização Operacional. Disponível em: <https://www.youtube.com/watch?v=Fkp1FnqN6xM>. Acesso em 27 abr. 2018.

Minhas anotações

Aula 8º

Visual merchandising

O Visual Merchandising é uma área muito antiga, mas que só chegou no Brasil em torno do ano 2000, por causa da profissionalização do varejo e da grande entrada de marcas internacionais no país. No contexto do Design de Interiores, o profissional que trabalhar com Projetos Comerciais ou Efêmeros poderá se beneficiar dos ensinamentos dessa área, uma vez que possuem bases em comum, como a criação, integração e valorização da imagem da marca, e exibição adequada do ponto de venda (PDV).

Bons estudos!

Objetivos de aprendizagem

Ao término desta aula, vocês serão capazes de:

- entender o que é Visual Merchandising;
- aplicar técnicas de composição visual para vitrines;
- aplicar técnicas de composição visual para os interiores de loja.

Seções de estudo

1 - Visual Merchandising

Era uma vez, há muito, muito tempo, pessoas que realizavam trocas entre aquilo que produziam e o que precisavam. Uma família criava gado e outra plantava trigo, e quando queriam o produto da outra família, negociavam com ela. Isso era chamado de escambo. Mas essa técnica era muito complicada, e era difícil trocar com famílias que moravam longe. O tempo passou e surgiu o dinheiro! E com isso o comércio, como nós o conhecemos hoje, nasce e se desenvolve.

Nas culturas da antiguidade e na Grécia os comerciantes se organizavam nas ruas para vender seus produtos em estruturas parecidas com pequenas barracas de feira. Em Roma surgem os prédios de comercio (lembrem das aulas de História da Arte, que eles ficavam embaixo das Insulae?). Na Idade Média, por causa dos objetos trazidos pelas Cruzadas, surgem as lojas especializadas (POMPEU, 2011).

Associado com a evolução das lojas físicas, surge o conceito de Merchandising que, de acordo com o *Business Dictionary*, consiste em toda atividade de promover a venda de bens no varejo, podendo incluir técnicas de venda, tais como: amostras grátis, preços, locutores de prateleira, especiais ofertas, e dentre outros. Para Blessa (2008), o merchandising, como existe hoje, surgiu junto com o marketing e ganhou força em meados de 1930. Nesse período, os lojistas começam a perceber que os produtos expostos na vitrine do balcão vendiam mais do que os outros produtos. Surge daí o poder da vitrine! As lojas começam então a se transformar em grandes vitrines, onde o cliente tem acesso total aos produtos. É dessa ideia que surgem os supermercados. Mais adiante, quando as guerras acabam, os EUA e a Europa se estabilizam, e o poder aquisitivo das pessoas aumenta. Surgem então os Shoppings Centers e as Redes de Lojas de Departamento (CRUZ, 2011).

Com a estabilidade, começamos a exportar produtos de outros países. Lojas que vendem os mesmos produtos ficam próximas, e começamos a perceber a necessidade delas se diferenciarem umas das outras. Mas como? A concorrência é um estímulo para a criação de diferenciações. É nesse contexto que surge o Visual Merchandising, que busca na percepção visual e sensorial a maneira de atrair o cliente para dentro da loja e fazê-lo permanecer no ambiente. Ele consiste em utilizar técnicas de projetar o ambiente do ponto de venda, criando identidade e personificando decorativamente todos os equipamentos que circundam os produtos. O merchandising Visual usa o design, a arquitetura e a decoração para aclimatar, motivar e induzir o consumidor à compra. ele criar o clima decorativo para ambientar os produtos e a loja (BLESSA, 2008, p. 6).

O objetivo principal deverá ser apelar ao imaginário, criar emoções, gerar estímulos que sejam compreendidos de uma forma sutil, ainda que anteriormente tenham sido projetados com rigor e com objetivo comercial. Quando o ambiente tem "sentido visual", o cliente é atraído naturalmente para o espaço, convencido a entrar, permanecendo mais tempo e comprar, sem esquecer que tudo será feito de forma muito gratificante (FERNANDES, 2018). Para melhor entendimento, o estudo será dividido em Vitrine (*Out-store*) e Interiores da Loja (*In-store*), de acordo com Fernandes (2018).

2 - Vitrine (Out-Store)

O termo Vitrine vem do fancês "vitre", que por sua vez é derivado do latim "vitrum", que significa vidro ou vidraça. As Vitrine devem oferecer uma percepção sobre o que é aquele negócio e para quem se destina (FERNANDES, 2018). Os fatores que nos permitem decodificar essas informações são quase sempre visuais e qualitativos:

> Pense na sua vitrina como a principal ferramenta que você tem para melhorar o movimento e aumentar o fluxo de clientes da sua loja. Agora pense que sua vitrina é como um sorriso, ou seja, seu cartão de visitas, a única forma que você tem para encantar e atrair seu cliente, fazer com que ele entre na sua loja, se identifique com a sua marca, se sinta confiante e tenha certeza de que será bem recebido, atendido e sairá satisfeito (SOUZA, 2018).

A vitrine é o primeiro contato que a loja tem com o cliente. É com base nela que o cliente vai decidir se entra (ou não) na loja. Vitrines com muita informação sugerem a ideia de confusão, poluição visual e preços baixos (primeira imagem). Já vitrines muito vazias sugerem a ideia de exclusividade, privacidade e preços muito altos (segunda imagem):

Disponível em: < http://www.mmdamoda.com.br/wp-content/uploads/2018/01/boas-ideias-de-vitrines-lojas-moda-4-768x576.jpg> Acesso em: 27 abr. 2018.

Disponível em: < http://www.mmdamoda.com.br/wp-content/uploads/2018/01/boas-ideias-de-vitrines-lojas-moda-4-768x576.jpg> Acesso em: 27 abr. 2018.

Mesmo que tenhamos o melhor produto, não significa que conseguiremos vendê-lo. E aqui entra o trabalho do Visual Merchandising. Para Leach (1995) a vitrine é "o palco onde a peça é representada". As vitrines precisam apresentar um pouco dos produtos da loja, mas também deve estimular os consumidores a entrar na loja.

> Por mais simples que seja um produto, uma boa apresentação pode potencializar suas qualidades de maneira a seduzir o cliente e fazer com que este deseje o produto. Desta forma, a vitrine anuncia um estilo de vida e precisa ser bem iluminada, quase que cenograficamente, posicionando seus produtos como astros de um espetáculo (JUNIOR, 2014).

Mas como montar boas vitrines? Para Mendes (2016), existem 5 condições necessárias: Evitar desorganização, evitar propaganda enganosa, cuidar da iluminação, cuidar dos manequins e realizar manutenção constante.

A vitrine é o reflexo da loja, então se estiver desorganizada, transmitirá uma imagem negativa do estabelecimento, e, quem sabe, resulte na rejeição por parte do cliente. Vitrines lotadas, com muitos banners promocionais, podem causar desconforto visual. É preciso identificar as zonas principais (zonas quentes), destacando os produtos de maior procura.

Em seguida a autora nos fala para evitar propaganda enganosa. Quem nunca entrou em uma loja, e descobriu que aquela peça de roupa maravilhosa era a última, ou de um tamanho MUITO pequeno/grande? A vitrine deve ser atualizada, e nela ser exporto apenas os produtos disponíveis na loja. Quando usamos elementos decorativos na vitrine, o ideal é não dar tanto destaque neles, pois isso pode acabar gerando duvidas a respeito dos objetos que realmente estão sendo vendidos ali.

A iluminação um dos itens vitais para tornar a vitrine atraente. O tipo de iluminação varia conforme o tipo de mercadoria, arquitetura ou marca, e por este motivo, precisa de um projeto luminotécnico especifico. Uma das regras fundamentais com relação a iluminação de vitrines diz respeito ao posicionamento dessas luminárias. Elas nunca devem ficar apontadas na direção dos olhos dos usuários. Elas devem fornecer iluminação para os produtos expostos e

criar efeitos, mas sem ofuscar os clientes. Na imagem a seguir as luminárias foram escondidas atrás das nuvens, simulando o efeito do sol no manequim. Dessa forma, eles cumprem o papel de iluminar de forma direcionada, com uma grande quantidade de luz, mas sem ofuscar o cliente da loja.

Disponível em: <https://br.pinterest.com/pin/98657048064111232/>. Acesso em: 03 jun. 2018

Os manequins servem para despertar curiosidade, interesse e empatia. A falta de manutenção pode passar a sensação de desleixo por parte do estabelecimento. O investimento em manequins com poses mais naturais, tendem a ter maior retorno do que os de pose rígida. Na imagem seguinte, temos 2 manequins posicionadas como fossem amigas discutindo sobre vários assuntos enquanto tomam café. Nos balões de conversa, vemos diversos produtos que são vendidos na loja, sendo expostos.

Disponível em: <https://br.pinterest.com/pin/730216527053504796/>. Acesso em: 03 jun. 2018

A manutenção é o último tópico. Montar uma vitrine temática e deixá-la por muito tempo vai gerar a sensação de paisagem, e os clientes passarão por sua loja de forma despercebida. Fazer um planejamento anual das datas especiais (e das promoções), permite visualizar lacunas de tempo que precisarão de atenção. Se o orçamento é baixo, invista apenas nas trocas de 'looks', semanalmente. Uma vez que "pescamos" o usuário, é dever do interior da loja mantê-lo entretido.

3 - Interior da loja (In-store)

Projetar o interior de uma loja não é uma atividade simples. Para isso é preciso muito estudo e, sempre que possível, o amparo de profissionais dos mais diversos setores. Esta aula não tem por objetivo ensinar a projetar os interiores de uma loja, pois vocês irão estudar esse processo em outra disciplina. Aqui iremos apenas demonstrar como as atitudes dos Visual Merchandisers podem afetar, de forma positiva, os consumidores. Para Morgan (2017) o visual merchandising para interiores é o conjunto de técnicas aplicadas, que serve para auxiliar na circulação dos clientes dentro do estabelecimento. Essas técnicas se utilizam de uma sequência lógica de ações que incentivam os clientes a parar em determinados pontos e realizar a compra:

> Ao questionar os consumidores sobre os fatores que determinam suas lojas preferidas, a maioria provavelmente responderá que o espaço é agradável, os produtos são facilmente encontrados e a sinalização é clara e explicativa. Esses fatores demonstram a eficácia do visual merchandising de interiores.

Um fator fundamental para o sucesso do Visual Merchandising é o layout (arranjo ou projeto) da loja. Nem todo comprador gosta de ser guiado por um(a) vendedor(a). Mas isso não é um problema pois, quando bem projetado, o layout da loja conseguirá guiar o usuário, utilizando-se de elementos compositivos e da sua sinalização. Por este motivo tudo precisará estar bem posicionado, bem descrito, passar mensagens claras e reforçar a mensagem da marca (Mendes, 2017). Um aspecto importante no Design de Sinalização do interior da loja são as demarcações de circulação. Nem sempre essa demarcação será obvia, demarcada no chão, mas é preciso que o designer planeje antecipadamente, uma vez que a disposição dos moveis dependerá dela. Nas imagens temos os exemplos de duas lojas que usaram demarcação no piso para guiar os usuários. Na primeira foram usadas duas cores: rosa e cinza. Na segunda, o piso é de madeira foi aliado ao uso de projetores presos ao teto, que "desenham" pontos de luz e peixinhos no chão.

Disponível em: <https://br.pinterest.com/pin/227220743670138042/>. Acesso em: 27 abr. 2018

Disponível em: <https://br.pinterest.com/pin/589901251165280109/>. Acesso em: 27 abr. 2018.

Mas como guiar sem demarcar no piso? Para Guimaraens (2015), o mais comum são as trilhas não definidas. As lojas utilizam o mesmo revestimento em todo piso, mas utilizam os expositores para definir os corredores virtuais. Vejam as imagens a seguir, nas quais ilustramos os layouts de duas lojas. Na primeira imagem (esquerda) temos um ambiente onde as prateleiras são alinhadas de forma linear, proporcionando uma circulação livre e rápida no ambiente. Todas as prateleiras estarão posicionadas em alturas que permitam ao cliente visualizar a loja inteira, independentemente do local onde ele se encontre. Uma vez projetada, esse tipo de loja tem baixo custo de manutenção para o designer de visual merchandising, uma vez que a categoria dos produtos expostos é reduzida ou padrão, e bastará ao dono da loja repor o produto na prateleira. Esse layout costuma ser empregado em lojas de roupa, sapatos e mercados. Já na segunda imagem temos unidades demarcadas por tapetes, onde os produtos são agrupados de acordo com características (marca, gênero, local de utilização, dentre outros). Esse tipo de loja faz o cliente andar em círculos, pois cada área apresenta produtos diferentes. Ela necessita de um profissional que organize constantemente

dos objetos nas prateleiras, uma vez que ocorre atualização constante de produtos. Esse layout costuma ser empregado em lojas de cosméticos, bazares e de utensílios para casa.

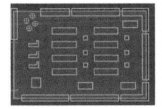 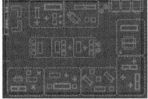

FERNANDES, 2018.

Mas a disposição dos móveis não precisa ser constante e alinhada. Segundo Gurgel (2014), em alguns casos, podemos usar a circulação forçada, fazendo com que o cliente seja induzido a seguir por um determinado caminho, de acordo com o que a loja deseja. Dessa forma, ele percorrerá o estabelecimento e verá todos os setores de uma loja, mesmo que não queira. Devemos apenas tomar cuidado para que a circulação siga o dimensionamento e as normas (NBR), de forma que seja garantido o acesso e conforto as pessoas portadoras de deficiência física. Podem ser usadas para forçar a circulação das pessoas em determinados sentidos: as mesas, os balcões, as araras, dentre outros.

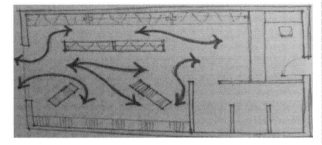

Gurgel (2014).

Outro fator associado ao projeto de Visual Merchandising In-store são os mobiliários. Eles devem auxiliar na exposição e valorizar dos produtos. É preciso projetá-los com sabedoria, de tal forma que não chamem mais a atenção do cliente do que o produto exposto. Também devemos usar o mobiliário para tornar a loja acolhedora e proporcionar maior comodidade ao consumir. Acrescentar poltronas e sofás confortáveis, dentro de uma loja, pode fazer com que seu usuário fique lá dentro mais tempo, o que aumenta as chances dele realizar uma compra. Agora vamos ver esses conceitos aplicados. Na primeira imagem temos um móvel feito sob medida para a loja. Nele, os sapatos (produtos da loja) foram expostos em nichos iluminados. Todo o móvel é branco, e a cor é atribuída pelo sapato que está exposto. O móvel não influencia ou altera as características dos sapatos. Já na segunda imagem, temos também uma loja de sapatos, mas o ponto focal é o grande sofá. Os produtos quase nem aparecem. Até mesmo a iluminação parece ter sido pensada para o sofá, e não para os sapatos. A sua vantagem tem relação com o tópico conforto. A loja foi toda desenvolvida em torno dele, o que deixa o ambiente aconchegante.

Disponível em: <http://www.mmdamoda.com.br/vendas-arquitetadas-construcao-do-bo/> Acesso em: 27 abr. 2018.

Disponível em: <https://www.behance.net/gallery/FLATZ-Specialty-Shoe-Store/11438091>. Acesso em: 27 abr. 2018.

Dentre os móveis utilizados para compor o ambiente, estão os expositores das lojas. O profissional precisa, em primeiro momento, definir a correlação entre os produtos, em seguida poderá realizar o planejamento de sua distribuição visual (utilizando critérios de apresentação dessas mercadorias) e só então conseguirá escolher os tipos de expositores que serão usados. O planejamento auxilia o designer a entender quais são os complementos de determinado produto. Como resultado da exposição diferenciada e a colocação de complementos nas proximidades, podemos aumentar as vendas do estabelecimento. A seguir, é ilustrado como é feita a correlação dos produtos de uma loja.

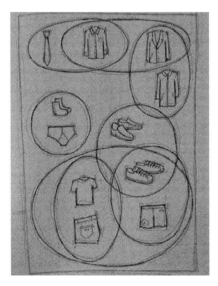

MORGAN, 2017.

Depois de ter relacionado as peças, começa a etapa de planejamento de distribuição visual (layout de agrupamento das peças). Para Morgan (2017), é chamado de agrupamento a disposição dos objetos de forma que tenhamos um resultado estético interessante. Ainda segundo ele, os tipos mais usados são o piramidal e a repetição. O agrupamento piramidal é o mais famoso dos dois. A ideia é formar uma pirâmide de utilizando os produtos da loja. Esse formato propicia que o ponto focal seja observado primeiro, e só depois os demais pontos ao seu redor. Esse tipo de disposição consegue manter o olhar do cliente por mais tempo em um determinado produto. O agrupamento por repetição parece mais simples, mas requer cuidado na hora de produzir. Nele, o ponto focal pode acabar se perdendo, e o centro nem sempre será o objeto principal. Esse tipo de agrupamento pode servir para conduzir a pessoa, através da lei da Gestalt continuidade. Quando não é bem aplicado, pode fazer com o usuário observe apenas uma parte do grupo, passando despercebido do resto.

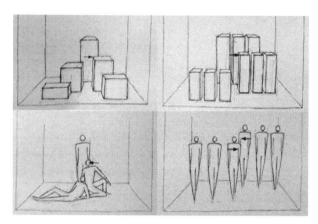

MORGAN, 2017.

Fernandes, 2018.

E, por fim, utilizando a correlação aquela dos produtos, visto anteriormente, é possível prever e elaborar quais peças devem ficar próximas, criando "looks" e combinações com acessórios. Podemos ilustrar essa ideia com as imagens a seguir. Na primeira imagem temos uma loja de objetos para casa. Nela foram agrupados utensílios de acordo com a cor e local de utilização (nesse caso a sala de estar). Quando o cliente visita a loja com o objetivo de comprar almofadas, por exemplo, verá que existem opções de porta retratos e vasos que formam conjuntos. Algumas lojas desse ramo deixam elementos prontos, como mesas de jantar montada com todas as peças necessárias para uma refeição. Na segunda imagem temos uma loja de roupas masculina onde temos, na mesma arara, todas as peças necessárias para compor o 'look' que o manequim ao lado está vestindo. Aqui temos a mesma questão de empatia analisada na etapa da vitrine.

Disponível em: <https://br.pinterest.com/pin/818951513460889229/>.
Acesso em: 27 abr. 2018.

Disponível em: <http://www.mmdamoda.com.br/visual-merchandising-para-lojas-masculinas/>. Acesso em: 27 abr. 2018.

Retomando a aula

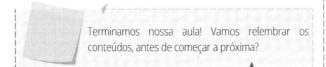

Terminamos nossa aula! Vamos relembrar os conteúdos, antes de começar a próxima?

1 – Visual Merchandising

Técnica de trabalhar o ambiente do ponto de venda criando identidade e personificando decorativamente todos os equipamentos que circundam os produtos. O merchandising Visual usa o design, a arquitetura e a decoração para aclimatar, motivar e induzir o consumidor à compra. ele criar o clima decorativo para ambientar os produtos e a loja (BLESSA, 2008, p. 6)

2 – Vitrine

Mesmo que tenhamos o melhor produto, não significa que conseguiremos vendê-lo. A vitrine serve como o primeiro contato que a loja tem com o cliente. É com base nela que o cliente vai decidir se entra (ou não) na loja. As Vitrine devem oferecer uma percepção sobre o que é aquele negócio e para quem se destina. As vitrines precisam apresentar um pouco dos produtos da loja, mas também deve estimular os consumidores a entrar na loja.

3 – Interior da Loja

Para o interior de loja é necessário projetar o layout do espaço, tendo em mente, antes de tudo, o caminho que o usuário deverá percorrer dentro dela. A disposição dos moveis, assim como a sua escolha, deverá ser feita depois de uma análise e correlação (grupos) dos objetos vendidos pelo estabelecimento. Uma vez feito isso, poderemos pensar nas formas de expor, sua distribuição visual, dentro da loja. Por fim, com base nos grupos criados, é possível prever e elaborar quais pecas devem ficar próximas, criando "looks" e combinações com acessórios.

Vale a pena

Vale a pena **ler,**

MARINHO, Yasmim. Retail Design. *Trabalho de Conclusão de Curso.* Departamento de Arquitetura e Urbanismo. Universidade Federal do Espírito Santo, Vitória, 2015.

Vale a pena **acessar,**

www.popaibrasil.com.br/.

Vale a pena **assistir,**

Documentário: *O nascimento do Shopping.* Disponível em: <https://www.youtube.com/watch?v=nFPVCxjwcfw>. Acesso em 28 mai. 2018.

Referências

ARGAN, Giulio Carlo; BOTTMANN, Denise; CAROTTI, Federico. *Arte moderna:* do iluminismo aos movimentos contemporâneos. São Paulo: Companhia das Letras, 1999.

ARNHEIM, Rudolf. *Arte e percepção visual:* uma psicologia da visão criadora. São Paulo: Cengage Learning, 2011.

ARTY, David. *Sinalização, Sinalética e Design de informação.* 2017. Disponível em: https://www.chiefofdesign.com.br/sinaletica/ > Acesso em: 27 abr. 2018

AZEVEDO, Silvia Nothen de. *O registro de titulos e documentos.* Edipucrs. Porto Alegre, 2015.

BITTENCOURT, Lila. *Manual de fotografia.* Coleção A arte da foto. Edição 1, 2017. 80p.

BLESSA, Regina. *Merchandising no ponto de venda.* Editora São Paulo: Atlas, 2008.

BONETE, Camila Renata. *Design de sinalização indicativa dos programas extensionistas:* Uma contribuição do gestor de informação. Trabalho de Conclusão de Curso. Universidade Federal do Paraná. Curso de Gestão da Informação, 2013.

BROOKER, Graeme; STONE, Sally; BOTELHO, André. *O que é design de interiores?* São Paulo: SENAC, 2014.

CHING, Francis D. K.; BINGGELI, Corky; SALVATERRA, Alexandre. *Arquitetura de interiores ilustrada.* 3. ed. Porto Alegre: Bookman, 2013.

CRUZ, Sofia Alexandra. *Centros comerciais* (I). 09 jan. 2011. Disponível em: http://www.barometro.com.pt/2011/01/09/77/ > Acessado em 01 jun 2018.

D'AGOSTINI, Douglas. GOMES, Luiz Antonio Vidal de Negreiros. *Design de Sinalização:* planejamento, projeto e desenho. Editora UniRitter. Porto Alegre, 2010.

DONDIS, Donis. *Sintaxe da linguagem visual.* São Paulo: Martins Fontes, 1997.

EDWARDS, Betty; RAPOSO, Roberto. *Desenhando com o lado direito do cérebro.* Rio de Janeiro: Tecnoprint, 1984.

ELAM, Kimberly. *Geometria do design.* Cosac Naify, 2010.

FERNANDES, Ângela. *Visual Merchandising:* Seducao no retalho. Fca Design. Lisboa. 2018.

FILHO, Antônio Nunes Barbosa. *Projeto e desenvolvimento de produtos.* São Paulo: Atlas, 2009.

GARCIA, Mario. ADAMS, Pegie Stark. *Eyes on the news.* Saint Petesburg: The Poynter Institute, 1991.

GIBSON, David. *The Wayfinding Handbook:* Information Design for Public Places. New York: Princeton, 2009.

GOMES FILHO, João. *Gestalt do objeto:* sistema de leitura visual da forma. 9. ed. Escrituras Editora, 2010.

GUIMARAENS, Surya. *Consumidor é guiado inconscientemente pela loja.* 03 de junho de 2015. Disponível em: < http://www.mmdamoda.com.br/consumidor-guiado-inconscientemente-loja-trilhas/ > Acessado em: 28 mai. 2018

GURGEL, Miriam. *Organizando espaços:* guia de decoração e reforma de residências. 2. ed. São Paulo: SENAC, 2012.

GURGEL, Miriam. *Projetando espaços:* design de interiores. 5. ed. São Paulo: SENAC, 2013.

GURGEL, Miriam. *Projetando espaços:* guia de arquitetura de interiores para áreas residenciais. 7. ed. São Paulo: SENAC, 2013.

GURGEL, Miriam. *Projetando espaços:* guia de arquitetura de interiores para áreas comerciais. 5. ed. São Paulo: SENAC, 2014.

JUNIOR, Henrique Xavier Campos. *RRQUITETURR DO CQÍ1.SUÍT10 - R influência do merchandising aplicado.* Curso de Arquitetura e Urbanismo. Centro Universitário do Leste de Minas Gerais, 2014.

KANDINSKY, Wassily. *Ponto e Linha sobre plano.* São Paulo: Martins Fontes, 1997.

LEACH, William. Land of Desire. *Merchants, Power, and the Rise of a New American Culture.* Vintage Books, New York, 1994. Disponível em: < https://books.google.com.br/books/about/Land_of_Desire.html?id=VHZ6UAudSiUC&redir_esc=y > Acesso em: 02 jun. 2018

LUPTON, Ellen; PHILLIPS, Jennifer Cole. *Novos fundamentos do design.* 2. ed. São Paulo: Cosac Naify, 2015.

JOLY, Martine; APPENZELLER, Marina. *Introdução à análise da imagem.* 9. ed. Campinas: Papirus, 2010.

JUSTO, Thiago Cesar Teixeira. *Diagramação:* Fundamentos e técnicas. Editora Senai-SP, 2017.

ELAM, Kimberly. *Geometria do design.* Cosac Naify, 2010.

Mendes, Cristiane. *Identidade visual:* sua loja bonita, funcional e memorável. MM da Moda. 28 de setembro de 2017. Disponível em: < http://www.mmdamoda.com.br/identidade-visual-sua-loja-bonita-funcional-e-memoravel/ > Acessado em: 28 mai. 2018

MORGAN, Tony. *Visual merchandising:* vitrinas e interiores comerciais. 2. ed. São Paulo: Gustavo Gili, 2017.

MUNARI, Bruno; SANTANA, Daniel. *Design e comunicação visual:* contribuição para uma metodologia didática. São Paulo: Martins Fontes, 2011.

POLONI, Julia Wagner. *Sistema de Informação para as linhas de ônibus de Porto Alegre.* Trabalho de Conclusão de Curso. Curso de Design Visual. Universidade Federal do Rio Grande do Sul, 2011

POMPEU, Renato. *História do comércio.* 02 abr. 2011. Disponível em: < http://renatopompeu.blogspot.com/2011/04/historia-do-comercio.html > Acesso em 28 mai. 2018

RINALDI, Ricardo Mendonça. *A contribuição da comunicação para o design de superfície.* Dissertação de mestrado. Universidade estadual paulista. 2009.

ROHDE, Geraldo Mario. *Simetria:* Rigor e imaginação. EdiPUCRS. Porto Alegre, 1997.

RODRIGUES, Ricardo Crisafulli. *Análise e tematização da imagem fotográfica.* Ciência da informação, v. 36, n. 3, p. 67-76. set./dez. 2007. Disponível em: < http://www.scielo.br/pdf/ci/v36n3/v36n3a08.pdf > Acesso em 10 abr. 2018

RUTHSCHILLING, Evelise Anicet. *Design de superfícies.* Porto Alegre: Ed. da UFRGS, 2008

SCHONARTH, Ana Julia. *O olhar fotográfico:* Os princípios do design para a composição fotográfica. Trabalho de Conclusão de Curso. Curso de Design Gráfico. Centro Universitário Univates. 2014 Disponível em: < https://www.univates.br/bdu/bitstream/10737/1128/1/2014AnaJuliaSchonarth.pdf > Acesso em 10 abr. 2018

SOUZA, Suene. *5 dicas (simples) para não errar mais nas suas vitrinas MM da Moda.* 25 de janeiro de 2018. Disponível em: < http://www.mmdamoda.com.br/5-dicas-simples-para-nao-errar-mais-nas-suas-vitrinas/ > Acessado em: 28 mai. 2018

SUONO, Celso; Berton, Tamissa; Pires, Gisely. *A contrução de parâmetros para o ensino do desenho de estamparia corrida.* Graphica 13. Florianópolis, SC. 2013.

VAZ, Adriana; Siqueira, Paulo; Silva, Rossano. *O estudo da forma e o princípio de simetria como instrumento de criação no desenho.* Graphica 13. Florianópolis, SC. 2013.

VELHO, Ana Lucia de Oliveira Leite. *O Design de Sinalização no Brasil:* a introdução de novos conceitos de 1970 a 2000. Dissertação de Mestrado. Pontifícia Universitaria Catolica. Rio de Janeiro, 2007.

VICENTE, Carlos Fadon. *Fotografia:* a questão eletrônica. In: SAMAIN, Etienne (Org.). O fotográfico. São Paulo: Senac, 2005

WILLIAMS, Robin; GILLOON, Laura Karen. *Design para quem não é designer:* noções básicas de planejamento visual. 8. ed. São Paulo: Callis, 1995.

WONG, Wucius; LAMPARELLI, Alvamar. *Princípios de forma e desenho.* 2. ed. São Paulo: Martins Fontes, 2014.

Minhas anotações

Tecnologia em
Design de Interiores

REPRESENTAÇÃO
GRÁFICA 2D

UNIGRAN - *Centro Universitário da Grande Dourados*

Rua Balbina de Matos, 2121 - CEP 79.824 - 9000
Jardim Universitário
Dourados - MS
Fone: (67) 3411-4141 / Fax: (67) 3411-4167

CEAD
Coordenadoria de Educação a Distância

Apresentação do Docente

THIAGO VINICIUS KRENCZYNSKI é graduado em Engenharia de Produção-Construção Civil pela Universidade Estadual de Maringá (UEM). Atua na área de projetos desde o ano de 2006, atualmente é profissional atuante nos ramos de projeto e execução de obras na cidade de Dourados – MS.

KRENCZYNSKI, Thiago Vinicius. Representação Gráfica 2D. Dourados: UNIGRAN, 2019.

50 p.: 23 cm.

1. AutoCAD. 2. Representação. 3. Projeto

Sumário

Conversa Inicial

Prezados(as) estudantes,

Vocês estão entrando no espaço virtual da disciplina de AutoCAD, que lhes disponibilizará conhecimentos, conceitos e técnicas para a utilização do programa, e noções sobre sua importância como ferramenta de representação espacial de formas em várias áreas profissionais.

Aqui vocês conhecerão as ferramentas disponíveis e seus respectivos comandos, possibilitando um melhor desempenho para fazer os desenhos.

Na aula 1 vocês aprenderão sobre as coisas básicas do AutoCAD, como a instalação da versão 2018 para estudantes, além de conhecer a interface do programa e também ver formas diferentes de interagir com o desenho e alguns comandos iniciais.

Na aula 2 aprenderão sobre o comando Line, e formas de inserir coordenadas que influenciarão na criação da linha, além de conhecer sobre as ferramentas *Ortho* e *Osnap*, junto de suas vantagens para facilitar e agilizar o processo de desenho.

Na aula 3 vocês obterão conhecimento sobre ferramentas de criação de objetos no AutoCAD. Cada ferramenta possui um comando e meios diferentes de se desenhar objetos, possibilitando o menor gaste de tempo para se criar determinadas figuras geométricas e formatos a serem usados no desenho.

Na aula 4 irão conhecer os conceitos básicos sobre as ferramentas de modificação e edição de objetos no AutoCAD. Dominar essas ferramentas é de grande diferença, pois aperfeiçoa e agiliza o processo de desenhar no programa.

Aprenderão na aula 5 como que se trabalha com layers, criando novos tipos de linha, além de trabalhar com as propriedades dos objetos, calculadora e como desenhar em perspectiva isométrica, ferramenta usada para detalhar ambientes.

Na aula 6, vocês aprenderão sobre os diferentes estilos de texto no AutoCAD, como mudar cor, fonte e tamanho, escolhendo o que melhor irá atender ao desenho, além de trabalhar com blocos como agrupá-los para futuramente utilizá-los no desenho ou em outro projeto.

A aula 7 trabalhará com Hachuras e sua representação, os diversos tipos de hachuras, além de como introduzir cotas ao desenho e a importância das cotas para fornecer informações, assim como as Leaders (chamadas), para indicar um detalhamento importante em certo ponto.

Finalmente, na aula 8 estudaremos a respeito dos *layouts*, onde montamos a prancha e, utilizando as Viewports, inserimos as plantas e detalhamentos na prancha. Também aprenderemos sobre plotagem de desenhos, como funciona e como visualizaremos o resultado final do projeto antes de imprimi-lo.

Esperamos que até o final da disciplina vocês compreendam a importância do AutoCAD, bem como as ferramentas e comandos para corretamente utilizá-lo.

Para facilitar o aprendizado utilizaremos de metodologias motivacionais na apresentação e explicação das aulas, com a possibilidade de articulação de mídias e sites de pesquisa.

Assim, nos colocamos à disposição para dirimir possíveis dúvidas e sugerimos uma leitura atenta aos textos das aulas, bem como, uma exploração dos conteúdos com o auxílio dos sites sugeridos.

Aula 1º

AutoCAD

Prezados(as) alunos(as),

Nesta primeira aula, estudaremos assuntos básicos a respeito do AutoCAD. Da forma mais didática possível, falaremos sobre o programa, sua interface e alguns comandos e ferramentas importantes para começar a trabalhar com os desenhos.

Bons estudos!

Objetivos de aprendizagem

Ao término desta aula, vocês serão capazes de:

- saber introduzir no programa AutoCAD;
- conhecer a interface do AutoCAD;
- saber os comandos básicos importantes;
- visualizar e interagir com o desenho.

Seções de estudo

1 - AutoCAD

O AutoCAD é o software mais conhecido na área de desenho técnico com o uso computacional, principalmente por profissionais de engenharia, arquitetura e outras áreas em que exista a necessidade de se desenhar e detalhar um projeto. Por meio das ferramentas do AutoCAD, é possível interagir de diferentes formas com o desenho, fazendo diversas edições e lapidando o projeto da maneira desejada por quem o desenha.

A versão estudante do AutoCAD 2018 está disponível no site da Autodesk. Basta criar uma conta no site (www.autodesk.com.br) e efetuar o download do programa AutoCAD 2018 – Versão Estudante (https://www.autodesk.com/education/free-software/autocad). A versão do AutoCAD deve ser a 2018, Windows 32-bit (mudar para 64-bit dependendo do sistema operacional do seu computador) e versão em Inglês.

Imagem 1: criando uma conta no site da Autodesk

Fonte: o autor.

Imagem 2: escolha da versão e especificações de sistema operacional e idioma

Fonte: o autor

Após a instalação do AutoCAD 2018, na área de trabalho ou no menu "Iniciar" poderá ser encontrado o ícone do aplicativo usado para abrir o programa.

2 - Tela inicial e criando um arquivo novo

Quando abrimos o AutoCAD pela primeira vez, nos deparamos com a tela inicial, onde serão mostradas opções como abrir novos arquivos ou abrir arquivos existentes.

Imagem 3: tela inicial do AutoCAD

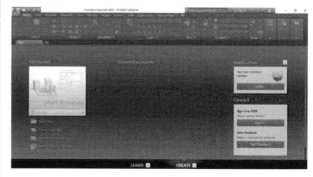

Fonte: o autor

Para criar um novo arquivo, deve-se clicar no ícone do AutoCAD localizado no canto superior esquerdo e logo após em *New*.

Imagem 4: criando um novo arquivo

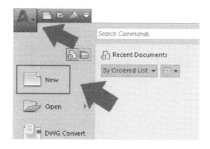

Fonte: o autor

Após selecionar *New*, uma nova pasta abrirá na tela com as opções predefinidas sobre o novo arquivo a ser criado. Essas opções são chamadas de *Template*s e sua escolha varia de acordo com o objetivo do projetista como, por exemplo, em um projeto avançado, onde se usa uma *Template* para desenho em 3D. Para nossas aulas, usaremos a *Template* "acadiso".

Imagem 5: escolha da *template*

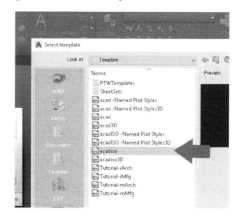

Fonte: o autor

3 - Abrindo um arquivo existente

Para abrirmos um arquivo no AutoCAD, é necessário que seu formato seja DWG. Esse é o formato de arquivos que podem ser abertos no programa e seu ícone geralmente terá o seguinte desenho:

Pode-se abrir um arquivo DWG clicando sobre ele, direto da pasta em que ele se encontra salvo, ou através da opção *Open → Drawing*, localizada logo abaixo da opção *New*, encontrada na Imagem 4. Essa opção abre uma janela para que o usuário possa localizar o arquivo que deseja abrir no programa.

4 - Salvando arquivos

Após trabalhar com um arquivo, deve-se salvá-lo no computador para poder acessá-lo mais tarde. Para realizar essa tarefa, deve-se clicar no botão do AutoCAD:

E selecionar a opção *Save*. Logo em seguida, aparecerá uma janela na tela, onde poderá ser escolhido o nome do arquivo e o local onde ele será salvo. Também existe a opção *Save As*, para determinar qual o formato do arquivo. Por padrão, DWG é o formato escolhido, pois é esse o tipo de arquivo trabalhado pelo AutoCAD, mas podem ser escolhidos outros formatos, permitindo dessa forma que outros programas também abram o arquivo.

É de extrema importância que, periodicamente, o projetista se lembre de salvar o arquivo, pois caso ocorra algum problema no programa ou computador, é possível que o AutoCAD se feche e todas as alterações feitas sem salvar sejam perdidas, fazendo com que o projetista perca tempo e tenha que refazer todo o seu trabalho.

5 - Interface do Autocad

A interface do AutoCAD é cheia de ferramentas, menus e abas que podem parecer de difícil compreensão, mas na verdade são bem simples e fáceis de se entender. A seguir, estudaremos a respeito da interface do AutoCAD.

Imagem 6: interface do AutoCAD

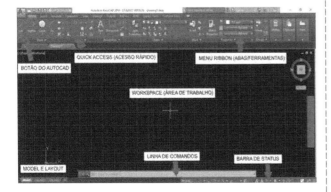

Fonte: o autor

Botão do AutoCAD

O botão do AutoCAD abre uma aba onde podem ser encontradas opções como *New*, *Open*, *Save*, *Save As*, *Plot*, entre outras, além de mostrar documentos que foram abertos anteriormente no programa.

Quick Access (Barra de Acesso Rápido)

A Barra de Acesso Rápido mostra os principais comandos que são encontrados no Botão do AutoCAD. Também são mostrados nela os comandos *Undo* (desfazer) e *Redo* (refazer). Esses comandos são usados para interagir com o desenho, desfazendo ou refazendo as tarefas feitas pelo desenhista na sequência em que forem executadas. Pode-se usar também os atalhos CTRL+Z para *Undo* e CTRL+Y para *Redo*.

A Barra de Acesso Rápido também pode ser personalizada, clicando na seta para baixo, localizada no lado direito da barra e, em seguida, marcar as opções que o projetista deseja que apareçam.

Imagem 7: customização da barra de acesso rápido

Fonte: o autor

Workspace (Área de Trabalho)

A Área de Trabalho é o local em que serão desenhados os projetos e todos os seus detalhes. Também podem ser encontradas na área de trabalho as seguintes opções:

1 - Cubo de Vistas

O Cubo de Vistas é uma ferramenta utilizada para rotacionar o desenho, sendo mais utilizado em projetos 3D ou isométricos

Imagem 8: Cubo de Vistas

Fonte: o autor

2 - Controle da Área de Trabalho

O Controle da Área de Trabalho é uma ferramenta localizada no canto superior esquerdo da Área de Trabalho, que permite ações como desabilitar o View Cube (Cubo de Vistas), Steering Wheels e Navigation Bar (Barra de Navegação), indicar o estilo do desenho (linhas, realista, etc.) e o ângulo em que ele é visualizado.

Imagem 9: Controle da Área de Trabalho

[−][SW Isometric][2D Wireframe]

Fonte: o autor

Model e Layout

Trata-se de uma aba localizada na parte inferior esquerda da tela, utilizada para alternar entre *Model* ou *Layout*, definindo qual aparece na *Workspace*.

O *Model* é onde todos os desenhos e detalhamentos são feitos, na escala 1:1. Logo ao lado está a opção de escolha do *Layout*. Em um projeto podem existir vários *Layouts*, sendo que o número de *Layouts* a serem usados é determinado pelo projetista, variando de acordo com a necessidade de mais espaço para o projeto. Vale lembrar que nos *Layouts* é onde se definem e modificam as escalas dos desenhos.

É possível mudar o nome de um *Layout* clicando com o botão direito em cima dele e escolhendo a opção Rename (renomear). Também é importante citar que para criar um novo *Layout*, deve-se clicar no botão com um símbolo "+" localizado no final da aba *Model* e *Layout*.

Command Line (Linha de Comandos)

A Linha de Comandos é o local onde se usa o teclado para digitar os diversos comandos que ativam as ferramentas auxiliadoras no AutoCAD. Saber usar corretamente a Linha de Comandos é algo de extrema importância, pois reduz o tempo gasto para se concluir um projeto – algo muito importante para quem trabalha com projetos.

Para utilizar a Linha de Comandos, basta digitar o comando desejado e apertar a tecla ENTER ou ESPAÇO para executá-lo. Muitos comandos do AutoCAD possuem abreviações para serem mais facilmente identificados na Linha de Comandos. Quando se digita um comando, outros comandos similares também aparecem, facilitando na escolha da melhor ferramenta. A tecla ESPAÇO também serve para selecionar o último comando executado, o que facilita e agiliza

na criação do projeto. A Linha de Comandos também pode ser movida pela *Workspace* e, caso ela desapareça, é possível reativá-la através do atalho CTRL+ 9. Pode-se também visualizar o histórico de comandos utilizados apertando o botão ▲, localizado no final da Linha de Comandos ou apertando a tecla F2.

Dependendo do comando utilizado, podem ser apresentadas mais opções de interação para aquele comando como, por exemplo, no comando Circle (círculo C). Após escolher o seu centro, além da opção de determinar seu raio pelo mouse, também é possível digitá-lo no teclado, sendo esta segunda, a opção de maior precisão.

DICA: a tecla ESC serve para cancelar o uso de qualquer ferramenta.

Menu *Ribbon*

O Menu *Ribbon* é onde estão localizadas as ferramentas mais usadas de desenho e abas, lembrando que todas elas possuem abreviações e podem ser escritas na Linha de Comandos. Sempre que for encontrada uma seta para baixo ▼ ao lado de uma ferramenta no *Ribbon*, significa que ela possui opções de tarefas diferentes e cabe ao projetista escolher a que melhor auxilia no desenho. Quando passamos o mouse em cima de uma ferramenta, o programa nos mostra detalhes referentes a ela, como nome, função e abreviação para ser usada na Linha de Comandos.

Barra de *Status*

A Barra de *Status* está localizada na parte inferior direita da *Workspace* e nela podem ser encontradas opções que modificam toda a forma com que o projetista interage com o desenho. Podemos verificar se uma ferramenta da Barra de Status está ativada ou desativada dependendo da sua aparência na barra, de acordo com o exemplo: ■ Ligada ou ▢ Desligada.

6 - Comando *Close* e *Quit*

No AutoCAD é possível abrir diferentes arquivos ao mesmo tempo, por isso existe o comando *Close*. Esse comando serve para fechar o arquivo mostrado na *Workspace*. De semelhante modo, o comando *Quit* serve para fechar o programa, encerrando todos os arquivos abertos. Sempre que um arquivo no AutoCAD é fechado, aparece uma janela na tela perguntando se o projetista deseja ou não salvar o arquivo. Caso escolha não salvar, o arquivo ficará do jeito que estava na última vez que foi salvo.

7 - Visualizando e interagindo com o desenho

Para melhor visualizar o desenho, existe uma série de comandos, dos quais alguns podem ser usados ao mesmo tempo que outros. Os principais comandos são mostrados na *Navigation Bar* (Barra de Navegação)

Imagem 10: Barra de Navegação

Fonte: o autor

Comando *Pan*

O comando *Pan* serve para mover o desenho pela *Workspace*, sem que se altere a sua posição em relação às coordenadas. Ele está representado na Barra de Navegação ■, mas também pode ser executado mantendo pressionado o botão do meio do mouse.

Zoom Realtime

O Zoom Realtime auxilia na visualização do desenho, aumentando ou diminuindo o seu tamanho na *Workspace*. Usa-se o Scroll (botão médio do mouse) para realizar a tarefa. O Zoom sempre tem como ponto de referência a posição em que o cursor está na *Workspace*.

Zoom Extents

O Zoom Extents faz com que tudo o que foi desenhado na *Workspace* apareça na tela. Ele está representado na Barra de Navegação ■ mas também pode ser executado apertando duas vezes o botão médio do mouse.

Regen e Regen all

Regen é um comando que regenera os objetos, permitindo ver principalmente os detalhes de curvas do desenho. Ao usar o comando *Regen* (RE), todos os objetos que estão aparecendo na tela serão regenerados. Outro comando com a mesma função é o *Regen All* (REA), mas a diferença entre eles é que o *Regen All* regenera todos os objetos no desenho e nas *Viewports*.

Imagem 11: demonstração do comando Regen

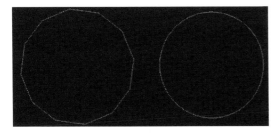

Fonte: o autor.

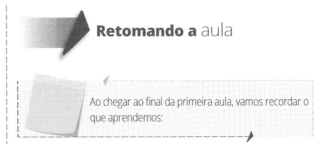

Retomando a aula

Ao chegar ao final da primeira aula, vamos recordar o que aprendemos:

1 - AutoCAD

Neste primeiro tópico, aprendemos como instalar o AutoCAD versão estudante, escolhendo as opções corretas de acordo com o idioma e sistema operacional.

2 - Tela inicial e criando um arquivo novo

Neste item, aprendemos sobre a tela inicial do AutoCAD e como fazemos para criar um arquivo novo, escolhendo corretamente a *Template* para trabalharmos com desenhos 2D.

3 - Abrindo um arquivo existente

Neste tópico, aprendemos sobre como abrir um arquivo já existente e sobre o formato DWG de arquivos do AutoCAD.

4 - Salvando arquivos

Neste tópico foi abordado como se pode salvar um arquivo no AutoCAD, além da recomendação de periodicamente salvar o desenho que se está trabalhando para evitar perdas devido a problemas externos ou no programa.

5 - Interface do autocad

Nesta seção, aprendemos sobre a interface do AutoCAD, apresentando as ferramentas e áreas de trabalho que serão usadas para auxiliar no desenho.

6 - Comando close e quit

Neste item, aprendemos sobre os comandos *Close* e *Quit* e qual a diferença entre suas funções e o que acontece após ser inserido no programa.

7 - Visualizando e interagindo com o desenho

Neste tópico foi abordado sobre os comandos de movimentação da visão do projetista no AutoCAD, como aproximar e afastar, ou mover para os lados. Também abordamos sobre o comando Regen e Regen All e como ele ajuda para arrumar detalhes de círculos e curvas.

Vale a pena

Vale a pena **ler,**

KATORI, Rosa. *AutoCAD 2013* – Projetos em 2D. São Paulo: Editora Senac São Paulo, 2013.

Vale a pena **assistir**

<https://www.autodesk.com>.

<https://issuu.com/zoom.cc/docs/apostila_autocad_2018_-_final_unifi>.

<http://www.ufjf.br/petcivil/files/2009/02/Autocad-apostila.pdf>.

<https://www.youtube.com/watch?v=zg4sviIndnY>.

<https://www.youtube.com/watch?v=wWNwhTGn4xI>.

Minhas anotações

Aula 2º

Linhas

Prezados(as) alunos(as),

Nesta aula, estudaremos a respeito de comandos básicos, muito utilizados por quem desenha no AutoCAD. Aprenderemos sobre o comando LINE, *Ortho* e *Osnap*, como dominar essas ferramentas e usá-las para nos auxiliar no desenvolvimento das atividades.

Bons estudos!

Objetivos de aprendizagem

Ao término desta aula, vocês serão capazes de:

- conhecer a introdução ao comando Line;
- entender as coordenadas no AutoCAD;
- conhecer sobre a ferramenta *Ortho*;
- entender sobre a ferramenta *Osnap*.

Seções de estudo

1 - Comando Line

O comando Line é um dos mais usados no AutoCAD. Através do Line, podemos criar um ou mais segmentos de linhas, sendo que esses segmentos são objetos separados, cada um podendo ser editado separadamente depois.

Para criar uma Line, pode-se clicar em seu ícone localizado no Ribbon, ou, de uma forma mais rápida e prática, utilizar a Linha de Comandos e digitar LINE (L) e apertar ENTER (ou ESPAÇO) para selecionar a ferramenta. Feito isso, o comando pede que se indique o primeiro ponto (Specify first point) e, em seguida, o próximo ponto (Specify next point). Nesse ponto, pode-se prosseguir desenhando mais linhas, considerando o primeiro ponto da nova linha como o último ponto da linha anterior, ou apertar a tecla ESC e cancelar a sequência. Vale ressaltar que se pode usar os comandos UNDO e REDO para desfazer ou refazer uma tarefa. Para apagar linhas, pode-se utilizar tanto o comando da borracha ERASE (E), quanto selecionar a linha e pressionar a tecla DELETE.

Imagem 1: demonstração do uso do comando Line

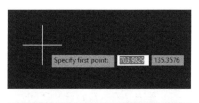

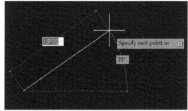

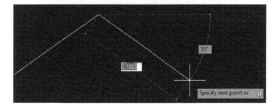

Após se fazer duas ou mais linhas, existe a opção de automaticamente criar um segmento que se ligue ao primeiro ponto criado, formando assim uma figura geométrica. Para essa tarefa, usa-se o comando Close, digitando-o no lugar dos números de comprimento da última linha.

Imagem 2: demonstração do uso do comando Close

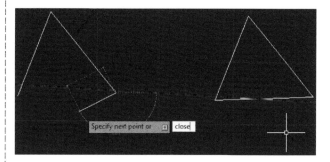

Fonte: o autor.

2 - Coordenadas

Toda a Workspace do AutoCAD tem como base as coordenadas de um plano cartesiano em três dimensões X, Y e Z. Para desenhos em duas dimensões, utilizam-se apenas os eixos X e Y, pelo fato de serem coplanares e perpendiculares. É possível localizar a origem do sistema, por meio da demonstração na Workspace de onde os eixos se encontram.

Imagem 3: coordenadas 0,0 – origem do sistema

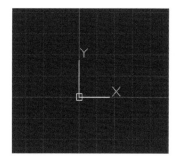

Fonte: o autor.

Para que o programa interprete números como coordenadas, usa-se a vírgula para separar os valores numéricos digitados. Essa regra não deve ser confundida com o ponto, que serve para indicar casas decimais.

Imagem 4: demonstração do uso de coordenadas e casas decimais

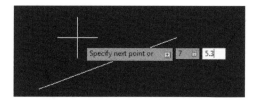

Fonte: o autor.

No exemplo da imagem 5, é possível ver as coordenadas 7 e 5.3, indicando que a partir do ponto inicial definido pelo desenhista, o segundo ponto do segmento estará localizado em 7 metros no eixo X e 5.3 metros no eixo Y. O ponto inicial pode ser definido pelo mouse (ponto qualquer), por Coordenadas Relativas (referentes ao último ponto) ou por meio de coordenadas que tenham como base o ponto de cruzamento entre o eixo X e Y (Coordenadas Absolutas). Basta selecionar o comando Line e logo em seguida digitar os números das coordenadas, separando-as por vírgula e definindo as casas decimais por ponto, fazendo com que o programa entenda que o ponto inicial é o cruzamento dos eixos.

3 - Coordenadas Polares

As Coordenadas Polares servem para especificar o ângulo e distância da linha em relação ao eixo X. Por padrão, seguindo o modelo de um plano cartesiano, o AutoCAD definiu a direção leste para 0°, aumentando o valor do ângulo em sentido anti-horário. Após escolher o primeiro ponto da Line, pode-se digitar seu comprimento ou, apertando a tecla TAB, alternar para a escolha do ângulo de inclinação da linha. Caso se digite um valor de comprimento e logo em seguida pressiona-se TAB para escolher o ângulo, o número escolhido para o valor de comprimento é guardado para não sofrer alterações, sendo que a mesma regra vale para o ângulo. Após digitar o valor do comprimento da linha, também pode se usar a tecla "<" para que logo em seguida seja inserido o valor do ângulo sem precisar apertar a tecla TAB.

Imagem 5: escolha do comprimento e ângulo

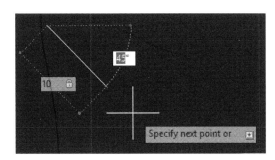

Fonte: o autor.

4 - Ferramenta *Ortho*

A ferramenta *Ortho* serve para desenhar e interagir com objetos apenas nas direções 0°, 90°, 180° e 270°, o que auxilia muitas vezes em diferentes etapas de um projeto. Pode-se ativar ■ ou desativar ■ o *Ortho* pela Barra de Status ou pelo atalho F8 do teclado.

5 - Ferramenta *Osnap*

A ferramenta *Osnap* é considerada pelos projetistas como uma das mais importantes no AutoCAD. Através dela, é possível selecionar pontos do desenho com precisão, indicando-os com a cor verde, e ativar ■ ou desativar ■ o *Osnap* pela Barra de Status ou pelo atalho F3 do teclado. Também é possível escolher quais ferramentas estarão ativadas no *Osnap*, digitando na Linha de Comandos "OS" ou apertando a seta para baixo ■ ao lado do ícone do *Osnap*.

Imagem 6: ferramentas do *Osnap*

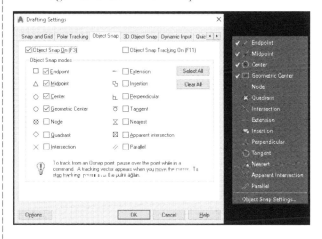

Fonte: o autor.

□ Endpoint: atrai o cursor para pontos finais de linhas, arcos ou polilinhas.

△ Midpoint: atrai o cursor para pontos médios de linhas, arcos ou segmentos.

○ Center: atrai o cursor para o centro de círculos e arcos, sendo que o cursor deve passar sobre a circunferência para que o centro seja indicado.

⊗ Node (nós): permite encontrar pontos no desenho.

◇ Quadrant: atrai o cursor para um dos quatro quadrantes de um círculo.

✕ Intersection (intersecção): atrai o cursor para o ponto de cruzamento de objetos.

▰▰▰ Extension: atrai o cursor para o que seria a extensão de uma linha.

⬚ Insertion: indica os pontos base de inserção de um objeto.

⊥ Perpendicular: atrai o cursor para onde seria o ponto na perpendicular de um objeto com outro.

ʊ Tangent: atrai o cursor para as tangentes de um círculo.

✕ Nearest: atrai o cursor para o ponto mais próximo de um objeto.

⊠ Apparent Intersection (intersecção aparente): indica intersecções de objetos diferentes que não se interseccionam no modelo 3D, porém aparentam estar em um cruzamento na vista.

// Parallel: ferramenta usada para fazer com que uma linha fique paralela a outra no momento de desenhá-la.

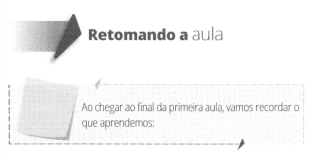

Retomando a aula

Ao chegar ao final da primeira aula, vamos recordar o que aprendemos:

1 - Comando line

Neste tópico foi abordado a respeito do comando

Line, onde ele está localizado na Ribbon, além de comandos auxiliares para o comando Line, como o Close, para fechar figuras geométricas e o Erase ou Delete para apagar ou deletar a parte desejada do desenho.

2 - Coordenadas

Neste tópico, aprendemos a respeito das coordenadas e como funciona a interação com o comando Line, indicando a localização dos pontos finais.

3 - Coordenadas polares

Neste item, aprendemos a respeito de coordenadas polares, como a utilização dessa ferramenta facilita nos desenhos através do comando Line, possibilitando indicar ângulos de inclinação.

4 - Ferramenta ortho

Nesta seção foi abordado a respeito da ferramenta *Ortho* e como ela auxilia a desenhar linhas retas, nos ângulos 90°, 180°, 270° e 360° e como essa ferramenta pode facilitar e diminuir o tempo gasto para certos desenhos feitos no AutoCAD

5 - Ferramenta osnap

Neste tópico, aprendemos sobre a ferramenta *Osnap*, assim como as opções que podemos selecionar ou não, visando facilitar na escolha de pontos arbitrários no desenho, aumentando a perfeição do trabalho e diminuindo o tempo gasto.

Vale a pena

Vale a pena **ler**

KATORI, Rosa. *AutoCAD 2013* – Projetos em 2D. São Paulo: Editora Senac São Paulo, 2013.

Vale a pena **acessar**

<https://www.autodesk.com>.
<https://issuu.com/zoom.cc/docs/apostila_autocad_2018_-_final_unifi>.
<http://www.ufjf.br/petcivil/files/2009/02/Autocad-apostila.pdf>.
<https://www.youtube.com/watch?v=zg4sviIndnY>.
<https://www.youtube.com/watch?v=wWNwhTGn4xI>.

Aula 3º

Objetos

Prezados(as) alunos(as),

Nesta aula, veremos como criar objetos no AutoCAD. Aprenderemos também sobre os comandos e suas figuras geométricas, que nos auxiliarão na hora de desenhar um projeto.

Bons estudos!

Objetivos de aprendizagem

Ao término desta aula, vocês serão capazes de:

- fazer a introdução aos objetos;
- conhecer as figuras geométricas;
- saber os comandos e detalhes.

Seções de estudo

1 - Objetos
2 - Círculo
3 - Arco
4 - Retângulo
5 - Polígono
6 - Elipse
7 - Polilinha
8 - Spline
9 - Donuts

1 - Objetos

Da mesma forma que a linha é feita, outros objetos como círculo, retângulo ou arco são feitos no AutoCAD. Todos formam objetos separados e cada um pode ser alterado da maneira que o projetista desejar.

Os objetos que serão trabalhados nesta aula estão todos localizados na *Ribbon*. Ao se clicar em *Draw*, são mostradas mais opções de objetos.

Imagem 1: figuras geométricas mostradas na Ribbon

Fonte: o autor.

2 - Círculo

O círculo é uma ferramenta muito utilizada nos desenhos. Após definir seu centro, o desenhista pode escolher o tamanho do círculo pelo mouse ou digitando o valor de seu raio. A ferramenta também possui uma aba em seu ícone, que pode ser usada para a escolha da maneira que se deseja fazê-lo no desenho, como um círculo de três pontos, centro e diâmetro e outras formas, criadas para facilitar o desenho do projeto.

Imagem 2: opções do círculo

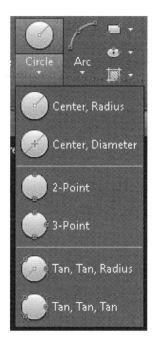

Fonte: o autor.

Também é possível definir detalhes do círculo através da Linha de Comandos ou clicando com o botão direito do mouse.

Imagem 3: alternativas para opções do círculo

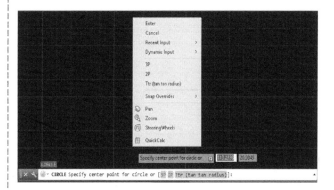

Fonte: o autor.

3 - Arco

O arco é uma ferramenta bem comum em projetos com várias curvas, devido a sua facilidade de realizar tarefas, como objetos com partes arredondadas. Assim como o círculo, também existe uma aba para se desenhar um arco de diferentes maneiras.

Imagem 4: ferramentas do arco

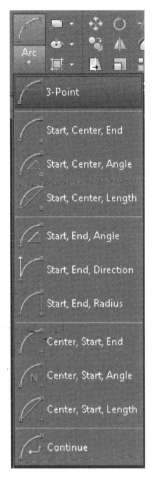

Para se criar um arco, devemos entender alguns detalhes básicos a respeito, como seus termos e o que cada um representa.

Imagem 5: opções do arco

De acordo com as ferramentas da imagem 4, podemos fazer o arco de diferentes maneiras. Na aba de ferramentas do arco, existem várias opções, cada uma mostrando a ordem em que serão feitos os pontos, sendo eles o ponto inicial (start), o seu centro (center) ou o seu ponto final (end).

4 - Retângulo

O retângulo pode ser criado de diferentes formas no AutoCAD. Para se desenhar um retângulo, basta escolher o ponto inicial e final, que serão as diagonais do retângulo. Também pode inserir as coordenadas X e Y do ponto final para definir as dimensões da figura, ou até escolher o valor da área e a rotação da peça.

Imagem 6: opções do retângulo

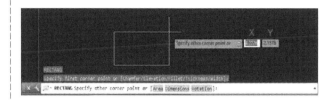

5 - Polígono

O polígono no AutoCAD é uma ferramenta que cria figuras com lados iguais, sendo o número de lados determinado pelo desenhista. Além do comando, pode-se localizá-lo abrindo a aba do retângulo no Ribbon.

Quando se usa o polígono, o programa pergunta primeiro o número de lados da figura e, em seguida, se ela será inscrita no círculo ou circunscrita no círculo, se referindo à peça ficar dentro ou fora de um círculo, possuindo ambos o mesmo raio.

Imagem 7: opções do polígono

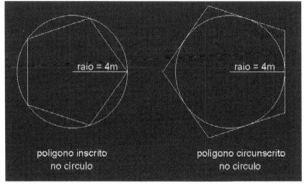

6 - Elipse

A elipse é uma ferramenta usada para criar elipses ou arcos elípticos. Para determinar a opção desejada, pode-se usar a aba localizada no Ribbon, ou digitar os comandos especificados na Linha de Comandos após ativar a ferramenta.

Imagem 8: opções da elipse

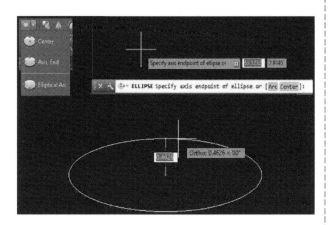

7 - Polilinha

A polilinha é uma ferramenta do AutoCAD que permite criar uma série de linhas que são conectadas umas às outras, formando apenas um objeto. Semelhante a linha, após serem feitos dois ou mais segmentos com a polilinha, pode-se escrever close (C), criando automaticamente um segmento que liga o ponto final ao inicial. Também é possível criar arcos utilizando a polilinha.

Imagem 9: opções da polilinha

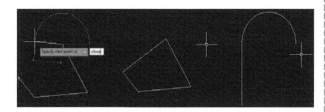

8 - Spline

Localizado na aba Draw do Ribbon, as curvas de interpolação são curvas irregulares, ou orgânicas, que podem ser usadas para representar detalhes, como desníveis de um terreno. Além das curvas de interpolação, existe outro método para se fazer curvas orgânicas, chamado curva de aproximação.

Imagem 10: curva de interpolação e curva de aproximação

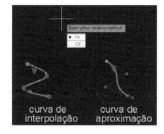

Para determinar o método a ser utilizado, após ativada a ferramenta curva de interpolação, pode-se escolher a opção Method -> CV para ativar a curva de aproximação. Na imagem 10, pode-se ver a diferença entre os métodos de criação das curvas e onde estão seus pontos (*grips*).

9 - Donuts

Donut é o nome usado para representar uma figura geométrica composta por dois círculos de raios diferentes, com uma região preenchida entre eles e pode ser encontrado na aba Draw do Ribbon. Ao ativar o comando, é requerido que o desenhista digite os valores dos diâmetros dos círculos interno e externo, ou os especifique usando o mouse e, em seguida, escolha onde será o centro do círculo.

Imagem 11: opções do donut

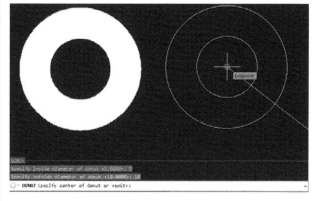

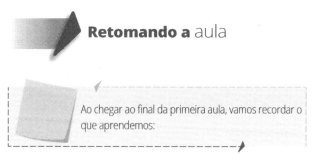

Retomando a aula

Ao chegar ao final da primeira aula, vamos recordar o que aprendemos:

1 - Objetos

Nessa primeira seção, aprendemos a respeito dos objetos e sua importância para facilitar e agilizar o trabalho de quem desenha no AutoCAD. Vimos onde os objetos estão localizados na Ribbon e que cada um tem suas variações nos métodos de desenho.

2 - Círculo

Neste tópico, aprendemos a respeito do círculo, uma figura geométrica muito usada em projetos, e sobre as diferentes maneiras que se pode fazer um círculo.

3 - Arco

Neste tópico, vimos a respeito do arco, mostrando as variações no método de desenho e os nomes dados aos itens que o compõem.

4 - Retângulo

Neste tópico, aprendemos sobre como pode ser feito um retângulo no AutoCAD, abordando um meio alternativo de desenho, através das coordenadas.

5 - Polígono

Nessa seção, aprendemos sobre o comando polígono, que divide o mesmo lugar na Ribbon com o retângulo por ser semelhante, porém torna possível indicar quantos lados a figura geométrica possuirá, além de permitir escolher se o objeto será desenhado inscrito ou circunscrito dentro de um círculo.

6 - Elipse

Neste tópico aprendemos sobre o comando elipse e as formas de criação das elipses nos desenhos, mostrando as opções do comando e como é o formato de uma elipse no AutoCAD.

7 - Polilinha

Neste tópico aprendemos sobre as polilinhas e como elas cooperam para diminuir o tamanho do arquivo DWG, além de facilitar para futuras edições por ser várias linhas e curvas formando só um objeto.

8 - Spline

Nessa seção, aprendemos sobre a curva de interpolação e a curva de aproximação, demonstrando a diferença entre as duas no desenho e a forma que elas são desenhadas através dos *grips*.

9 - Donuts

Neste tópico foi abordado a respeito do comando Donuts, que cria coroas circulares no AutoCAD, cujas áreas entre os círculos é feita hachurada pelo programa.

Vale a pena

⸜Vale a pena **ler**⸝

KATORI, Rosa. *AutoCAD 2013* – Projetos em 2D. São Paulo: Editora Senac São Paulo, 2013.

⸜Vale a pena **acessar**⸝

<https://www.autodesk.com>.

<https://issuu.com/zoom.cc/docs/apostila_autocad_2018_-_final_unifi>.

<http://www.ufjf.br/petcivil/files/2009/02/Autocad-apostila.pdf>.

<https://www.youtube.com/watch?v=zg4sviIndnY>.

<https://www.youtube.com/watch?v=wWNwhTGn4xI>.

Minhas anotações

Minhas anotações

Aula 4º

Modificação e edição de objetos

Prezados(as) alunos(as),

Nesta aula estudaremos as maneiras de modificar e editar objetos no AutoCAD, fazendo uso correto das ferramentas disponíveis, aprendendo seus comandos e resultando em um melhor desempenho na hora de desenhar.

Bons estudos!

Objetivos de aprendizagem

Ao término desta aula, vocês serão capazes de:

- conhecer ferramentas de modificação;
- conhecer ferramentas de edição;
- entender os comandos básicos importantes.

Seções de estudo

1 - Selecionar objetos

Quando o desenhista deseja modificar um objeto, ele deve antes selecionar o que quer alterar para então inserir comandos e realizar a tarefa. Para selecionar um desenho, pode-se simplesmente clicar em cima dos objetos que o compõem, porém esta é uma forma ineficiente de realizar essa tarefa. Para facilitar a seleção de objetos, existem outros métodos mais rápidos e fáceis:

Window

Nesse modo, selecionam-se os objetos clicando com o botão esquerdo do mouse e arrastando da esquerda para a direita. Dessa forma, é possível ver uma janela azul sendo criada sobre o desenho e, somente o que estiver completamente dentro dessa janela, será selecionado. Para cancelar a seleção, pressionar a tecla ESC.

Imagem 1: seleção pelo método *Window*

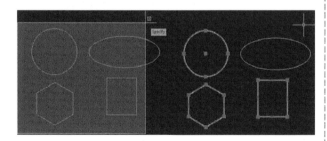

Fonte: o autor.

Crossing

Nesse modo, a seleção funciona da direita para a esquerda, criando uma janela da cor verde. Todos os objetos que estiverem com alguma parte sua passando dentro dessa janela, serão selecionados por inteiro. Para cancelar a seleção, pressionar a tecla ESC.

Imagem 2: seleção pelo método *Crossing*

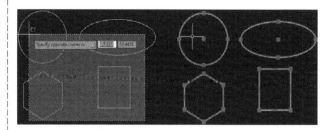

Fonte: o autor.

Também existem as opções, tanto para o *Window*, quanto para o *Crossing*, de fazer uma área de seleção irregular, chamadas de *Wpolygon* e *Cpolygon*. Para executar tal tarefa, deve-se manter pressionado o clique esquerdo do mouse, fazendo assim uma trajetória. A mesma regra da seleção retangular é válida, nesses casos, para o *Wpolygon*, em que os objetos inteiramente dentro da área serão selecionados e para o *Cpolygon*, serão selecionados os objetos que possuem ao menos uma parte dentro da área.

Imagem 3: áreas de seleção irregular com *Wpolygon* e *Cpolygon*

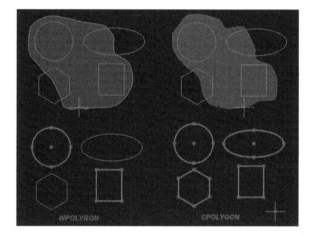

Fonte: o autor.

2 - Mover, copiar e rotacionar objetos

Mover (*Move*) – Atalho: M

O comando Move serve para mover objetos pela *Workspace*. Pode-se associá-lo à ferramenta *Ortho* para deslocá-lo somente na vertical ou horizontal e com a ferramenta *Osnap*, para selecionar pontos do desenho com mais facilidade. Ao selecionar um objeto e inserir o comando da ferramenta, o programa pede para escolher um ponto base que não necessariamente precisa estar no desenho selecionado. O objeto se moverá em relação ao ponto base, criando uma linha imaginária, onde pode se inserir valores como comprimento e ângulo, semelhantes ao comando *Line*, ou simplesmente selecionando sua posição com o mouse.

Imagem 4: movendo objetos

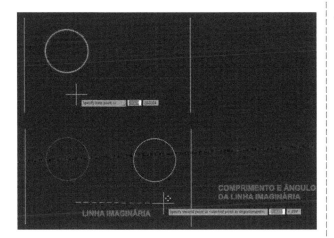

Fonte: o autor.

<u>Copiar (*Copy*) – Atalho: CO</u>

O comando *Copy* serve para copiar objetos. De forma semelhante ao *Move*, deve-se selecionar o que se deseja copiar. Sendo um ou mais objetos, selecionar um ponto qualquer para servir como ponto de referência e, em seguida, definir onde serão colocadas as cópias. Nessa ferramenta, o desenho original não desaparece de onde estava e pode-se criar qualquer número de cópias. Saber definir um bom ponto de referência pode facilitar muito no desenho, ajudando a fazer coisas repetitivas e com precisão de forma mais rápida.

Imagem 5: comando *Copy* associado ao *Quadrant* do *Osnap*

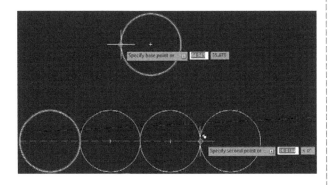

Fonte: o autor.

<u>Rotacionar (*Rotate*) – Atalho: RO</u>

O comando *Rotate* é usado para rotacionar objetos selecionados no desenho. É possível associar o comando com as ferramentas *Ortho* e *Osnap*, facilitando ainda mais na definição da rotação. Também se pode inserir o ângulo que se deseja rotacionar a peça, seguindo o exemplo do plano cartesiano, sendo valores positivos no sentido anti-horário e valores negativos no sentido horário.

Primeiramente deve ser selecionado o que se deseja rotacionar. Em seguida, escolhe-se o ponto central que o objeto selecionado irá rotacionar em volta e, por último, qual

será sua rotação. É permitido inserir o comando *Copy* quando for pedido o valor numérico do ângulo, fazendo com que a peça seja copiada, mantendo a original inalterada.

Imagem 6: objeto rotacionado

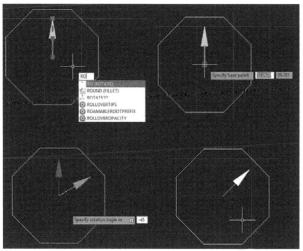

Fonte: o autor.

3 - Escala, esticar e espelhar objetos

<u>Escala (*Scale*) – Atalho: SC</u>

A escala é uma ferramenta que permite aumentar ou diminuir o tamanho de um ou mais objetos selecionados. Ao ativar a ferramenta *Scale* em um objeto, o programa pede a escolha de um ponto base, em seguida, o fator de escala, que pede uma fração ou um número com casas decimais separadas por ponto final.

Imagem 7: modificando a escala de um objeto

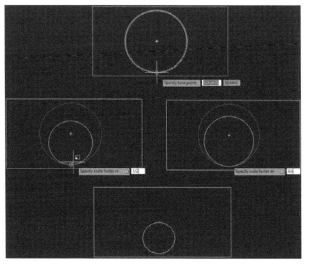

Fonte: o autor.

Também é possível alterar a escala de um objeto através da escala de referência, de modo que uma determinada dimensão do objeto passe a ter um novo valor determinado pelo desenhista, fazendo com que toda a parte selecionada também modifique seu tamanho proporcionalmente. Para realizar essa tarefa, deve-se aplicar o comando *Scale* no objeto, definir um ponto base e apertar a tecla R (*Reference*). Em seguida, marcar dois pontos de referência na figura e inserir o valor numérico que a distância entre os dois pontos deve ter.

Imagem 8: escala de referência

Fonte: o autor.

Na imagem 8, a mesa possuía um lado representativo de valor 5 e, após a aplicação do comando *Scale*, passou a ter um lado representativo de valor 3

Esticar (*Stretch*) – Atalho: STR

O comando *Stretch* serve para esticar os objetos. Para fazer isso, deve-se utilizar o modo de seleção *Crossing*, selecionando todos elementos, escolhendo um ponto base e, em seguida, um ponto final, determinando o quanto a peça será esticada. Pode ser utilizado o *mouse* ou digitados valores positivos ou negativos. Não é possível esticar blocos, textos ou círculos.

Imagem 9: esticando blocos

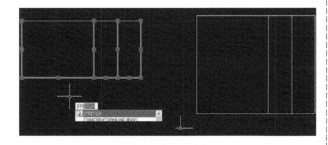

Fonte: o autor.

Espelhar (*Mirror*) – Atalho: MI

A ferramenta *Mirror* serve para espelhar um objeto, tendo como base um eixo que é determinado por uma linha, sendo muito usado para diminuir o tempo gasto em desenhos de lados iguais, trabalhando em apenas um lado e espelhando-o depois. Ao ativar a ferramenta *Mirror*, o programa requer que sejam especificados o primeiro e o segundo ponto, que formarão um segmento, ou "espelho". As ferramentas *Ortho* e *Osnap* podem auxiliar na criação de objetos espelhados. Após determinada a linha do espelho, o programa pergunta se o desenhista deseja deletar ou não o objeto original.

Imagem 10: espelhando objetos

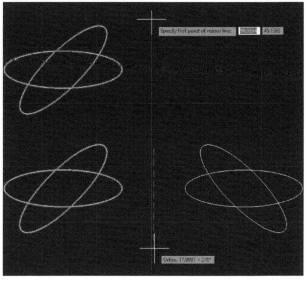

Fonte: o autor.

4 - Grips

Quando algum objeto é selecionado, o AutoCAD mostra pontos, chamados de *grips* ou *pickboxes*, que permitem fazer certas mudanças na peça sem a ajuda de ferramentas editoras, como *Stretch*, *Scale*, *Rotate* e outras.

Ao colocar o cursor sobre um *grip*, alguns dados a respeito daquele ponto serão mostrados, como distâncias de segmentos que se ligam a ele e ângulos, além de algumas ferramentas para edição. Mais opções de ferramentas são mostradas ao clicar no *grip* com o botão direito.

Quando se clica em um *grip* com o botão esquerdo, ele muda de cor para vermelho, mostrando que está pronto para ser movido de lugar.

Imagem 11: *grips* em figuras geométricas

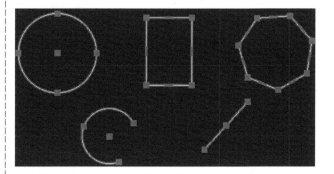

Fonte: o autor.

Imagem 12: opções do *grip*

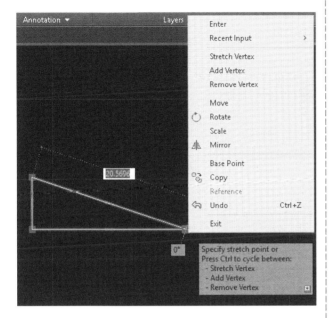

Fonte: o autor.

5 - Cortar e estender parte de objetos

Existem dois comandos que trabalham juntos para cortar e estender linhas, chamados de *Trim* (atalho: TR) e *Extend* (atalho: EX).

O *Trim* é uma ferramenta que tem como papel apagar linhas do desenho que ultrapassam cruzamentos com outras linhas, sendo muito útil na hora de corrigir pequenos detalhes. Primeiro seleciona-se os objetos que farão parte da edição (apertar ENTER ou ESPAÇO para selecionar todo o desenho) e, em seguida, as partes a se cortar.

Imagem 13: aplicação do comando *Trim*

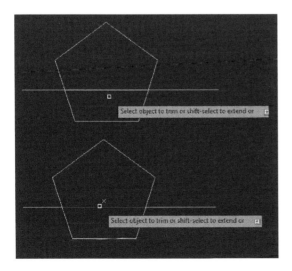

Fonte: o autor.

O *Extend* é uma ferramenta que serve para entender linhas até pontos de cruzamento com outras linhas. Após

selecionados os objetos que serão trabalhados (apertar ENTER ou ESPAÇO para selecionar todo o desenho), deve-se clicar em cima da linha que se deseja estender.

Imagem 14: aplicação do comando *Extend*

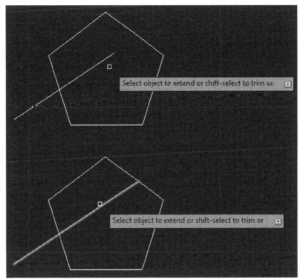

Fonte: o autor.

É possível alternar entre os comandos *Trim* e *Extend* mantendo pressionada a tecla SHIFT, fazendo com que uma ferramenta seja substituída pela outra, enquanto a tecla se mantiver pressionada.

6 - Offset

O *Offset* (atalho: O) é uma ferramenta que possibilita criar linhas e curvas paralelas a objetos, fazendo um contorno no caso de figuras geométricas. Após ativar a ferramenta, deve-se especificar a distância das linhas paralelas em relação ao objeto e, no caso de um objeto fechado, determinar se o *Offset* acontecerá para fora ou para dentro.

Imagem 15: aplicação do comando *Offset*

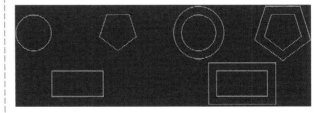

Fonte: o autor.

7 - Chanfros e cantos arredondados

É possível criar um chanfro ou arredondar um canto através de duas ferramentas do AutoCAD conhecidas como *Chamfer* (atalho: CHA) e *Fillet* (atalho: FIL).

Ao utilizar o comando *Chamfer*, o programa pede para inserir os valores do chanfro para a vertical e horizontal. Apertar a tecla D e, em seguida, a tecla ENTER, para inserir os valores dos chanfros.

Imagem 16: aplicação do comando *Chamfer*

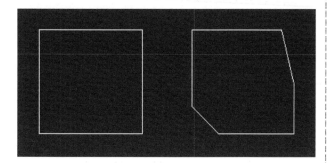

Fonte: o autor.

Ao utilizar o comando *Fillet*, o programa pede para ser inserido o valor do raio do arredondamento dos cantos em que a ferramenta for usada. Apertar a tecla R e, em seguida, a tecla ENTER, para então inserir o valor do raio.

Imagem 17: aplicação do comando *Fillet*

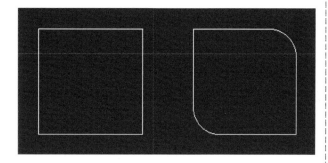

Fonte: o autor.

8 - Array

Existem três formas de aplicação do comando *Array* (atalho: AR). Após aplicarmos o comando em um objeto e em seguida apertar ENTER, o programa nos permitirá escolher entre os seguintes tipos de *Array*: Rectangular (retangular), Path (caminho) e Polar (polar).

Rectangular

O *Array* Rectangular é usado para repetir um objeto, preenchendo uma determinada área, tomando como ponto base o objeto selecionado. O programa abre um menu somente para o *Array*, permitindo editar detalhes como distância entre as peças ou comprimento total em uma direção. Além do menu, pode-se usar os *grips* presentes no

desenho para editá-lo.

Imagem 18: aplicação do *Array* Rectangle

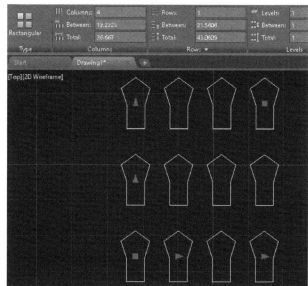

Fonte: o autor.

O *Array Path* é utilizado para copiar um objeto ao longo de uma polilinha, arco ou elipse. É possível detalhar quantos objetos estarão ao longo do caminho, a distância entre eles ou até qual distância do mesmo caminho os objetos serão inseridos.

Imagem 19: aplicação do *Array Path*

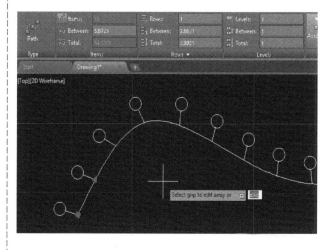

Fonte: o autor.

O *Array Polar* é utilizado para fazer cópias de um objeto em torno de um ponto de referência, permitindo a escolha do número, o ângulo a ser preenchido e a distância entre eles.

Imagem 20: aplicação do *Array Polar*

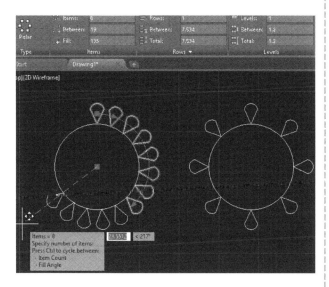

Fonte: o autor.

9 - *Join* e *explode*

Existem duas ferramentas usadas para juntar diferentes objetos em um só ou separar um objeto em diferentes partes, respectivamente conhecidas como *Join* e *Explode*.

Join (juntar – atalho: J) é a ferramenta responsável por juntar vários objetos que apresentem segmentos, transformando-os em polilinhas. Existem, porém, algumas restrições para esse comando, relacionadas à forma como as polilinhas são feitas:

1. Linhas devem ser colineares, podendo existir um espaço entre elas.
2. Linhas e arcos podem ser unidos, desde que o objeto inicial seja uma polilinha e se localize no mesmo plano.
3. Arcos devem pertencer ao mesmo círculo imaginário.

Imagem 21: aplicação do comando *Join*

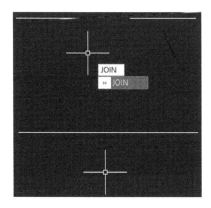

Fonte: o autor.

Explode (explodir – atalho: X) é o comando usado para dividir peças mais complexas em pedaços menores, desassociando blocos, linhas e polilinhas.

Imagem 22: aplicação do comando *Explode*

Fonte: o autor.

10 - Alinhar objetos

O comando *Align* (alinhas – atalho: AL) serve para fazer o alinhamento de um objeto com o outro. Após aplicado o comando, devem ser escolhidos dois pontos em cada objeto, associando pontos de origem no objeto 1, com o destino no objeto 2, formando segmentos imaginários de tamanhos diferentes que serão alinhados. Também é possível alterar a escala do objeto a ser alinhado, fazendo com que os segmentos imaginários, que eram de comprimentos diferentes, passem a ser iguais, alterando proporcionalmente o tamanho da figura.

Imagem 23: aplicação do comando *Align* e aumento da escala do objeto

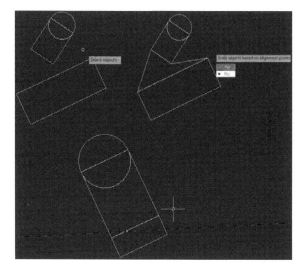

Fonte: o autor.

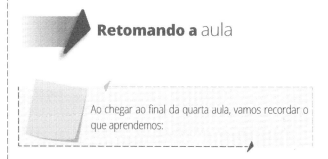

Retomando a aula

Ao chegar ao final da quarta aula, vamos recordar o que aprendemos:

1 - Selecionar objetos

Neste primeiro item da aula 4, aprendemos sobre as maneiras de selecionar um ou mais objetos, sobre os tipos de seleção e como essa ferramenta diminui o tempo gasto para desenhar no AutoCAD.

2 - Mover, copiar e rotacionar objetos

Neste tópic, foi abordado a respeito de como podemos copiar, mover e rotacionar objetos no AutoCAD, adaptando-os ao desenho da maneira desejada pelo desenhista, facilitando na edição de detalhes.

3 - Escala, esticar e espelhar objetos

Nessa seção, aprendemos como escalar objetos nos tamanhos desejados, esticar objetos e espelhar objetos, que são ferramentas úteis para poupar tempo na hora de desenhar, ajustando o que já foi feito.

4 - Grips

Nessa seção, foi abordado sobre os *grips* e como eles auxiliam na hora de corrigir pequenos detalhes, permitindo que o desenhista possa também mover ou criar objetos em lugares corretos, usando pontos de referência.

5 - Cortar e estender parte de objetos

Neste tópico, aprendemos sobre as maneiras de cortar e estender objetos e como essas ferramentas auxiliam para a edição sem a necessidade de alterar objetos inteiros.

6 - Offset

Neste tópico, aprendemos sobre o comando *Offset* e como ele auxilia na hora de criar bordas em um objeto, permitindo escolher a distância das bordas e se ela será feito para o lado externo ou interno da figura.

7 - Chanfros e cantos arredondados

Nessa seção, foi abordado o comando responsável por fazer chanfros, que são cortes retos em cantos de formas geométricas ou cantos arredondados, que através da escolha de um raio, arredonda os cantos, muito usado para detalhes.

8 - Array

Neste tópico, aprendemos sobre o comando *Array* e sobre suas variações, *Array Rectangular*, *Array Polar* e *Array Path*, mostrando como esses comandos são úteis na hora de se repetir desenhos iguais por uma área, caminho ou no entorno de um ponto central de uma circunferência.

9 - Join e explode

Neste tópico, foi abordado sobre como os comandos Join e *Explode* auxiliam na hora de montar ou desmontar um objeto, diminuindo o tamanho do arquivo e alertando para problemas que podem surgir ao explodir objetos com muitos detalhes.

10 - Alinhar objetos

Neste tópico aprendemos a respeito do comando *Align* e da maneira que ele alinha os pontos selecionados no objeto com pontos arbitrários em alguma parte do desenho.

Vale a pena

Vale a pena ler,

KATORI, Rosa. *AutoCAD 2013* – Projetos em 2D. São Paulo: Editora Senac São Paulo, 2013.

Vale a pena acessar,

<https://www.autodesk.com>.
<https://issuu.com/zoom.cc/docs/apostila_autocad_2018_-_final_unifi>.
<http://www.ufjf.br/petcivil/files/2009/02/Autocad-apostila.pdf>.
<https://www.youtube.com/watch?v=zg4sviIndnY>.
<https://www.youtube.com/watch?v=wWNwhTGn4xI>.

Minhas anotações

Aula 5º

Layers e comandos avançados

Prezados(as) alunos(as),

Nesta aula, estudaremos a respeito de layers e qual sua importância para a organização de um projeto no AutoCAD. Também estudaremos sobre as propriedades dos objetos e comandos úteis para a criação e desenvolvimento de um desenho.

— Bons estudos!

Objetivos de aprendizagem

Ao término desta aula, vocês serão capazes de:

- aprender a trabalhar com Layers;
- trabalhar com as propriedades de objetos;
- aprender comandos de criação de objetos;
- obter informações sobre objetos.

Seções de estudo

1 - Layers

Os *Layers* são uma ferramenta fundamental no Auto-CAD, permitindo que o desenho tenha mais organização, facilitando sua compreensão. Ao desenhar um projeto, pode-se criar diferentes *layers*, cada um com sua configuração personalizada, e usá-los para diferentes funções, variando de acordo com o tipo de projeto (arquitetônico, elétrico, estrutural etc.)

Através dos *layers*, é possível que se agrupem objetos semelhantes em uma cor, associando-os de acordo com a espessura ou o padrão da linha, fazendo com que o desenho impresso tenha uma melhor qualidade.

Gerenciador de Propriedades dos Layers

O Gerenciador de Propriedades dos Layers (*Layer Properties Manager – atalho: LA*) é um comando utilizado para abrir uma janela, onde todos os *layers* já criados estarão listados e onde se pode também, editar layers existentes ou criar novos. Também é possível abrir essa janela clicando em *Layer Properties* localizado no *Ribbon*.

Imagem 1: gerenciador de propriedades dos layers

Fonte: o autor.

Na imagem 1, é possível ver quatro opções básicas de interação com os layers   .

1-   Criar novo layer - serve para criar novos layers, que aparecerão na janela da imagem 1, permitindo

configurá-los.

2-   Congelar layer - serve para fazer com que todos os objetos feitos nesse layer desapareçam da *Workspace*, sem serem deletados. Ao desativar o Congelar (*Freeze*), os objetos reaparecem.

3-   Deletar layer – serve para deletar um layer.

4-   Selecionar layer – serve para escolher um layer para ser usado no desenho de objetos.

Na janela dos layers, existem opções de customização dos layers criados, permitindo um melhor detalhamento no desenho.

Imagem 2: opções de customização dos layers

Fonte: o autor.

Status: determina qual o layer selecionado para trabalhar   , se existem objetos criados naquele layer   ou se não existe nenhum objeto   .

Name: determina o nome dado ao layer pelo projetista.

On: determina se o layer está ligado   ou desligado

Freeze: determina se o layer está ligado   ou congelado   e exclui o layer de regeneração ou renderização

Lock: impede que os objetos nesse layer sejam editados. Destravado   ou Travado   .

Color: detemina a cor do layer

Linetype: determina o tipo da linha, podendo ser contínua, tracejada, traço-ponto ou outros tipos disponíveis no *Template* do acadiso.

Lineweight: determina a largura da linha.

Transparency: determina transparência das linhas

PlotStyle: determina o estilo da plotagem de objetos para o layer correspondente.

Plot: determina se um layer deve   ou não   aparecer no desenho impresso.

New VP Freeze: determina se um layer usado para *Viewport* já será criado congelado   ou não   .

Description: descrição do layer criada pelo desenhista.

Também é possível determinar, separadamente, a cor (COLOR), espessura de linha (LINEWEIGHT) e estilo de linha (LINETYPE) de um objeto, sem que seja alterada a sua layer, através das opções na *Ribbon*.

Imagem 3: alteração de caracteristicas dos objetos

Fonte: o autor.

2 - Comandos auxiliares para layers

Para facilitar ainda mais o trabalho com layers, o Auto-CAD disponibiliza alguns comandos auxiliares.

Layerp: desfaz as últimas alterações feitas em layers, porém, não inclui os layers que forem apagadas com o comando *Purge* ou a opção *Delete*, layers renomeadas e layers adicionadas.

Laymcur: determina qual o layer a ser usada, selecionando um objeto

Laymch: comando que altera o layer de um objeto, relacionando-o a outro.

Copytolayer: copia um objeto existente, porém em uma layer diferente da usada nele.

Layiso: isola o objeto selecionado e todos os outros objetos na mesma layer, desligando todas as outras layers (lâmpada apagada).

Layvpi: congela o layer selecionado em todas as *Viewports*, exceto na *Viewport* atualente aberta.

Layuniso: determina todos os layers como ligados, desfazendo a ação do comando Layiso

Layoff: desliga os layers dos objetos selecionados.

Layon: liga todas os layers que estiverem desligadas.

Layfrz: congela o layer do objeto selecionado.

Laythw: descongela todos os layers.

Laylck: trava o layer do objeto selecionado.

Layulk: destrava o layer do objeto selecionado.

Laymrg: muda o layer do objeto selecionado para outro layer.

Laydel: deleta o layer do objeto selecionado e todos os objetos que estiverem naquele layer

Filtrando layers

Quando se trabalha com desenhos mais complexos e que possuam muitos layers, é recomendado uma melhor organização para facilitar o trabalho e, para isso, o AutoCAD disponibilizou no *Layer Properties,* dois tipos de filtros para layers.

Properties Filters (ALT+P dentro da janela de layers): cria filtros rerferentes aos layers, baseado em uma ou mais propriedades semelhantes.

Group Filter (ALT+G dentro da janela de layers): cria um filtro que contém os layers selecionados pelo desenhista.

3 - Propriedades de objetos

Como todos os objetos criados no AutoCAD possuem propriedades, como layer, dimensçoes, tipo, cor, existe uma ferramenta que disponibiliza todos esses dados a respeito de qualquer coisa selecionada, chamada *Properties* (MO)

Imagem 4: aplicação do comando *Properties* em um círculo.

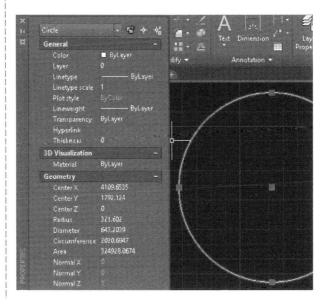

Fonte: o autor.

Quick Properties – Atalho: QP

O *Quick Properties* é outra ferramenta de análise de objetos, porém apresenta apenas algumas informações mais importantes.

Imagem 5: janela do *Quick Properties*

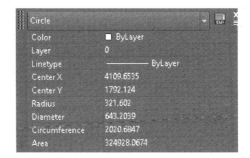

Fonte: o autor.

Match Properties – Atalho: MA

O comando *Match Properties* é utilizado quando se deseja modificar as propriedades de um ou mais objetos, pegando como ponto de referência um objeto e aplicando o comando a outros objetos.

Select Similar

O comando *Select Similar* seleciona objeto similares que são baseados em algum outro objeto. Após ser digitado o comando, deve-se escrever "*Settings*" (SE) na Linha de Comandos, fazendo com que uma janela com opções apareça, permitindo que o desenhista mude os parâmetros da seleção.

Imagem 6: janela do comando *Select Similar*.

Fonte: o autor.

Add Selected

O comando *Add Selected* é útil para se criar objetos, tendo como base, as propriedades e o tipo de um outro objeto já existente. Também é possível a criação de textos, tendo outros textos como referência, pelo comando *Add Selected*.

Isolate Objectos

O comando *Isolate Objects* é usado para fazer todos os outros objetos no desenho desaparecerem, com exceção do objeto selecionado.

Imagem 7: aplicação do comando *Isolate Objects*

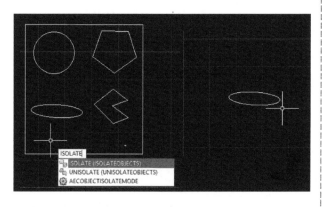

Fonte: o autor.

Unisolate Objects

O comando *Unisolate Objects* serve para realizar o caminho inverso do *Isolate Objects*, fazendo com que os objetos desaparecidos voltem, após ativar o comando e usá-lo no objeto previamente isolado.

Hide Objects

O comando *Hide Objects* é usado para esconder os objetos que forem selecionados pelo comando, em relação a outros. Ao realizar esse comando, um ícone [ ] aparecerá como ativado na Barra de Status, indicando que existem objetos afetados pelo comando *Hide Objects* ou *Isolate Objects*.

4 - Comandos úteis

Para obter melhor organização e limpeza no desenho, existe uma série de comandos úteis que o desenhista pode usar para auxiliá-lo.

Purge – atalho: PU

O comando *Purge* serve para fazer uma "limpeza" no desenho, eliminando blocos, layers, tipos de linhas, estilos de texto e outras configurações que não estão presentes no desenho. Ao se inserir o comando, uma janela aparecerá com as opções do que se deseja eliminar.

Imagem 8: janela de opções do comando *Purge*

Fonte: o autor.

Limits – atalho: LIM

O comando *Limits* serve para delimitar uma área na *Workspace*, impedindo que quaisquer desenhos sejam feitos fora dos limites escolhidos pelo desenhista. Após ativar o comando, o programa pede para que sejam especificados o canto inferior esquerdo e superior direito, formando assim um retângulo, delimitando a área para desenho.

Imagem 9: tentativa de criar uma linha fora da área delimitada pelo *Limits*

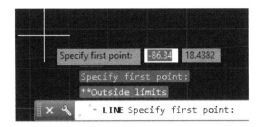

Fonte: o autor.

Grid e Snap

As ferramentas *Grid* (F7) e *Snap* (F9) trabalham juntas no AutoCAD, para auxiliar em desenhos, usando pontos de referência na *Workspace*. O *Grid* serve como uma folha quadriculada usada como plano fundo da *Workspace* para facilitar nos desenhos. O *Snap* restringe cursor para os pontos da folha quadriculada mostrada pelo *Grid*, com a intensão de facilitar na escolha dos pontos de um desenho. É possível configurar as distâncias e alguns detalhes, clicando com o botão direito em cima do ícone do *Grid* e do *Snap*, escolhendo a opção *Settings*.

Imagem 10: opções das ferramentas *Grid* e *Snap*

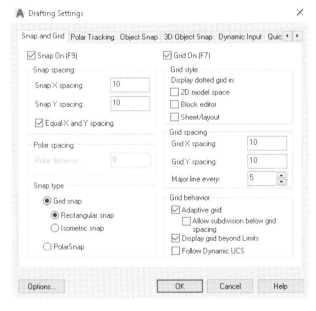

Fonte: o autor.

Rename – atalho: REN

O comando *Rename* serve para alterar nomes de blocos, layers, materiais, tipos de linha, estilo de textos e tabelas, *Viewports* e outros recursos do AutoCAD. Após inserir o comando, surgirá na tela uma janela onde poderão ser encontrados os recursos, permitindo que o desenhista faça as alterações desejadas nos nomes.

Imagem 11: janela de opções do comando *Rename*

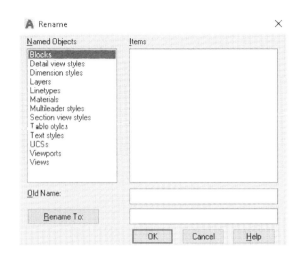

Fonte: o autor.

Units – atalho: UN

O comando *Units* é usado para determinar fatores importantes quando se inicia um desenho, apresentando opções relacionadas às unidades de medida. É possível definir fatores como precisão na unidade de medida de comprimentos e ângulos.

Imagem 12: opções do comando *Units*

Fonte: o autor.

DWGconvert

A ferramenta *DWGconvert* serve para converter arquivos para versões mais antigas. Caso seja necessário abrir um arquivo em outro computador, cuja versão do AutoCAD é antiga, essa ferramenta será útil.

Imagem 13: convertendo arquivos em versões anteriores

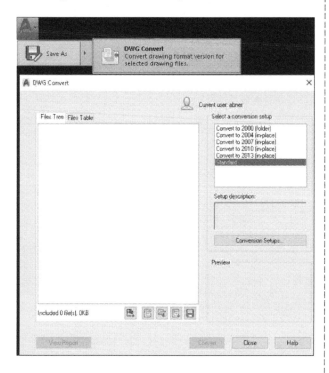

Fonte: o autor.

Cutclip – atalho: CUT / CTRL+X

O comando *Cutclip* é responsável por copiar os objetos selecionados para dentro da pasta de objetos e, em seguida, removê-los do desenho.

Copyclip – atalho: CTRL+C

O comando *Copyclip* é responsável por copiar objetos selecionados para dentro da pasta de objetos, porém não os remove do desenho.

Copylink

O comando *Copylink* é responsável por copiar a atual vista da *Workspace*, junto de todos os recursos, criando um link com aplicativos OLE (*Object Linking and Embedding*).

Copybase

O comando *Copybase* é responsável por copiar um objeto selecionado para dentro da pasta de objetos, junto de um ponto-base predeterminado.

Pasteclip

O comando *Pasteclip* importa objetos salvos na pasta de objetos para o desenho que estiver atualmente aberto no AutoCAD.

Pasteblock

O comando *Pasteblock* importa os objetos salvos na pasta de objetos em formatos de blocos, adicionando-os ao desenho atualmente aberto. O nome do bloco será definido automaticamente pelo AutoCAD, mas poderá ser mudado posteriormente, através do comando *Rename*.

Pasteorig

O comando *Pasteorig* é utilizado para importar objetos salvos na pasta de objetos para o desenho atualmente aberto, adotando a localização das coordenadas X, Y e Z originais.

Measuregeom

O comando *Measuregeom* (MEA) é utilizado para calcular informações, como distância, raio, ângulo, área e volume de objetos no AutoCAD.

Imagem 14: aplicação do comando *Measuregeom*

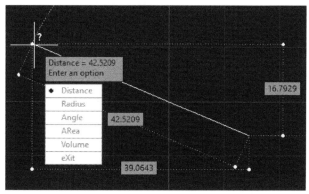

Fonte: o autor.

List

O comando *List* (LI) é utilizado para apresentar dados a respeito de um objeto selecionado, como coordenadas dos pontos iniciais e finais, comprimento, ângulo e outras informações que podem ser usadas pelo desenhista.

Imagem 15: aplicação do comando *List*

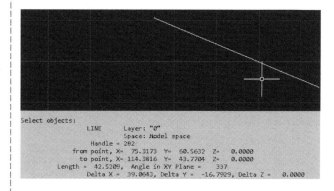

Fonte: o autor.

Point

O comando *Point* é utilizado para criar pontos-objetos no desenho, onde pode se conectar outros objetos, com o auxílio de ferramentas como *Osnap*.

Divide

O comando *Divide* (DIV) insere pontos equidistantes ao

longo de objetos, dividindo-o em partes iguais.

Imagem 16: círculo dividido em 8 partes pelo comando *Divide*

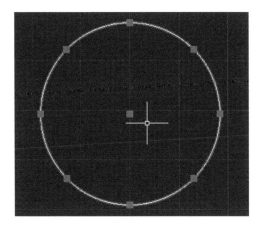

Fonte: o autor.

Measure

O comando *Measure*, de semelhante forma ao comando *Divide*, s'erve para dividir o objeto inserindo dois pontos, dessa forma, indicando a distância que os novos pontos terão entre si.

Imagem 17: pontos criados com o comando *Measure*

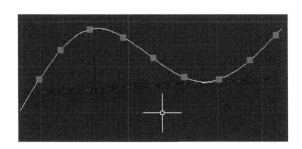

Fonte: o autor.

5 - Calculadora

QuickCalc

O *QuickCalc* (QC) é o comando utilizado para abrir a calculadora do AutoCAD e fazer cálculos matemáticos ou construir expressões.

Imagem 18: calculadora do AutoCAD

Fonte: o autor.

6 - Perspectiva isométrica

Perspectivas isométricas não são realmente desenhos em 3D, apenas aparentam estar em três dimensões, porém são feitos em apenas duas dimensões.

Para dar início a um desenho isométrico, é necessário ativar a opção *Isometric Snap,* dentro da *Settings* do Grid e Snap. Primeiramente digita-se DS para abrir a janela de ferramentas (*Drafting Settings*) e, então, seleciona-se a aba *Snap and Grid* e, por fim, marca-se a opção *Isometric Snap*. Em versões mais recentes do AutoCAD, pode-se encontrar a opção *Isometric Snap* na Barra de Status.

Imagem 19: janela de ferramentas do *Snap and Grid*

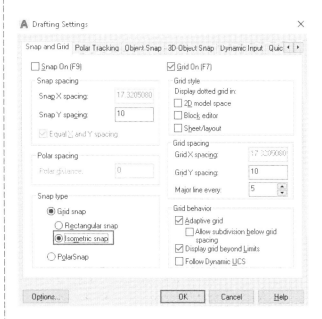

Fonte: o autor.

Durante o desenho isométrico, a ferramenta *Ortho* (F8) deve estar ativada para auxiliar. Além do *Ortho*, a tecla F5 serve para alternar o plano em que se desenha.

Imagem 20: desenho isométrico.

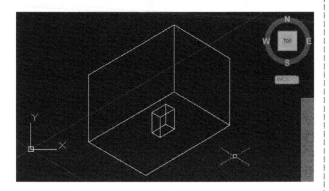

Fonte: o autor.

Retomando a aula

Ao chegar ao final da primeira aula, vamos recordar o que aprendemos:

1 - Layers

Neste tópico, foi abordado sobre os layers e sua importância para a organização e entendimento do projeto, além das opções para criar, modificar, congelar ou deletar um layer.

2 - Comandos auxiliares para layers

Nessa seção, aprendemos sobre os comandos auxiliares para trabalhar com os layers, auxiliando no desenho, além de meios de filtrar e trabalhar com os filtros de layers.

3 - Propriedades de objetos

Neste tópico, foi abordado sobre como visualizar as propriedades de um objeto no AutoCAD, mostrando diferentes detalhes e como é possível isolar um objeto, tornando invisível o resto do desenho e permitindo trabalhar com aquele objeto de forma isolada.

4 - Comandos úteis

Neste tópico, aprendemos a respeito dos comandos úteis no AutoCAD, como o *Purge*, para eliminar o que não está em uso, ou o *Limits*, para limitar a área de trabalho na *Workspace*.

5 - Calculadora

Neste tópico, aprendemos sobre como ativar a calculadora no AutoCAD e sobre o que é capaz de se fazer com essa ferramenta, como cálculos ou expressões matemáticas.

6 - Perspectiva isométrica

Neste tópico, foi estudado a respeito de desenho na perspectiva isométrica e como essa ferramenta ajuda na hora de se criar detalhes em três dimensões, melhorando o entendimento de um desenho.

Vale a pena

Vale a pena **acessar**

<https://www.autodesk.com>.
<KATORI, Rosa. AutoCAD 2013 – Projetos em 2D. São Paulo: Editora Senac São Paulo, 2013>.
<https://issuu.com/zoom.cc/docs/apostila_auto-cad_2018_-_final_unifi>.
<http://www.ufjf.br/petcivil/files/2009/02/Autoca-d-apostila.pdf>.
<https://www.youtube.com/watch?v=zg4sviInd-nY>.
<https://www.youtube.com/watch?v=wWNwhTG-n4xI>.

Minhas anotações

Aula 6°

Trabalhando com textos e blocos

Prezados(as) alunos(as),

Nesta aula, estudaremos as maneiras de se trabalhar com os estilos de textos e caixas de texto disponíveis no AutoCAD, além de aprender um pouco sobre os comandos para se trabalhar com blocos e como adicioná-los no desenho.

Bons estudos!

Objetivos de aprendizagem

Ao término desta aula, vocês serão capazes de:

- introduzir aos textos e seus comandos;
- trabalhar com grupos no AutoCAD;
- adicionar blocos ao desenho.

Seções de estudo

1 - Textos e estilos
2 - Adicionando textos ao desenho
3 - Trabalhando com grupos e inserindo blocos

1 - Textos e estilos

O AutoCAD disponibiliza a opção de adicionar textos ao desenho, auxiliando na criação de legendas, detalhamentos e outras tarefas.

Text Style

O comando *Text Style* (ST) é utilizado para abrir uma janela onde um novo estilo de texto poderá ser criado.

Imagem 1: definições do estilo de texto

Fonte: o autor.

Através da janela de opções de texto da imagem 1, pode-se selecionar o estilo de texto corrente, fazendo com que as edições realizadas na janela de opções sejam relacionadas a ele. Ainda é possível determinar fatores, como a fonte (*Font*) em que o texto será escrito, a altura (*Size*) e o tipo das letras e os efeitos (*EffectsI*), como escrever textos na vertical, de trás para frente ou até de ponta-cabeça.

2 - Adicionando textos ao desenho

É possível adicionar textos ao desenho por meio do comando *Single Line Text* (linhas únicas) ou pelo *Multi Line Text* (linhas múltiplas).

Imagem 2: Opções de texto no *Annotate* da *Ribbon*

Fonte: o autor.

Single Line Text

A ferramenta *Single Line Text* é utilizada para criar textos no desenho que possuia apenas uma linha, formando um objeto separado para cada linha escrita. Para se criar uma linha única, deve-se inserir o comando TEXT, escolher ponto inicial, altura e ângulo de rotação (pode-se digitar 0).

Multi Line Text

A ferramenta *Multi Line Text* é utilizada para criar textos no desenho que possuirá múltiplas linhas, formando apenas um objeto, embora possua várias linhas. Para se criar uma linha múltipla, deve-se inserir o comando MTEXT, escolher os pontos inicial e final da caixa de textos. É possível, também, escolher as propriedades, clicando em cima do texto com o botão direito e escolher a opção *Properties*, abrindo uma janela para a escolha de detalhes, como altura, rotação ou espaços.

Imagem 3: propriedades de um texto com múltiplas linhas

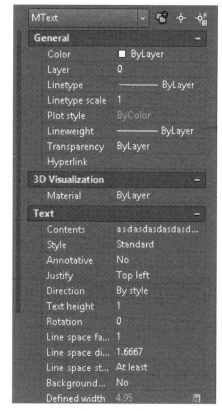

Fonte: o autor.

3 - Trabalhando com grupos e inserindo blocos

No AutoCAD, existe a opção de criar blocos e guardá-los em algum grupo. Através da *Ribbon*, pode-se utilizar o painel de grupos.

Imagem 4: painel de blocos e painel de grupos

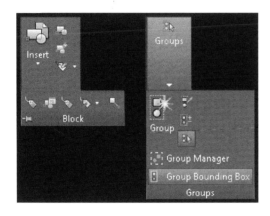

Agrupar (Group) — atalho: GRO

Para agrupar objetos, deve-se ativar o comando *Group* e selecionar os objetos que serão incluídos no grupo, apertando ENTER após terminado.

Desagrupar (Ungroup) — atalho: UNG

Para desagrupar objetos, deve-se ativar o comando *Ungroup* e selecionar os objetos que serão desagrupados, apertando ENTER após terminado.

Editar Grupo (Group Edit) — atalho: GROUPEDIT

Para excluir ou incluir objetos em algum grupo, deve-se ativar o comando *Groupedit* e selecionar o grupo que será editado, seguindo os comandos que serão mostrados na Linha de Comandos.

Seleção de Grupos (Group Selection)

Essa ferramenta permite habilitar ou desabilitar as opções de Selecionar Grupos ou Criar Grupos, impedindo que se trabalhe com grupos no AutoCAD enquanto essa opção estiver desativada.

Bloco (Block) — atalho: B

O comando *Block* permite a criação de blocos no AutoCAD. Para se criar um bloco, deve-se ativar o comando e selecionar os objetos que farão parte daquele bloco.

Imagem 5: criação de um bloco

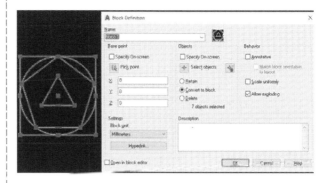

Inserir Bloco (Insert Block) — atalho: I

O comando *Insert Block* abre uma janela de opções que permite inserir blocos salvos no desenho, podendo ser escolhido qual bloco será inserido, o seu ponto base, escala, rotação e se o bloco estará explodido(desagrupado).

Imagem 6: bloco inserido no desenho

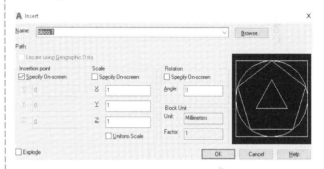

Escrever Bloco (Write Block) — atalho: W

O comando *Write Block*, de semelhante forma ao *Block*, também serve para criar blocos que podem ser usados no desenho. A diferença entre os comandos é o fato de o *Write Block* salvar o bloco criado em um arquivo externo, possibilitando que aquele bloco possa ser futuramente usado em outros desenhos.

Imagem 7: aplicação do comando *Write Block*

Editar Bloco (Block Editor) – atalho: BEDIT

O comando *Block Editor* serve para editar um bloco, fazendo com que os blocos iguais ao bloco original já existente em outros desenhos, também sejam alterados.

Imagem 8: aplicação do comando *Block Editor*

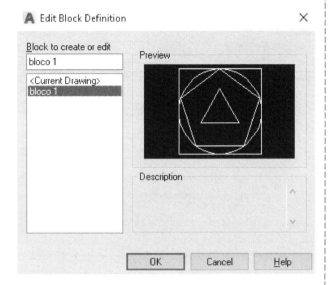

Fonte: o autor.

Retomando a aula

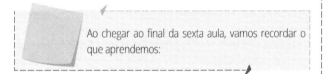
Ao chegar ao final da sexta aula, vamos recordar o que aprendemos:

1 - Textos e estilos

Neste tópico foi abordado sobre textos, expondo maneiras de criar novas fontes, escolher cores e tamanhos, permitindo que o desenhista customize da maneira que achar mais conveniente para futuramente inseri-lo no desenho.

2 - Adicionando textos ao desenho

Neste item, aprendemos como adicionar textos a um desenho no AutoCAD e o motivo de um projeto bem detalhado com textos ter uma fácil compreensão. Também aprendemos como mudar tamanhos, inclinações e tipos de caixas de texto.

3 - Trabalhando com grupos e inserindo blocos

Neste tópico aprendemos como criar um bloco a partir de uma seleção de objetos, como agrupar, desagrupar, inserir, escrever e salvar blocos no programa, permitindo que os usemos mais tarde.

Vale a pena

Vale a pena **acessar**

<https://www.autodesk.com>.

<KATORI, Rosa. AutoCAD 2013 – Projetos em 2D. São Paulo: Editora Senac São Paulo, 2013>.

<https://issuu.com/zoom.cc/docs/apostila_auto-cad_2018_-_final_unifi>.

<http://www.ufjf.br/petcivil/files/2009/02/Autocad-apostila.pdf>.

<https://www.youtube.com/watch?v=zg4sviInd-nY>.

<https://www.youtube.com/watch?v=wWNwhTG-n4xI>.

Minhas anotações

Aula 7º

Hachuras e cotas

Prezados(as) alunos(as),

Nesta aula, estudaremos a respeito dos tipos de hashuras e como aplicá-las ao desenho, além de aprender como configurar e adicionar cotas ao projeto e a trabalhar com leaders, melhorando os detalhamentos e informações.

Bons estudos!

Objetivos de aprendizagem

Ao término desta aula, vocês serão capazes de:

- trabalhar com hachuras;
- trabalhar com cotas;
- trabalhar com leaders.

Seções de estudo

1 - Hachuras

Através das hachuras é possível fazer o preenchimento de objetos com texturas de piso, parede, vidro ou telhado, melhorando o detalhamento do desenho. Embora carregue muito o arquivo do AutoCAD, as hachuras são necessárias em alguns projetos, por isso é importante que o comando *Explode* não seja usado em uma hachura.

O comando *Hatch* (H) seleciona a aba das hachuras no *Ribbon*, mostrando diversas opções para que o desenhista possa modificar sua hachura da maneira desejada.

Imagem 1: aba das hachuras no *Ribbon*

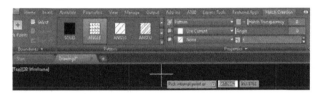

Fonte: o autor.

Para trabalhar com hachuras, é necessário entender as opções e restrições da ferramenta. Uma hachura deve, obrigatoriamente, ser feita dentro de um espaço fechado e sem nenhuma abertura.

Pattern

Pode-se escolher o padrão do desenho da hachura (*Pattern*) através do *Ribbon*. Existem padrões disponíveis para diversas coisas como tijolo, vidro, telhado ou azulejo. Pode-se abrir uma lista clicando em *Ribbon*, nos padrões de hachuras.

Imagem 2: padrões de hachuras

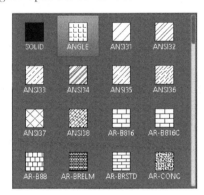

Fonte: o autor.

Além do padrão, é possível escolher detalhes como a cor do padrão e do plano de fundo, a transparência da hachura o ângulo de rotação, escala, definir se uma hachura estará sobre

ou sob o desenho, bem como ajustá-la para aparecer na escala correta dentro das *Viewports*. Também pode se definir a origem da hachura, escolhendo por qual ponto ela irá iniciar, o que é usado para detalhar ainda mais desenhos.

Imagem 3: escolha do ponto inicial da hachura

Fonte: o autor.

2 - Cotas

As cotas são detalhes muito importantes em projetos, por especificar medidas como comprimento, altura, largura, raio, de uma forma fácil de ser compreendida. É possível acessar as configurações de cotas pela opção *Annotate*, localizada na *Ribbon*.

Imagem 4: opções para trabalhar com cotas

Fonte: o autor.

Antes de começar a utilizar as cotas, é necessário configurá-las. Para configurar uma cota, é preciso abrir a janela de opções chamada *Dimension Style Manager*, digitando a letra D (DIMSTYLE) na Linha de Comandos e apertando a tecla ENTER.

Imagem 5: gerenciador de estilos de cotas

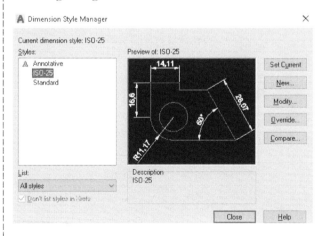

Fonte: o autor.

Set Current: passa a usar uma cota selecionada.
New: cria um novo estilo de cota.
Modify: modifica um estilo de cota já existente.
Override: modifica temporariamente um estilo de cota já existente, permitindo que configurações sejam alteradas, mas

não de forma permanente.

Compare: compara as propriedades de dois estilos de cotas diferentes

Criando uma cota

Para criar uma nova cota, deve-se apertar no botão *New*, exposto na imagem 5, abrindo uma janela de configuração de cotas. Nessa janela, é possível ver algumas abas que contêm detalhes importantes a se definir na criação de uma cota nova.

Linhas (*Lines*)

Essa aba é responsável por definir valores como largura e tipo da linha, cor, se a linha de dimensão aparecerá escondida no desenho, configurar e limitar o comprimento da linha de extensão.

Imagem 6: aba de cota *Lines*

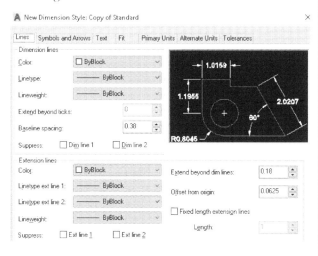

Fonte: o autor.

Símbolos e Flechas (*Symbols and Arrows*)

Essa aba é responsável pelas configurações dos símbolos usados para limitar as linhas de cotas. É possível escolher não somente setas, como também diversos outros símbolos para representar o limite de uma linha de cota.

Imagem 7: aba de cotas *Symbols and Arrows*

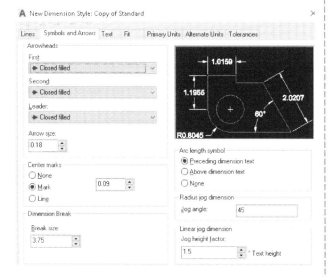

Fonte: o autor.

Texto (*Text*)

Essa aba é responsável por definir os estilos dos textos usados nas cotas, além de altura da letra, cor, posição e distância em relação à linha de cota.

Imagem 8: aba de textos *Text*

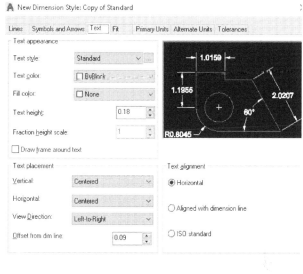

Fonte: o autor.

Ajustes das Cotas

Essa aba é responsável por definir qual ação será tomada pelo programa, caso o espaço para as cotas não seja suficiente. As opções permitem escolher qual será o ajuste de posições entre texto e flechas da linha de cota, a posição em que o texto será colocado, caso não esteja em seu lugar padrão em uma cota, bem como definir as escalas das cotas.

Imagem 9: aba de ajustes de cotas *Fit*

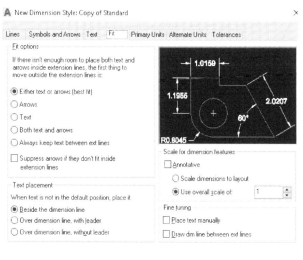

Fonte: o autor.

Unidades Primárias

Essa aba é responsável por definir detalhes relacionados à precisão das unidades, quantas casas após a vírgula serão especificadas, qual será o separador das casas e qual será a margem decimal de arredondamento.

Imagem 10: aba das unidades primárias *Primary Units*

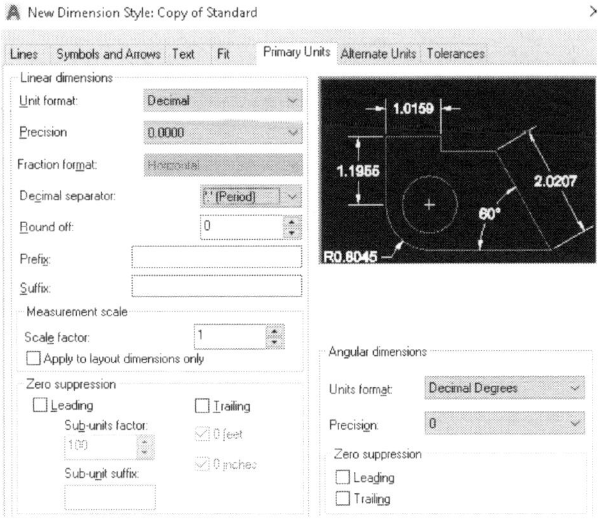

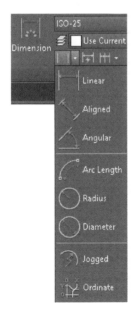

Fonte: o autor.

Inserindo Cotas

Para inserir um dos diversos tipos de cotas no desenho, o AutoCAD disponibiliza ferramentas localizadas na aba *Annotate*. Após escolher qual tipo de cota usar, deve-se escolher o primeiro ponto da cota e, em seguida, digitar a distância referente ou indicar o segundo ponto no desenho. A ferramenta *Osnap* será útil na hora de inserir cotas nos desenhos.

Imagem 11: opções de cotas

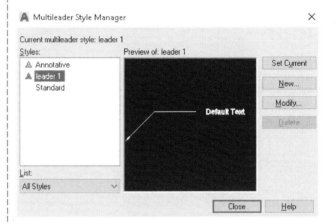

Fonte: o autor.

Linear : cota linear vertical ou horizontal.
Aligned : cota alinhada aos pontos definidos no objeto.
Angular : cota angular.
Arc Lenght : cota de comprimento do arco.
Radius : cota de raio.

Diameter : cota de diâmetro.
Jogged : cota que representa partes de arcos e círculos irregulares.
Ordinate : cortas ordenadas a partir de um ponto de referência.

3 - Leaders

Também conhecidas como "chamadas", as *leaders* servem para indicar, com uma seta, um ponto específico no desenho, chamando para algum detalhe ou especificando algo a respeito. Para abrir a janela de opções de leader, deve-se digitar na Linha de Comandos MLEADERSTYLE, onde será possível criar novos leaders, modificar leaders existentes e selecionar algum leader para ser usado no desenho. Ao criar um novo leader, é possível definir o formato da seta, a estrutura do marcador e se o item criado será um texto, bloco ou objetos independentes.

Imagem 12: janela de opções de leader

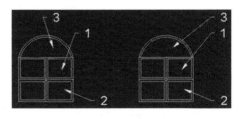

Fonte: o autor.

Para ajudar na organização das anotações, o AutoCAD disponibilizou duas ferramentas chamadas *Align* e *Collect*.

Align
Serve para alinhar as chamadas com uma linha de referência escolhida pelo desenhista.

Imagem 13: aplicação da ferramenta *Align* nas *leaders*

Fonte: o autor.

Collect
Serve para coletar as chamadas, transformando-as em

apenas uma chamada.

Imagem 14: aplicação da ferramenta *Collect* nas *leaders*

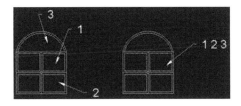

Fonte: o autor.

 Retomando a aula

 Ao chegar ao final da sétima aula, vamos recordar o que aprendemos:

1 - Hachuras

Neste primeiro tópico da aula 7, aprendemos a respeito de hachuras, além de detalhes como tipo de hachura, tamanho, cores, inclinação, pontos e início, bem como uma hachura serve para detalhar um projeto. Também aprendemos sobre os perigos e recomendações ao trabalhar com hachuras no AutoCAD.

2 - Cotas

Neste tópico foi abordado sobre meios de se criar cotas, alterando tamanho, linhas de chamada e certas propriedades que nos permitem inserir as cotas no desenho da maneira que melhor se adapta às necessidades do desenhista.

3 - Leaders

Neste tópico aprendemos a respeito das Leaders, também conhecidas como chamadas, e sobre as diferentes maneiras que elas podem indicar detalhes no desenho, diminuindo o excesso de texto presente no projeto.

 Vale a pena

 Vale a pena **acessar**

<https://www.autodesk.com>.
<KATORI, Rosa. AutoCAD 2013 – Projetos em 2D. São Paulo: Editora Senac São Paulo, 2013>.
<https://issuu.com/zoom.cc/docs/apostila_auto-cad_2018_-_final_unifi>.
<http://www.ufjf.br/petcivil/files/2009/02/Autoca-d-apostila.pdf>.
<https://www.youtube.com/watch?v=zg4sviInd-nY>.
<https://www.youtube.com/watch?v=wWNwhTG-n4xI>.

 Minhas anotações

Minhas anotações

Aula 8º

Layout

Prezados(as) alunos(as),

Nesta aula estudaremos a respeito de como são criados os layouts usados na hora da impressão de projetos, além de aprender sobre as medidas de folhas e como plotar um desenho.

Bons estudos!

Objetivos de aprendizagem

Ao término desta aula, vocês serão capazes de:

- trabalhar com layout;
- plotar um desenho.

Seções de estudo

1 - *Layout*
2 - Plotagem

1 - Layout

Layouts é onde se localizam as pranchas a serem usadas para inserir desenhos feitos no model, detalhamentos e carimbo de projetos. Para se definir o tamanho de uma prancha, é necessário conhecer o tamanho das folhas usadas para impressão.

Imagem 1: tamanhos das folhas.

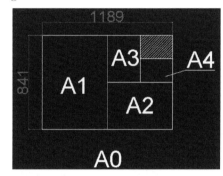

Fonte: o autor.

Folhas:
A0: 1189 x 841 mm
A1: 841 x 594 mm
A2: 594 x 420 mm
A3: 420 x 297 mm

A4: 297 x 210 mm

Prancha

Antes de iniciar a montagem da prancha, deve-se definir o seu tamanho. O comando PAGESETUP serve para editar propriedades do layout. Após digitar o comando, uma janela aparecerá e nela será possível selecionar o layout e escolher a opção *Modify*. Uma nova janela será aberta, onde será possível escolher a impressora e o tamanho da folha de papel do layout. A escolha da impressora deve ser DWG To PDF para criar arquivos em PDF que serão utilizados, para plotagem e o tamanho das folhas, preferencialmente, devem ser ISO full bleed, para um aproveitamento total da folha.

Imagem 2: opções do layout.

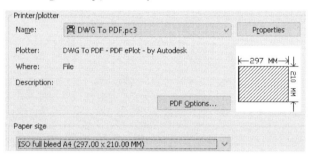

Fonte: o autor.

Para a organização da prancha, devem-se levar alguns fatores importantes em conta como margem, carimbo e *Viewports* com escalas indicadas. As margens mais utilizadas possuem uma distância de 10 a 25 milímetros da borda, dependendo do lado da folha em questão. O carimbo pode ter diversos estilos, porém, em algumas empresas e órgãos públicos, geralmente, existe um modelo padrão que deve ser seguido.

Imagem 3: exemplo de um projeto.

Fonte: o autor.

Viewports

Para trazer o desenho do model para os *layouts*, é necessária a criação de *Viewports* (*VIEWPORTS*), que são janelas com um tamanho determinado pelo desenhista e servem para mostrar no *layout*, desenhos ou detalhamentos feitos no *model*. É possível criar Viewports de diferentes formatos através das ferramentas disponíveis na aba *Layout* no Ribbon.

Imagem 4: tipos de *Viewport*.

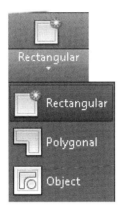

Fonte: o autor.

O tipo de *Viewport Rectangular* é usado para criar *layouts* com formatos de retângulos, enquanto o *Polygonal* pode criar objetos de formatos desejados, utilizando uma polilinha, e o *Object*, que transforma um objeto em uma *Viewports*. Também é importante que o desenhista crie uma *Layer* somente para as *Viewports*, possibilitando, posteriormente, que as linhas das *Viewports* sejam congeladas ou desligadas da impressão e não apareçam na plotagem, tornando o desenho impresso mais limpo.

Escalas

As escalas são de grande importância para a melhor compreensão do desenho. Devem-se identificar as escalas dos desenhos logo abaixo das Viewports. Ao clicar duas vezes dentro de uma *Viewport*, é possível alterar o tamanho do desenho com o botão de rolagem do mouse ou, de forma mais precisa, através de comandos. Quando estiver dentro da Viewport, para mudar a escala é preciso escrever Z (Zoom) e apertar a tecla ENTER, em seguida S, para selecionar a opção Escala (Scale) e, em seguida, digitar os números que definirão a escala que a *Viewport* apresentará no desenho do layout.

Exemplos de escalas:

1:500 – 1000/500xp
1:250 – 1000/250xp
1:100 – 1000/100xp
1:25 – 1000/25xp

Imagem 5: identificação da escala da *Viewport* no *layout*

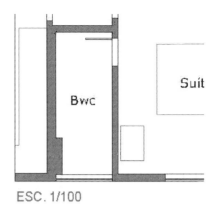

ESC. 1/100

Fonte: o autor.

2 - Plotagem

Para plotar um projeto no AutoCAD, é necessário ativar o comando PLOT ou CTRL+P, para abrir o painel de plotagem. Nesse painel, pode-se escolher a impressora (Escolher **DWG to PDF** para plotar em arquivos PDF), tamanho do papel, área de plotagem, centralização e escala.

Em uma impressão, dependendo da folha usada para criar o projeto, podem-se escolher diferentes modelos, sendo os mais usuais, os tipos ISO full bleed, para um melhor aproveitamento do espaço na folha. Também é possível visualizar o desenho através da opção *Preview,* dentro do comando *PLOT*, para ser possível analisar e fazer ajustes de cor e tamanho.

Imagem 6: opção para pré-visualizar o desenho.

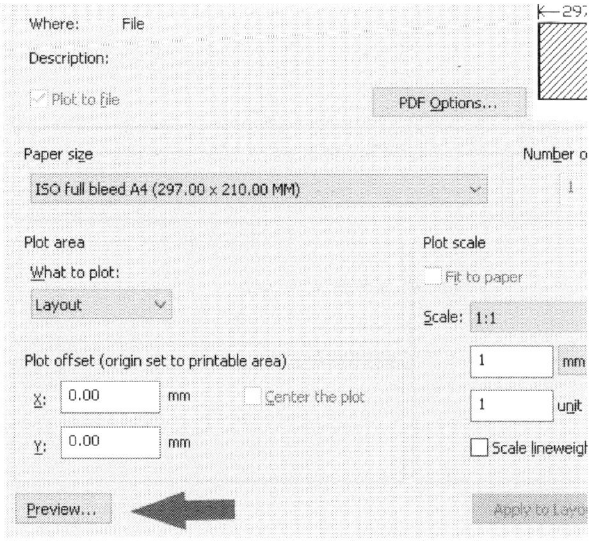

Fonte: o autor.

Retomando a aula

Chegamos ao final da nossa última aula. Vamos, então recordar o que aprendemos:

1 - Layout

Neste tópico, foi abordado a respeito dos *layouts*, explicando os procedimentos para se criar uma ou mais pranchas do tamanho desejado pelo projetista, assim como criar *Viewports* e ajustar escalas.

2 - Plotagem

Neste item, aprendemos sobre como visualizar o resultado final de um desenho após ser plotado, possibilitando o ajuste em detalhes como linhas, fontes e tamanhos errados, antes da impressão.

Vale a pena

Vale a pena **acessar,**

<https://www.autodesk.com>.
<KATORI, Rosa. AutoCAD 2013 – Projetos em 2D. São Paulo: Editora Senac São Paulo, 2013>.
<https://issuu.com/zoom.cc/docs/apostila_auto-cad_2018_-_final_unifi>.
<http://www.ufjf.br/petcivil/files/2009/02/Autoca-d-apostila.pdf>.
<https://www.youtube.com/watch?v=zg4sviInd-nY>.
<https://www.youtube.com/watch?v=wWNwhTG-n4xI>.

Referências

https://www.autodesk.com
KATORI, Rosa. AutoCAD 2013 – Projetos em 2D. São Paulo: Editora Senac São Paulo, 2013.
https://issuu.com/zoom.cc/docs/apostila_auto-cad_2018_-_final_unifi
http://www.ufjf.br/petcivil/files/2009/02/Autocad-apostila.pdf

Printed in Great Britain
by Amazon